Einleitung

Allgemeinbildende Schulen unterrichten Mathematik; an der Berufsschule gibt es fachbezogene Mathematik oder Fachrechnen. Worin liegt der Unterschied?

Allgemeinbildende Schulen haben den Unterricht nach Gesichtspunkten der Mathematik aufgebaut.
Wenn z. B. das Bruchrechnen behandelt wird, so reichen die Möglichkeiten der Anwendung dieses Verfahrens von einem Kuchen, der zu verteilen ist, über Zinsrechnen bis zur Aufteilung von Erbschaften.

Es geht also vorwiegend um das Mathematische; Sachverhalte sind nur Möglichkeiten zur Anwendung und Übung.
Die entsprechenden Abschnitte eines Rechenbuches bringen darum auch nur Aufgaben, die „passen".

Berufliche Schulen gliedern den Unterricht vorwiegend nach beruflich-sachlichen Gesichtspunkten.
Bei Sachaufgaben ist das Erkennen der Zusammenhänge wichtig. Zur Lösung sind dann oft mehrere Rechenverfahren erforderlich.

Es geht also vorwiegend um Sachstrukturen; die Mathematik ist ein Mittel zu deren zahlenmäßige Lösung.

In der Grundstufe versucht die Berufsschule eine enge Verbindung zwischen Mathematik und Sachzusammenhang. Die Fachstufen stellen dann die Sachprobleme in den Vordergrund.

Oft genügen zur Lösung von Fachaufgaben einfache Rechenverfahren. Aber:
Der Weg muß erkannt werden!
Das Rechenverfahren ist sicher zu beherrschen!

Inhaltsverzeichnis

Grundrechenarten

Viele Rechenaufgaben der Praxis lassen sich mit einfachen rechnerischen Mitteln lösen. Darum kann jeder, der die Grundrechenarten beherrscht, auch schon ein Stück Fachrechnen.

Doch sicher im Rechnen muß man sein. Darum beginnen die folgenden Kapitel mit einer **Wiederholung der rechnerischen Regeln** *und zeigen* **Kontrollmöglichkeiten**.

Addieren oder Zusammenzählen

1

Begriffe		
	Summand	54
	Summand	31
	Summe	85

Kontrolle ohne TR

54 ↕ Die Zahlenreihen von unten nach oben und

+ 31 ↕ von oben nach unten rechnen.

85

Üben Sie ohne Rechner mit Kontrolle.

1. Der Rechner muß „leer" sein, darum

C tasten oder

C CE zweimal tasten oder ausschalten – einschalten.

2. Die Eingabe muß richtig sein, darum nach dem Tasten **prüfen.**

Man tastet	ANZEIGE
5 4 +	54
3 1	31
=	85

2 bis 9	2	3	4	5	6	7	8	9
	143 +726	482 +116	736 +212	414 +362	1796 + 485	4878 +1475	7988 +6744	10798 + 7453

In der Praxis haben Zahlen immer eine Benennung. Man unterscheidet:
- **Mengen,** z. B. Stück (St.), Kilogramm (kg), Gramm (g)
- **Beträge,** z. B. DM, Pf

Ermitteln von Mengen und Beträgen

10 bis 16	10	11	12	13	14	15	16
	1,2 kg +700 g	12,450 kg +635 g	668 g + 1,74 kg	4518 g + 0,03 kg	28,5 kg +2300 g	12,85 DM + 86 Pf	0,18 DM +43 Pf

Werte mit unterschiedlicher Benennung sind auf gleiche Benennung zu bringen. Bei Dezimalzahlen Komma unter Komma setzen.

Schreiben Sie genau untereinander, und zählen Sie zusammen:

17 0,175 kg + 85 g + 2,7 kg + 125 g   =   kg

18 12,750 kg + 375 g + 0,017 kg   =   kg

19 350 g + 420 g + 1,4 kg + 3,5 kg   =   kg

20 24,50 DM + 0,05 DM + 45 Pf + 23 Pf   =   DM

21 16,85 DM + 76 Pf + 1,08 DM + 52 Pf   =   DM

22 2,06 DM + 218 Pf + 0,15 DM + 0,07 DM =   DM

6

Subtrahieren oder Abziehen

23

Begriffe:	Minuend	96
	Subtrahend	− 45
	Differenz	51

Sicherheit durch Kontrolle

96 kg ⌐	Das Ergebnis der Sub-
− 45 kg	traktion wird zum
⌐ 51 kg	Subtrahend gezählt.
⌐ 51 kg	
+ 45 kg	Man erhält den Minuend.
96 kg ⌐	

24 bis 31 Üben Sie ohne Rechner mit Kontrolle.

24	25	26	27	28	29	30	31
17,850 kg	25,240 kg	18,600 kg	74,500 kg	3,75 kg	2,2 kg	18,6 kg	27,425 kg
− 1,500 kg	− 3,100 kg	− 400 g	− 6 400 g	− 375 g	− 850 g	− 2,750 kg	− 6,875 kg

Ermitteln von Verlusten

Bei der Vor- und Zubereitung von Lebensmitteln entstehen Verluste, die für die spätere Mengen- und Preisberechnung erfaßt werden müssen. Neben
● **wiegbaren Verlusten,** z. B. Apfelschalen, Zwetschenkerne, gibt es
● **nicht wiegbare Verluste,** z. B. Bratverlust, Kochverlust, die durch einen Gewichtsvergleich ermittelt werden.

Vorbereitungsverluste

32

Warenbezeichnung	eingekauft	vorbereitet		eingekauft	vorbereitet
a) Kartoffeln	18,400 kg	14,350 kg	d)	42,700 kg	32,450 kg
b) Möhren	3,900 kg	3,240 kg	e)	1,400 kg	1,160 kg
c) Lauch	1,800 kg	1,230 kg	f)	1,350 kg	0,870 kg

Zubereitungsverluste

33

Warenbezeichnung	roh	gegart		roh	gegart
a) Kasseler	4,350 kg	3,180 kg	d)	2,150 kg	1,570 kg
b) Schweinekotelett	0,180 kg	0,125 kg	e)	190 g	128 g
c) Sauerbraten	2,370 kg	1,490 kg	f)	3,180 kg	1,970 kg

Führen der Lagerfachkarte

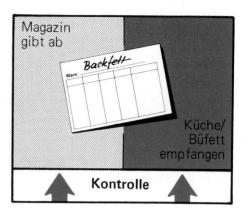

In Klein- und Mittelbetrieben gibt der „Chef" die Waren aus; oft haben auch Angestellte Zutritt zum Warenlager und entnehmen dort ohne besondere Aufzeichnung die erforderlichen Rohstoffe. Voraussetzung ist jedoch immer ein besonderes Vertrauensverhältnis. Problematisch wird dies Verfahren dann, wenn tatsächlich Waren fehlen oder wenn man auch nur annimmt, es könnte etwas fehlen.

In vielen Betrieben wird darum jede **Bestandsveränderung** in der **Lagerfachkarte** vermerkt und vom **Empfangenden bestätigt**.

Beispiel

Von einer Fettsorte sind am Monatsbeginn 40,750 kg vorhanden. Am 2. des Monats werden von Müller 3,500 kg benötigt. Tragen Sie die Veränderung in die Lagerkartei ein.

34

Ware: _____			Okt. 19_____	
Datum		Zugang kg	Entnahme kg	Bestand kg
① 1.	Bestand		⊟	40,750
2.	Müller		3,500	⊟② 37,250

① Die Entnahme wird mit Datum, Name und Menge eingetragen.

② Die Entnahme wird vom bisherigen Bestand abgezogen.

Man erhält den neuen Bestand.

Übertragen Sie die Kopfleiste dieser Lagerfachkarte auf Ihr Rechenblatt. Dann tragen Sie die Veränderungen ein und ermitteln jeweils den Bestand.

35 bis 39

		35	36	37	38	39
1.	Bestand	37,800 kg	19,500 kg	34,700 kg	74,450 kg	18,700 kg
3.	Mayr holt	6,500 kg	2,750 kg	6,800 kg	6,850 kg	2,750 kg
4.	Zepp holt	4,800 kg	3,200 kg	7,150 kg	8,200 kg	4,850 kg
6.	Fellner holt	11,500 kg	1,250 kg	4,450 kg	18,300 kg	1,750 kg
9.	Schulze holt	6,350 kg	850 g	10,500 kg	14,700 kg	450 g
11.	Lieferung	12,500 kg	20,000 kg	25,000 kg	40,000 kg	15,000 kg

8

Herausgeben von Wechselgeld

Ein verärgerter Gast ist die schlechteste Werbung für ein Haus. Und verärgert ist man zu Recht, wenn falsch herausgegeben wird. Als Auszubildender in gastgewerblichen Berufen kommen Sie im ersten Jahr in das Service. Beachten Sie die

Regeln für das Herausgeben

- **Geld des Gastes bleibt sichtbar** entweder in der Hand, die die Geldtasche hält, oder auf dem Kassenbrett;
- vom Rechnungsbetrag bis zum gegebenen Betrag wird vorgezählt.

40

Beispiel

Rechnungsbetrag: 17,30 DM   Gast gibt 50,00 DM

Man spricht:	17,30	17,50	18,00	20,00	30,00	50,00
Man legt dazu:		0,20	0,50	2,00	10,00	20,00

41 Ein Gast gibt einen Schein über 100,00 DM. Zählen Sie vor, wenn sich die Rechnung beläuft auf DM

a)	b)	c)	d)	e)	f)	g)	h)
16,80	27,30	46,60	62,30	87,90	42,40	64,30	22,80

Der Gast rundet auf

42

Beispiel

Rechnungsbetrag 17,30 DM. Gast gibt 50,00 DM und sagt: „18,00 DM"

Man spricht:	18,00 DM, vielen Dank	20,00	30,00	50,00
Man legt dazu:		2,00	10,00	20,00

43 Üben Sie mündlich das Vorzählen, und ermitteln Sie den Unterschied zum Rechnungsbetrag.

		a)	b)	c)	d)	e)	f)
Rechnungsbetrag	DM	17,40	46,20	21,80	186,60	94,45	4,20
Gast gibt	DM	50,00	100,00	50,00	200,00	100,00	20,00
Gast rundet auf	DM	18,00	48,00	23,00	195,00	95,00	4,50

Multiplizieren oder Malnehmen

1

Begriffe:

Multiplikand (Faktor) 18 · 24 Multiplikand (Faktor)

$\underline{\quad 36}$

$\underline{\quad 72}$

432 Ergebnis (Produkt)

Die Aufgabe tastet man

| 1 | 8 | | x | | 2 | 4 | | = |

x bedeutet **malnehmen**.

· bedeutet **Komma**.

Eine 0 vor dem Komma wird nicht getastet.

Beispiel: 0,4 · 0,5

Tastung   ANZEIGE

| · | 4 | 0.4

| x | 0.4

| · | 5 | 0.5

| = | 0.2

Sicherheit durch Kontrolle

18 · 24 = 432 Die Zahlengruppen werden vertauscht.

Es entstehen dann andere Zahlenkombinationen, und der Fehler kann vermieden werden.

24 · 18 = 432

2 bis 9 Üben Sie ohne Rechner mit Kontrolle.

2	3	4	5	6	7	8	9
74 · 18	178 · 45	346 · 148	179 · 664	1 768 · 2 703	3 046 · 6 573	789 · 6 789	498 · 76

Kommasetzung bei Dezimalzahlen

12   3

↓↓   ↓

27,75 · 3,5

8325

13875

97,125

↑↑↑↑

321

Sind Dezimalzahlen (Zahlen mit Komma) malzunehmen, rechnet man zunächst wie mit ganzen Zahlen (Zahlen ohne Komma).

Dann zählt man die Stellen nach dem Komma bei den Faktoren. Soviel Stellen werden beim Ergebnis von rechts beginnend abgezählt.

10 bis 16 Üben Sie ohne Rechner.

10	11	12	13	14	15	16
37,5 · 2,5	18,5 · 2,25	1,850 · 1,75	13 500 · 7,6	14,850 · 0,8	2,456 · 0,28	0,76 · 3,89

17 (18) Folgendes Rezept ergibt 12 Windbeutel:

0,15 l Wasser, 70 g Butter, 200 g Mehl, 4 Eier, eine Prise Salz

Berechnen Sie die 3(5)fache Menge.

19 (20) Für 14 Krapfen oder Berliner benötigt man nach einem Grundrezept 600 g Mehl, 40 g Hefe, 75 g Zucker, 4 Eigelb, 100 g Butter, 0,25 l Milch.

Berechnen Sie die 4(7)fache Menge.

Dividieren oder Teilen

1

Begriffe: $420 : 60 = 7 \leftarrow$ Quotient (Teil)

Dividend —┘ : Divisor
(Teilungszahl) (Teiler)

Sicherheit durch Kontrolle

$420 : 60 = 7$
$60 \cdot 7 = 420$

Die Gegen-
rechnung zur
Division ist die
Multiplikation.

---

2 bis 7 Üben Sie ohne Rechner mit Kontrolle.

2	3	4	5	6	7
375 : 25	3876 : 85	4628 : 16	39216 : 86	9724 : 4576	644568 : 856

8 (9) Auf Bierfässern ist der Inhalt durch das Eichamt bestätigt. Die Angaben lauten: Faß A 32,8 (32,2) l, Faß B 52,4 (51,8) l, Faß C 74,8 (75,2) l. Wieviel Gläser mit 0,4 (0,33) l können ohne Berücksichtigung von Schankverlust gezapft werden?

10 bis 17 Es werden aufgeteilt:

	10	11	12	13	14	15	16	17
	Braten in Portionen		Fisch in Tranchen		Oberschale in Rouladen		Kalbsrücken in Steaks	
Vorhanden kg	2,7	3,830	7,400	6,350	3,670	7,270	4,890	3,760
Einzelgewicht g	140	160	190	220	140	120	180	160

Wieviel ganze Portionen erhält man?

18 Bei einer Warenlieferung fehlten die Mengenangaben.

.... kg Pfeffer 8,64 DM/kg = 64,80 DM.
.... kg Curry 7,80 DM/kg = 21,45 DM
.... kg Muskat 9,28 DM/kg = 11,60 DM
.... kg Karotten 3,20 DM/kg = 76,80 DM

a) Berechnen Sie die Menge jeder Ware.
b) Wieviel kg wog die gesamte Lieferung?

19 (20) Räucherlachs mit einem Gewicht von insgesamt 9,340 (12,650) kg hat beim Parieren einen Verlust von 1,820 (2,180) kg. Es werden für ein kaltes Gericht 110 (90) Gramm gereicht.

a) Wieviel Portionen erhält man?
b) Wieviel Gramm wiegt der Rest?
c) Welches Portionsgewicht müßte man wählen, wenn 100 (75) Personen zu bewirten wären?

Rundungsregeln bei DM und kg

Beispiel: Der TR zeigt an *82.494672*

Welchen Wert übertragen Sie in die Rechnung, wenn die Frage lautet:

a) wieviel DM?   b) wieviel kg?

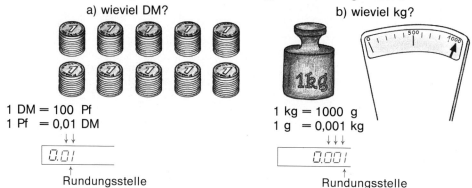

1 DM = 100 Pf   1 kg = 1000 g
1 Pf = 0,01 DM   1 g   = 0,001 kg

       ↓↓   ↓↓↓

     0.01   *0.001*

      ↑   ↑
   Rundungsstelle   Rundungsstelle

Bei DM wird auf zwei Stellen   **Bei kg wird auf drei Stellen**
gerundet.   **gerundet.**

Wenn eine Aufgabe nicht aufgeht, zeigt der TR so viele Stellen nach dem Komma an, wie das Anzeigefeld erlaubt. Durch das Runden verringert man auf eine für die Praxis sinnvolle Stellenzahl.

> ● Abrunden, wenn die auf die Rundungsstelle folgende Ziffer eine 0, 1, 2, 3, 4 ist,
>
> ● Aufrunden, wenn die auf die Rundungsstelle folgende Ziffer eine 5, 6, 7, 8, 9 ist.

21   **Beispiel**

82.494672 das sind DM   das sind kg
      82.494 82,49   *82.4946* 82,495
        ↑ ↑   ↑ ↑
Rundungsstelle folgende Stelle   Rundungsstelle folgende Stelle

Der TR zeigt folgende Zahlen an. Nennen Sie das Ergebnis für DM und kg.

22	22	23	24	25	26
bis					
26 a)	*2.3456789*	*18.210923*	*273.04471*	*1782.7454*	*28765.039*
b)	*4.4644738*	*27.561146*	*468.44444*	*4232.5449*	*46190.499*

27   Ein Rezept für Schokoladenplätzchen lautet:

250 g Honig, 350 g Zucker, 80 g Kakao, 375 g Mehl, 1 TL Hirschhornsalz, 150 g halbierte Haselnüsse.

a) Welche Mengen benötigt man, wenn man den dritten Teil backen will?

b) Welche Mengen sind erforderlich, wenn drei Viertel der Menge hergestellt werden sollen?

Rundungsregeln bei fachgebundenen Einheiten

Frau Schulze hat Johannisbeeren angesetzt, um daraus Johannisbeerwein zu gewinnen. Der Ballon enthält 3 l.

a) Wieviel Flaschen je 0,7 l benötigt sie zum Abfüllen?
b) Wieviel Flaschen könnten verkauft werden?

Wieviel benötigt man? → aufrunden   **Wieviel erhält man? → abrunden**

Materialbedarf immer aufrunden, denn man benötigt immer ein Ganzes, auch dann, wenn es nicht aufgebraucht wird.	**Produktionsergebnisse immer abrunden,** denn man kann nicht „Reste" verkaufen.

28 bis 35 Rechnen Sie mündlich: Wieviel Einheiten benötigt man?

	28	29	30	31	32	33	34	35
Errechnet wurden:	Stück Eier		Flaschen Wein		Bech. Schlags.		St. Orangen	
	2,6	5,7	2,3	1,8	6,4	2,5	3,4	5,4

36 bis 43 Rechnen Sie mündlich: Wieviel Einheiten zum Bevorraten erhält man?

	36	37	38	39	40	41	42	43
Errechnet wurden:	Berliner Pfannkuchen		Flaschen Saft		Gläser Sauerkirschen		Gefrierbeutel mit Kartoffeln	
	27,4	21,3	8,8	9,7	11,2	7,6	4,3	7,8

44 (45) Das Hotel „Schwarzwälder Hof" bezieht Kirschwasser direkt von einem Erzeuger. Es sind drei (fünf) Ballons mit je 2,5 (3,9) Litern geliefert worden. Zum Ausschank füllt man in Flaschen mit 0,7 Liter Inhalt um.

a) Wieviel Flaschen sind bereitzustellen?
b) Wieviel Flaschen könnten verkauft werden?

46 (47) Für Krabbencocktail werden je Person 30 (35) Gramm gerechnet. Es ist für 75 (50) Personen vorzubereiten. Eine Einheit mit Tiefkühlkost wiegt 200 (150) Gramm.

a) Wieviel Packungseinheiten sind anzufordern?
b) Wieviel Gramm Krabben müssen übrigbleiben?

13

Bruchrechnen

Bruch — Dezimalbruch

1

Begriffe:	Zähler	$\dfrac{1}{10}$	$1 : 10 = 0,1$
	Nenner		

2 Notieren Sie wie in nebenstehendem Beispiel in der angegebenen Einheit und in einer kleineren Einheit.

1/10 von 1 kg = 0,100 kg
1/10 von 1 000 g = 100 g

a) 3/4 von 1 kg   b) 2/3 von 1 m   c) 3/2 von 1 l   g) 2/10 von 1 t
d) 5/4 von 1 kg   e) 1/8 von 1 kg   f) 7/20 von 1 l   f) 1/8 von 1 dt

Vorteile beim Wiegen und Messen

Die für ein Rezept erforderliche Rohstoffmenge ist oft nur ein Teil der Einkaufsmenge. Wer beim Abwiegen den richtigen Bruchteil erkennt, arbeitet mit Vorteil.

Beispiel

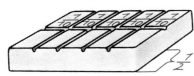

Ein Pflanzenfett mit 250 g wird in Rechteckform mit Zehnerunterteilung angeboten.

Jede „Rippe" ist der zehnte Teil des Ganzen $= \dfrac{1}{10}$.

Jede „Rippe" wiegt den zehnten Teil des Ganzen: 250 g : 10 = 25 g.

3 bis 10 Beantworten Sie mündlich: Das Ganze wiegt 250 g.

	3	4	5	6	7	8	9	10
Wieviel Gramm sind:	2/10	4/10	7/10	9/10	5/10	3/10	6/10	12/10

11 bis 17 Ein Stück Butter wiegt 250 g. Beantworten Sie schriftlich, welcher Bruchteil jeweils erforderlich ist.

	11	12	13	14	15	16	17
Benötigt werden:	50 g	100 g	125 g	200 g	625 g	400 g	350 g

18 bis 24 Für gewerbliche Betriebe werden Spezialfette in Stangenform mit der abgebildeten Einteilung geliefert.

Welcher Teil der Stange ist jeweils abzuschneiden?

Beantworten Sie mündlich.

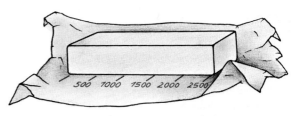

Bereitzu- a)	18	19	20	21	22	23	24
stellen sind: a)	500 g	1,500 kg	2 kg	750 g	1 250 g	3,250 kg	750 g
b)	2,5 kg	1 kg	3 kg	1,750 kg	250 g	4,500 kg	400 g

14

Multiplizieren von Brüchen

25 Ein Rezept für Hefeteig erfordert 1 Liter Milch. Man nimmt die halbe Rezeptmenge. Wieviel Liter Milch sind erforderlich?

Das Hefeteigrezept verlangt 1/2 Liter Milch. Man nimmt die halbe Rezeptmenge. Wieviel Liter Milch sind erforderlich?

1 Ganzes oder

$$\frac{1}{1} \cdot \frac{1}{2} = \frac{1 \cdot 1}{1 \cdot 2} = \frac{1}{2}\,l$$

1 Halbes oder

$$\frac{1}{2} \cdot \frac{1}{2} = \frac{1 \cdot 1}{2 \cdot 2} = \frac{1}{4}\,l$$

Man multipliziert einen Bruch, indem man rechnet:	Zähler mal Zähler	$\dfrac{1 \cdot 1}{2 \cdot 2} = \dfrac{1}{4}$
	Nenner mal Nenner	

26 bis 32 Berechnen Sie die bereitzustellende Menge.

		26	27	28	29	30	31	32
Rezeptmenge		2 kg	2,5 kg	1 200 g	1,200 kg	3/4 kg	1 1/2 kg	1/4 kg
Man nimmt davon:	a)	1/2	1/2	1/2	3/4	1 1/2	1/2	1/2
	b)	1/4	1 1/2	1/4	2/3	2 1/2	2/3	2 1/2

33 Rechnen Sie nebenstehendes Rezept um

a) auf die halbe Menge,

b) auf die dreifache Menge.

34 Übertragen Sie die Ergebnisse der vorausgegangenen Aufgabe in Dezimalschreibweise.

Mürbteig   *gut!*

1/4 kg Zucker, 1/2 kg Butter, 3/4 kg Mehl, 2 Eier, Zitronen abgeriebenes.

Am Vortag machen!

Manche Ergebnisse bei der Umrechnung von Rezepten lassen sich einfacher ausdrücken.

Kürzen von Brüchen

35 **Beispiel** Für ein Rezept wird 1/4 kg Mehl benötigt. Man nimmt das Rezept zweifach. Ergebnis: zweimal 1/4 kg = 2/4 kg oder 1/2 kg

Einen Bruch kürzen heißt: Zähler und Nenner durch dieselbe Zahl teilen.	$\dfrac{2}{4}\dfrac{1}{2}$ oder $\dfrac{2 : 2 = 1}{4 : 2 = 2}$

36 bis 44 Kürzen Sie mündlich.

		36	37	38	39	40	41	42	43	44
Ergebnis der Umrechnung	a)	2/4	3/6	4/8	5/4	6/4	9/4	4/3	7/2	9/6
	b)	6/8	2/2	8/8	6/2	7/4	11/2	6/3	10/8	6/4

Übungen

1 Wahr oder falsch?   15/20 = 3/10; 7/12 = 49/98; 15/40 = 3/8; 17/20 = 4/10

2 Schreiben Sie als Dezimalzahl:
18/100;   6/1 000;   24/10;   4/1 000;   620/100;   375/1 000

3 Jetzt die umgekehrte Denkweise. Schreiben Sie als gemeinen Bruch:
0,12;   0,045;   12,40;   0,45;   2,008;   0,006;   3,40

4 Ordnen Sie die Werte nach der Größe, beginnen Sie mit dem größten.
0,14   0,04   0,104   0,44   0,044   0,100 4   0,040 1   0,404 4

5 Welcher Bruchteil ist hier dargestellt?

6 Ein Stück Butter wiegt 250 Gramm. Benennen Sie die Teilstücke als Bruch, und geben Sie das Gewicht der Teilstücke in Gramm an.

a)........ g b)........ ca. g c)........ g

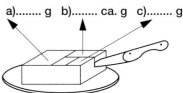

7 bis 10	Rezept A	Rezept B	Rezept C
	1,750 kg Mehl	1 1/2 kg Mehl	1 1/2 kg Mehl
	750 g Stärke	1 1/4 kg Stärke	7/8 kg Butter
	1,250 kg Butter	2 1/2 kg Butter	3/8 kg Zucker
	1,125 kg Zucker	3/4 kg Zucker	
	625 g Eier	1/2 kg Eier	

7 Nehmen Sie das Rezept A zweifach, und schreiben Sie in Dezimalschreibweise.

8 Halbieren Sie Rezept B, und notieren Sie in Dezimalschreibweise.

9 Übertragen Sie die Mengen des Rezeptes A in Bruchschreibweise.

10 Das Rezept C soll in dreifacher Menge hergestellt werden. Notieren Sie in Dezimalschreibweise.

11 Ein Faß enthält 60 l. Der Wein soll in Flaschen mit unterschiedlichem Inhalt abgefüllt werden. Die Restmenge wird in neue Flaschen mit 3/4 l Inhalt gefüllt.

Es werden zunächst gefüllt:

a) 35 Flaschen mit 7/10 l
44 Flaschen mit 1/2 l

b) 24 Flaschen mit 1 l
36 Flaschen mit 7/10 l

Wieviel Flaschen mit 3/4 l sind noch bereitzustellen?

Rechnen mit Größen

Im Fachrechnen arbeitet man überwiegend mit Größen (früher als benannte Zahlen bezeichnet). – **Länge, Flächeninhalt, Gewicht, Volumen, Zeit … sind Größen.**

	Meßzahl	5	7	3,00	17	130	220
Größen bestehen aus		↓	↓	↓	↓	↓	↓
	Maßeinheit	m	kg	DM	Min.	km/h	V

Eine Größe kann meistens auf mehrere Arten beschrieben werden.

Beispiel: 2 m = 20 dm = 200 cm = 2 000 mm, aber auch 0,002 km

Um diese Zusammenhänge zu erkennen, muß das Umwandeln von Maßen beherrscht werden.

Längenmaße

$$1\ m = 10\ dm = 100\ cm = 1\,000\ mm$$
$$1\ dm = 10\ cm = 100\ mm$$
$$1\ cm = 10\ mm$$

Längen haben **eine** Ausdehnung ≙ Umwandlungszahl mit **einer** Null.

Berechnen von Flächen
Flächenmaße

$$\boxed{1\ m^2} = 100\ dm^2 = 10\,000\ cm^2 = 1\,000\,000\ mm^2$$
$$1\ dm^2 = 100\ cm^2 = 10\,000\ mm^2$$
$$1\ cm^2 = 100\ mm^2$$

Breite / Länge

Flächen haben **zwei** Ausdehnungen = Umwandlungszahl mit **zwei** Nullen.

Zeichnen Sie eine Stellenwerttafel nach dem Beispiel in Ihr Heft, übertragen Sie die Werte, und zählen Sie zusammen:

m^2	dm^2	cm^2	mm^2
M	u	s t e	r

1 bis 4

1 $4\ m^2\ 19\ dm^2\ 12\ cm^2\ 78\ mm^2$
2 $18\ m^2\ 4\ dm^2\ 19\ cm^2\ 8\ mm^2$
3 $0,6\ m^2\ 142\ cm^2\ 16\ mm^2$
4 $1\,426\ dm^2\ 1\,703\ mm^2$

Umfang und Flächeninhalt

Quadrat	Rechteck	Dreieck	Kreis
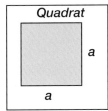	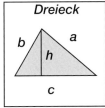	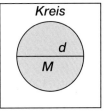	

Quadrat	Rechteck	Dreieck	Kreis
$A = a \cdot a = a^2$ $U = 4a$	$A = a \cdot b$ $U = 2a + 2b = 2(a + b)$	$A = \dfrac{c \cdot h}{2}$ $U = a + b + c$	$A = \dfrac{d^2 \cdot \pi}{4}$ $d \cdot \pi$

5
bis
10 Berechnen Sie die fehlenden Größen des Rechtecks.

	5	6	7	8	9	10
a	6 cm	4,2 m	?	?	4 cm	?
b	?	?	11 mm	2,9 cm	?	7,8 m
A	24 cm^2	9,66 m^2	66 mm^2	17,98 cm^2	?	?
U	?	?	?	?	32 cm	36,4 m

11 bis 13 Die Figuren enthalten alle erforderlichen Maße in cm. Die Gesamtfläche läßt sich berechnen, wenn man in Einzelflächen zerlegt.

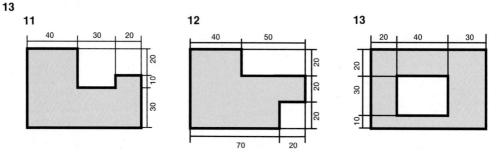

14 Ein Rechteck hat einen Umfang von 138 (152) cm und ist 29 (32) cm breit.
(15) Berechnen Sie die Fläche.

16 Ein Quadrat hat eine Fläche von 64 m^2. Berechnen Sie die Seitenlänge.

17 Eine quadratische Fläche hat einen Umfang von 52 (84) cm. Berechnen Sie den
(18) Flächeninhalt.

In der Küche

19 Eine Tischplatte mißt 60 × 180 cm (80 × 2,2 m). Für einen Kostenvoranschlag soll die
(20) Fläche berechnet werden!
Welche Fläche in m^2 hat die Platte?

21 Ein Kühlraum ist 4,8 (5,4) m lang, 2,4 (2,8) m breit und 2,4 (2,5) m hoch. Die Wände
(22) sollen bis zur Decke gefliest werden. Die Tür mißt 2 × 1 m und bleibt unverkleidet.
Wieviel m^2 Fliesen sind erforderlich?

23 Ein Betrieb erweitert die Küche und muß deshalb einen Raum neu mit Bodenfliesen
(24) auslegen lassen. Der Raum ist 3,6 (3,2) m lang und 2,8 (2,4) m breit.
   a) Welche Fläche in m^2 hat der Raum?
   b) Zum Auslegen werden Fliesen mit 20 × 20 cm verwendet. Welche Fläche in m^2 hat
      eine Platte?
   c) Wieviel Fliesen sind erforderlich, wenn mit 3 Prozent Verschnitt gerechnet wird?

18

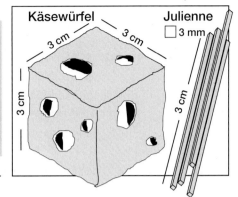

Käsewürfel · Julienne

3 cm · 3 cm · 3 mm · 3 cm · 3 cm

Rechnen Sie nach nebenstehender Zeichnung.

Wievielmal größer ist die Oberfläche der Streifen als die des Würfels?

26 Ein Tisch erhält eine neue Arbeitsplatte. Der Handwerker fertigt dazu nebenstehende Skizze.

Wieviel DM sind für die Reparatur anzusetzen, wenn ein m^2 des Belages 47,30 DM kostet und die Arbeit mit 30% der Materialkosten veranschlagt wird?

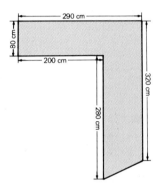

290 cm · 80 cm · 200 cm · 320 cm · 280 cm

27 In einer Patisserie wurden Dessertstücke bisher
(28) nach folgenden Angaben geschnitten: Länge 9 (8) cm, Breite 4 (3) cm. Jetzt soll nach folgenden Maßen geschnitten werden: 8 (7) cm lang und 3 (2,5) cm breit.

Berechnen Sie, um wieviel Prozent die neuen Dessertstücke kleiner sind.

29 Bisher sind Erdbeertörtchen mit einem Durchmesser von 12 (10) cm hergestellt
(30) worden. Nun soll der Durchmesser 10 (8) cm betragen.

Berechnen Sie die Flächenverringerung in Prozent.

31 „Wenn man die Materialkosten für eine Pizza halbieren will, macht man einfach solche mit halbem Durchmesser." Stimmt das? Überprüfen Sie diesen Satz mit den Durchmessern 30 cm und 15 cm.

Im Hotel

32 An einem runden Tisch mit 1,9 (3) m Durchmesser soll für ein Festessen eingedeckt
(33) werden. Man rechnet mit einem Sitzabstand von 70 cm.

Für wie viele Personen (abrunden) kann eingedeckt werden?

34 Bei der Neuplanung eines Restaurants ist ein runder Erkertisch mit 2,4 (2,9) m
(35) Durchmesser vorgesehen. Man rechnet mit einem Sitzabstand von 70 cm.

Wieviel Personen können an dem Tisch Platz nehmen?

36 Ein Hotelzimmer, Länge 3,65 (4,80) m, Breite 3,20 (4,25) m, erhält einen neuen
(37) Teppichbelag von Wand zu Wand. Der Listenpreis einschließlich Verlegearbeiten beträgt pro m^2 38,50 DM. Zugleich wird eine neue Randleiste verlegt, die je lfd. Meter 2,80 DM kostet (Türbreite 1,20 m).

38 Für ein Festessen mit 45 (65) Personen soll die Tafel gestellt werden. Man rechnet je
(39) Person mit 70 (65) cm Sitzbreite.

a) Wieviel m muß der Umfang der Tafel sein?
b) Skizzieren Sie einen Vorschlag für eine Tafel in U-Form, in E-Form.

40 Ein runder Tisch hat einen Durchmesser von 2,10 (3,70) m.
(41) Man rechnet mit 60 (65) cm Sitzabstand.

Wieviel Personen können plaziert werden?

42 An einem runden Tisch stehen bei 65 cm Sitzabstand 16 (21)
(43) Stühle.

Welchen Durchmesser hat der Tisch?

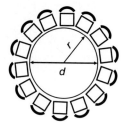

44 Die Halle eines Hotels mit einer Länge von 12,50 (9,80) m und einer Breite von
(45) 8,70 (7,90) m soll mit schallschluckenden Filzplatten im Format 60 · 60 (40 · 40) cm
ausgelegt werden. Ausgenommen bleibt die Rezeption, Länge 3,20 (2,80) m, Breite
1,60 (1,40) m. Für Verschnitt werden 3% angesetzt. Eine Platte kostet einschließlich
der Verlegearbeit 14,20 (8,75) DM.
Berechnen Sie die zu erwartenden Ausgaben.

46 Für quadratische Tische mit einer Seitenlänge von 80 (90) cm sollen neue Molton-
(47) bezüge gefertigt werden. Auf jeder Seite ist eine Zugabe von 8 (10) cm erforderlich.
Die günstigste Bahnbreite kostet 24,60 (18,90) DM je lfd. Meter.

a) Wieviel laufende Meter müssen für 12 (17) Tische gekauft werden?
b) Wieviel DM sind für die neuen Bezüge insgesamt zu veranschlagen?

Maßskizze

Eine Maßskizze „klappt die Wände auf". Dabei ist es gleichgültig, an welcher Stelle
man den Raum aufschneidet. Die Maßskizze ist eine Hilfe, denn sie

● erleichtert die Vorstellung,
● erleichtert das Notieren der Maße.

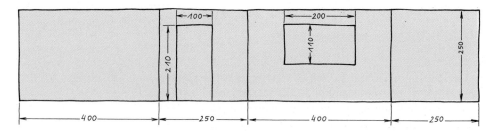

48 Berechnen Sie zu der Skizze die Wandfläche in m².

49 Ein Zimmer ist 320 (350) cm lang 240 (280) cm breit und 240 (255) cm hoch.
(50) a) Fertigen Sie eine Maßskizze.
b) Ergänzen Sie: Tür in der Breitseite liegend ist 210 (200) cm hoch und 110 (90) cm
breit, Fenster in der Längsseite ist 110 (140) cm breit und 80 (90) cm hoch.
c) Berechnen Sie die Wandfläche.

Berechnen von Rauminhalten

Raummaße

$$1\ m^3 = 1\ 000\ dm^3$$
$$\boxed{1\ dm^3} = 1\ 000\ cm^3 \triangleq 1\ l$$
$$1\ cm^3 = 1\ 000\ mm^3$$

Räume haben **drei** Ausdehnungen = Umwandlungszahl mit **drei** Nullen.

Übertragen Sie die Werte in eine Stellenwerttafel.

m^3	dm^3	cm^3	mm^3
	M u s t e r		

1 $17\ m^3 + 836\ dm^3 + 724\ cm^3 + 156\ mm^3$ als m^3

2 $1483\ dm^3 + 18\ cm^3$ als m^3

3 $0,14\ dm^3 + 8019\ cm^3 + 1740\ mm^3$ als dm^3

Rauminhalt

Zur Berechnung des Rauminhaltes wird bei einfachen Körpern die Grundfläche (siehe S. 17) mit der Höhe vervielfacht. Achten Sie auf gleiche Maßbezeichnungen.

Behältnisse

4 Ein Gastronormbehälter ist innen 30 cm lang, 23 cm breit und 6,5 cm hoch.

  a) Berechnen Sie das Fassungsvermögen in Litern.
  b) Wieviel Liter sind enthalten, wenn er bis zur Höhe von 5 cm gefüllt ist?

5 Eine Kühltruhe hat folgende Innenmaße: Länge 2,10 (1,80) m, Breite 60 (80) cm, Tiefe
(6) 85 (65) cm.
Berechnen Sie den Nutzraum in Litern.

7 Ein Spülbecken hat eine quadratische Grundfläche mit 35 (42) cm Seitenlänge und ist
(8) 39 (60) cm tief.
Wieviel Liter Wasser benötigt man, um es zu zwei Dritteln zu füllen?

9 Die Friteuse eines Restaurants ist 32 (46) cm lang und 28 (32) cm breit. Nach dem
(10) Reinigen des Fettes liegt der Fettspiegel 8 cm unter der Marke, die den normalen Fettstand anzeigt.
Wieviel Liter Backfett sind aufzufüllen?

11 Ein Spezialitätenrestaurant will das vorhandene Aquarium als Hummerbecken nutzen
(12) und stellt darum auf Salzwasser um. Der Salzgehalt soll 4 Prozent betragen. Das Aquarium ist 1,25 (1,10) m lang, 60 (85) cm breit und wird bis zur Höhe von 45 (55) cm mit Wasser gefüllt.
Wieviel kg Speisesalz sind im Wasser aufzulösen?

13 Aus einem Prospekt:

GASTRONORM-Behälter

Lichte Weite	625 × 500 mm	500 × 300 mm	300 × 227 mm
Außenmaße	650 × 550 mm	530 × 325 mm	325 × 252 mm
Tiefe in mm 65	Inhalt ca. 19 Liter	Inhalt ca. 9,5 Liter	Inhalt ca. 4 Liter
100	Inhalt ca. 30 Liter	Inhalt ca. 14 Liter	Inhalt ca. 6,5 Liter
150	Inhalt ca. 46 Liter	Inhalt ca. 21 Liter	Inhalt ca. 9,5 Liter

Welche Füllhöhe ist bei den genannten Inhaltsangaben jeweils vorgesehen?

14 Ein Meßbecher hat einen Innen-Durchmesser von 8 (9,4) cm.
(15) Auf welcher Höhe ist die 1-Liter-Marke angebracht?

16 Unten sehen Sie einen Ausschnitt aus einem Prospekt für Küchengeschirr. Ermitteln Sie die Topfinhalte in Litern.

Mittelhoher Kochtopf mit Deckel

Hoher Suppentopf mit Deckel

Mittelhoher Koch-topf mit Deckel		
Art.-Nr.	Ø cm	Höhe cm
560010	20	17
560011	24	21
560012	28	23

Hoher Suppen-topf mit Deckel		
Art.-Nr.	Ø cm	Höhe cm
560001	24	24
560002	28	28
560003	32	32

17 Eine Küche ist 16 (14,5) m lang, 8,3 (6,9) m breit und 3,65 (3,45) m hoch. Der Raum-
(18) inhalt der Einrichtung wird auf 23 (21) m³ geschätzt. Eine wirkungsvolle Lüftung soll einen sechs- bis achtfachen Luftwechsel in der Stunde ermöglichen. Angeboten werden Exhaustoren (Entlüfter) mit einer Leistung von 40, 50 und 70 m³ je Minute. Welche Entlüftergröße entspricht den Anforderungen?

Arbeitsrechtliche Bestimmungen

19 Für jede regelmäßig beschäftigte Person müssen entsprechend den Bestimmungen
(20) der Arbeitsstättenverordnung mindestens 15 m³ Luftraum zur Verfügung stehen. Wie viele Personen dürfen in der bei Aufgabe 17 (18) angeführten Küche regelmäßig beschäftigt werden?

21 Eine Küche ist 8,20 (7,40) m lang und 4,60 (4,20) m breit und 3,60 m hoch. Die
(22) Einrichtung benötigt eine Grundfläche von 8,15 (6,74) m², deren Rauminhalt wird mit 6,8 (5,4) m³ angenommen.
a) Wieviel m² beträgt die Grundfläche der Küche?
b) Wieviel m² verbleiben nach Abzug der Einrichtung als Bewegungsraum?
c) Wieviel m³ mißt die leere Küche?
d) Wieviel m³ beträgt der tatsächliche Luftraum unter Berücksichtigung der Einrichtung?
e) Wie viele Personen dürfen in dieser Küche regelmäßig beschäftigt werden, wenn für jede Person 15 m³ Luftraum zur Verfügung stehen müssen?

Hohlmaße

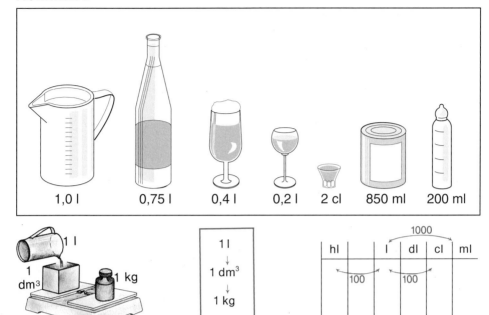

| | 1,0 l | 0,75 l | 0,4 l | 0,2 l | 2 cl | 850 ml | 200 ml |

1 Zeichnen Sie nach nebenstehendem Muster eine Stellenwerttafel in Ihr Heft, und übertragen Sie:

a) Dose Tomatenmark 170 ml,
b) Glas Südwein 5 cl,
c) Glas Bier 0,4 l,

d) Dose Kondensmilch 340 ml,
e) Likörglas 2 cl,
f) Dose Sauerkirschen 1 700 ml.

2
(3) Lösen Sie mit Hilfe der Stellenwerttafel:
a) Wieviel Liter enthält eine 850 (245)-ml-Dose?
b) Wieviel Gläser mit 2 (5) cl erhält man rechnerisch aus einer Flasche mit 0,7 (0,75) Liter?
c) Auf einer Weinflasche steht 750 ml. Wieviel ganze Gläser mit 0,2 (0,25) Liter können ausgeschenkt werden?

4 Ermitteln Sie die Gesamtmenge:
a) 4,2 l + 8 dl + 14 cl + 170 ml = ? l
b) 0,2 l + 220 ml + 12 dl + 1,05 l = ? cl
c) 0,42 hl + 0,75 l + 180 cl + 200 ml = ? l
d) 140 cl + 0,04 l + 320 ml + 18 cl = ? ml

5 Wieviel Eimer Wasser mit 10 Litern erhält man aus einem m^3?

6
(7) In einem Rezept für Stollen steht: „Befeuchten Sie die Früchte mit 140 (170) g Rum."
Messen Sie mit einem 2-cl-Glas ab.

8 Eine Packung mit Würfeln für Fleischbrühe trägt nebenstehenden Hinweis:

a) Welcher Inhalt in ml wird für eine Tasse und einen Teller vorausgesetzt?
b) Nennen Sie die Menge als Bruchteil eines Liters (z. B. $^1/_5$ l).

> Inhalt 6 Würfel = 3 l
>
> Ergibt:
>
> 12 Teller oder 21 Tassen

0,38 hl

0,7 l

0,4 l

2 cl

---

1 hl ≙ 100 l	1 l ≙ 100 cl
hl ≙ Hektoliter	cl = Zentiliter (vgl. Zentimeter)
vorwiegend beim Bierbezug	vorwiegend bei Spirituosen

Die Unterteilung hl–l–cl hat die **Umwandlungszahl 100**.

---

9 Übertragen Sie die Stellenwerttafel in Ihr Heft. Schreiben Sie als Liter, und zählen Sie zusammen:

a) 0,4 l + 25 cl + 0,05 l + 16 cl =
b) 0,38 hl + 32 cl + 1,2 l + 9 cl =
c) 0,025 hl + 235 cl + 0,05 l + 12 cl =

10 Schreiben Sie als cl, und zählen Sie zusammen:

a) 1,5 l + 0,8 l + 0,55 l + 0,04 l =
c) 0,07 l + 1,8 l + 0,3 l + 0,05 hl =

Die **Stellenwerttafel** hilft beim Umwandeln und Rechnen.

		hl		l		cl
Beispiel		H	Z	E	z	h
35 cl = ? l ⟶				0,	3	5
0,7 l = ? cl ⟶				0,	7	0

b) 0,375 l + 0,025 hl + 0,7 l + 0,25 l =
d) 0,375 l + 0,7 l + 0,72 l + 0,001 hl =

Ausschank von Getränken

11 Eine Flasche mit Whisky enthält 0,72 l. Wie viele Gläser mit 4 cl Inhalt können rechnerisch ausgeschenkt werden?

12 Für den Bierausschank ist folgende Abrechnung vorzunehmen: 186 Gläser zu je 0,2 l und 258 Gläser zu je 0,4 l. Wieviel Liter Bier wurden rechnerisch ausgeschenkt?

13 Eine Sonderflasche für die Bar enthält 3 Liter Weinbrand. Wieviel Schwenker mit 2 cl könnten ausgeschenkt werden, wenn es keinen Schankverlust gäbe?

14 Laut Abrechnung wurden verkauft 182 (163) Glas Bier mit 0,2 l und 72 (84) Glas Bier mit **(15)** 0,4 Litern. Berechnen Sie den Gesamtausschank in Litern.

16 Aus einem Faß mit 0,38 (0,52) hl wurden ausgeschenkt: 91 (154) Gläser mit 0,2 l und **(17)** 45 (46) Gläser mit 0,4 Litern. Berechnen Sie den Schankverlust in Litern.

Gewichtseinheiten

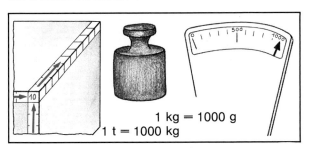

1 kg = 1000 g
1 t = 1000 kg

	1000		1000	
t	dt	kg		g
		100		

18 bis 26 Übertragen Sie die Stellentafel in Ihr Heft, und fügen Sie ein:

18	19	20	21	22	23	24	25	26
125 g	0,2 kg	24 kg	50 g	0,025 kg	1,2 t	1200 kg	1,5 dt	1240,8 kg

27 Schreiben Sie als kg, und zählen Sie zusammen:
a) 350 g + 125 g + 85 g + 240 g + 45 g   c) 750 g + 0,3 kg + 120 g + 550 g + 80 g
b) 0,040 kg + 850 g + 60 g + 450 g + 25 g   d) 1,2 dt + 1,5 t + 42 kg + 0,03 t + 500 g

Umgang mit Waagen

Direkt anzeigende Waagen

Das Gewicht wird angezeigt.

indirekt anzeigende Waagen

Laufgewichtswaage   Waage mit Gewichten

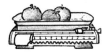 

Das Gewicht wird ermittelt durch
● Zusammenzählen zweier Werte: Grobgewicht + Feingewicht,
● Zusammenzählen aufgelegter Gewichte.

28 bis 35 Auf einer Laufgewichtswaage sehen Sie untenstehende Einstellung. Nennen Sie mündlich das eingestellte Gewicht in kg.

	28	29	30	31	32	33	34	35
Grobgewicht in kg	1,5	0,5	2	1,5	10	2	3,5	1,5
Feingewicht in g	50	125	0	250	375	200	70	100

36 bis 43 Nennen Sie mündlich die Einstellung von Grobgewicht und Feingewicht.

	36	37	38	39	40	41	42	43
Abzuwiegen sind	2,500 kg	1,300 kg	0,700 kg	350 g	125 g	625 g	750 g	950 g

Prüfungsaufgaben

1 Es sind 275 (180) Kaffeegäste gemeldet. Je Person wird ein Kännchen mit 0,3 Liter
(2) veranschlagt. Die Kaffeeküche rechnet je Liter Wasser mit 50 (45) Gramm Kaffeemehl.
Wieviel kg gemahlener Kaffee sind bereitzustellen?

3 Für einen Cocktail sind neben anderen Zutaten 4 cl Gin erforderlich. Für einen
(4) Empfang mit 120 (85) Personen ist der Gin vorzubereiten.
Wieviel ganze Flaschen mit 0,7 (0,75) Liter sind anzufordern?

5 Für einen Liter Reinigungslösung werden 1,25 (0,8) ml Konzentrat benötigt.
(6) Wieviel Liter Reinigungslösung können aus einem Liter Konzentrat hergestellt
werden?

7 Für jeden regelmäßig Beschäftigten müssen in der Küche 15 m³ Luftraum zur
(8) Verfügung stehen. Eine Küche ist 6,2 (5,6) m lang, 4,5 (5,2) m breit und 3,2 (3,4) m hoch.
Für die Einrichtung werden 6,2 (4,3) m³ berücksichtigt.
Wieviel Personen dürfen in dieser Küche regelmäßig beschäftigt werden?

9 Der Frühstücksraum eines Hotels erhält einen neuen Bodenbelag. Der Raum ist
(10) 10,8 (9,2) m lang und 7,3 (6,1) m breit.
  a) Welche Fläche hat der Raum?
  b) Wieviel DM sind für den neuen Belag zu veranschlagen, wenn 1 m² einschließlich
  der Verlegearbeiten 74,20 DM kostet?

11 Ein Kühlraum wurde wie folgt ausgemessen: Breite 32 (45) dm, Tiefe 215 (195) cm,
(12) Höhe 2,48 (2,20) m.
Wieviel m³ faßt der Kühlraum?

13 Auf einer Terrasse mit 8 (6,5) m Länge und 6 (4,5) m Breite standen bisher 56 (33)
(14) Sitzplätze zur Verfügung. Jetzt ist die Terrasse auf 16 (12,5) m Länge und 9,5 (5,2) m
Breite vergrößert worden.
  a) Wieviel m² mißt die neue Terrasse?
  b) Wieviel Sitzplätze stehen bei gleicher Dichte auf der neuen Terrasse zur
  Verfügung?

15 Aus einer Flasche mit 0,7 (0,74) Liter Weinbrand wurden entnommen: 2 cl, 0,15 l, 4 cl,
(16) 60 ml.
Wieviel cl sind noch in der Flasche?

17 Ein GASTRONORM-Behälter ist innen 32 (64) cm lang, 26 (39) cm breit und 15 cm
(18) hoch. Er ist zur Hälfte gefüllt.
Wieviel Liter sind enthalten?

19 Eine Flasche mit Desinfektionslösung trägt die Aufschrift: „Verdünnung 1 : 1000!".
Wieviel ml sind einem Eimer mit 10 l Wasser zuzugeben?

Tabellen und grafische Darstellungen

Zur übersichtlichen Anordnung von Zahlen verwendet man meist **Tabellen**, denn geordnet sind die Zahlenwerte leichter überschaubar. Werden die Werte zeichnerisch dargestellt, spricht man von **Schaubild** oder **Diagramm**.

Umgang mit Tabellen

Eine **Tabelle ordnet Zahlenmaterial** und macht es dadurch leichter überschaubar. Beachtet man nur wenige **Gestaltungsregeln**, ist es kein Problem, selbst eine Tabelle anzulegen.

Eine Tabelle besteht aus:

- *Tabellenkopf* } nennen Ordnungs-
- *Vorspalte* } gesichtspunkte
- waagerechten *Zeilen*
- senkrechten *Spalten*

		Kopf
		Spalte
Vorspalte		
	Zeile	Feld

1 Beantworten Sie mit Hilfe der Tabelle.

a) Welche Lebensmittel enthalten viel Eiweiß?

b) Welches Lebensmittel ist am energiereichsten?

c) Wie hoch ist der Kohlenhydratgehalt von Zucker?

d) Wievielmal mehr Energie enthält Zucker als Kartoffeln?

Ausschnitt aus einer Nährwerttabelle

Lebensmittel	100 g enthalten			
	Eiweiß	Fett	Kohlen-hydrate	Energie
	g	g	g	kJ
Kartoffeln	2	+	19	295
Mischbrot	7	1	45	865
Vollmilch	3,3	3,5	5	275
Zucker	–	–	99,8	1670
Gurke	+	+	2	40
Kopfsalat	1	+	1	30
Apfel	+	+	11	205
Plattenfett	+	100	–	3870

Hilfe zum Ablesen von Tabellen:
Lineal anlegen oder mit dem Finger entlang der Zeile oder Spalte fahren.

2 Nach welchem Merkmal wird im Kopf obiger Tabelle unterschieden?

3 Nach welchem Gesichtspunkt ordnet die Vorspalte?

4 In welcher Richtung verlaufen in einer Tabelle a) Zeilen, b) Spalten?

5 Wie nennt man die Fläche, in der sich Zeile und Spalte überschneiden?

Grafische Darstellungen: Balken und Säulen

Grafische Darstellungen stellen Aussagen bildlich dar und machen diese so „auf einen Blick" erfaßbar. Je nachdem, was ausgesagt werden soll, werden unterschiedliche Formen verwendet.

Ganzes – Teile davon

Sollen Anteile einer Sache vom Ganzen dargestellt werden, z. B. der Anteil an Nährstoffen, dann sind geeignet:

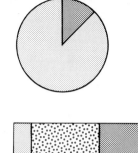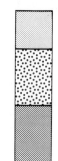

- **Kreisfläche;** die Anteile sind dann wie bei einer Torte größere oder kleinere „Stückchen".

- **Streifen** – querliegend ⎫
- **Säule** – hochstehend ⎭

  Die Anteile sind dann kleinere oder größere Abschnitte.

6 Zeichnen Sie vier Streifen untereinander: Länge 10 cm, Höhe 1,5 cm, Abstand zwischen den Balken 1 cm. Tragen Sie die Anteile der einzelnen Nährstoffe für folgende Lebensmittel ein (Werte Seite 32):

a) Rindfleisch, mittelfett   c) Trinkmilch
b) Brathuhn   d) Sahne

Vergleich von Werten

Wenn man Werte vergleichen will, legt man die Säulen oder Streifen aneinander. Der Unterschied, auf den es beim Vergleichen ja ankommt, wird dann sofort sichtbar.

Gemüse sind Träger von Reglerstoffen

7 Was die nebenstehende Grafik auf einen Blick zeigt:

a) Welches Gemüse verliert die Vitamine am schnellsten?

b) Welches Gemüse erleidet bei der Lagerung den geringsten Schaden?

c) Wieviel Prozent des ursprünglichen Vitamingehaltes sind bei Spinat nach einer zweitägigen Lagerung bei 20 °C verlorengegangen?

d) Wieviel Prozent beträgt bei Spinat der Unterschied im Vitamingehalt zwischen Lagerung im Kühlschrank und Aufbewahrung bei Zimmertemperatur?

e) Wieviel Prozent des ursprünglichen Vitamingehalts enthält Blumenkohl nach zweitägiger Lagerung bei Zimmertemperatur?

Vitamin-C-Erhaltung bei Lagerdauer von 2 Tagen: +20 °C Zimmertemperatur, +12 °C im Keller, +4 °C im Kühlschrank.

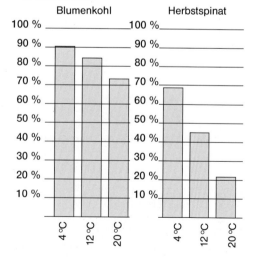

28

8 Eine Zeitungsnotiz

In unseren Nachbarländern wird mehr Gemüse verbraucht als bei uns. Nach statistischen Unterlagen werden pro Kopf der Bevölkerung im EG-Durchschnitt 99 kg verzehrt. Die einzelnen Länder greifen jedoch unterschiedlich oft in den Gemüsekorb. Im einzelnen: Bundesrepublik 70 kg, Niederlande 80 kg, Belgien 98 kg, Frankreich 118 kg, Italien 155 kg.

Aus gesundheitlichen Gründen wäre es besser, wenn wir uns wieder an den alten Werbespruch erinnerten, nach dem Obst und Gemüse gesund erhalten.

Stellen Sie den Gemüseverbrauch der einzelnen Länder in Säulen dar. Breite je Land 1,5 cm, Höhe 10 kg ≙ 0,5 cm. Den EG-Durchschnitt zeichnen Sie als rote Linie über die Breite aller Säulen.

Ein Bild sagt mehr als tausend Worte (Chinesisches Sprichwort).

9 Welche Garverfahren werden in nebenstehender Grafik verglichen?

10 Bei welchem Garverfahren ist die Vitaminerhaltung
a) am besten,
b) am wenigsten gut?

11 Welche Garverfahren sind bei Gemüse dem Kochen vorzuziehen?

12 Bei welchen Gemüsen sind die Kochverluste besonders groß?

13 Welches Nahrungsmittel erleidet durch Kochen die geringsten Vitaminverluste?

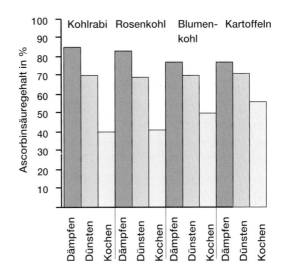

14 Die „Energiewaage" auf Seite 39 bringt Beispiele von Dingen, die man „so nebenbei ißt". Die einzelnen Streifen entsprechen in der Größe nicht dem Energiegehalt.

Übernehmen Sie die Werte, und stellen Sie diese als Säulen vergleichend nebeneinander. Diskutieren Sie in der Klasse zunächst über sinnvolle Maße.

Dampfdrucktopf

Wie sich die Ernährungsgewohnheiten ändern können, veranschaulichen die folgenden Grafiken.

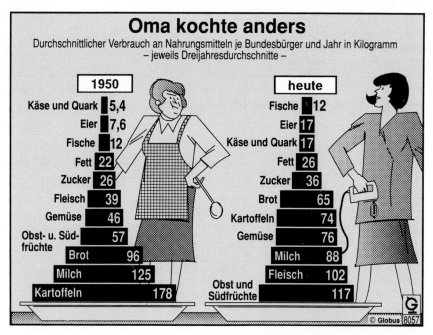

Oma kochte anders

Durchschnittlicher Verbrauch an Nahrungsmitteln je Bundesbürger und Jahr in Kilogramm
– jeweils Dreijahresdurchschnitte –

1950		heute	
Käse und Quark	5,4	Fische	12
Eier	7,6	Eier	17
Fische	12	Käse und Quark	17
Fett	22	Fett	26
Zucker	26	Zucker	36
Fleisch	39	Brot	65
Gemüse	46	Kartoffeln	74
Obst- u. Südfrüchte	57	Gemüse	76
Brot	96	Milch	88
Milch	125	Fleisch	102
Kartoffeln	178	Obst und Südfrüchte	117

© Globus 8057

15 Bei welchem Lebensmittel ist der Verbrauch am stärksten zurückgegangen?

16 Wie steht es mit dem Verzehr von Gemüse und Obst?

17 Nennen Sie Nahrungsmittel, von denen heute
a) mehr als das Doppelte verzehrt wird,
b) nur noch die Hälfte verzehrt wird.

18 Vergleichen Sie den Fettverbrauch in beiden Grafiken rechts oben und unten.
a) Worin stimmen Sie überein?
b) Was ist bei der Grafik zu „Omas Küche" nicht berücksichtigt?
c) Wodurch ist der starke Anstieg bei den versteckten Fetten bedingt?

19 Nennen Sie Zubereitungen mit einem hohen Anteil an unsichtbaren Fetten.

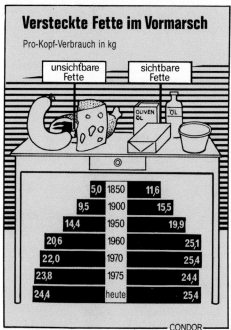

Versteckte Fette im Vormarsch

Pro-Kopf-Verbrauch in kg

unsichtbare Fette		sichtbare Fette
5,0	1850	11,6
9,5	1900	15,5
14,4	1950	19,9
20,6	1960	25,1
22,0	1970	25,4
23,8	1975	24,4
24,4	heute	25,4

CONDOR

Grafische Darstellungen: Kurven

Wenn der **Verlauf** einer Entwicklung aufgezeigt werden soll, geschieht das oft in Form einer **Kurve**. Die Kurve bringt Werte zueinander in Beziehung.

Ernährung – Sterblichkeit

20 Um wieviel Prozent ist die Sterblichkeit bei einem Übergewicht von 10 kg erhöht?

21 Bei wieviel kg Übergewicht ist die Sterblichkeit um 100% gesteigert, lebt man folglich nur halb so lange wie der Durchschnitt?

Vermehrung der Mikroben

22 Bakterien teilen sich bei idealen Bedingungen jeweils nach 15 Minuten.
   a) Erstellen Sie auf einem Karopapier ein Achsenkreuz: Höhe 15 cm für Keimwachstum, 10 Bakterien ≙ 1 cm; Breite für Zeit, 15 min ≙ 1 cm. Beginnen Sie mit einem Keim. Nach 15 Minuten ...
   b) Vergleichen Sie den Verlauf Ihrer Kurve mit nebenstehender Abbildung.
   c) Wodurch unterscheidet sich bei der Abbildung die Hochachse von Ihrer?

> Der Maßstab beeinflußt den Kurvenverlauf.

23 Lesen Sie aus untenstehender Grafik ab:
   a) Bei welchen Temperaturen vermehren sich die einzelnen Arten am schnellsten?
   b) Warum wird der Temperaturbereich zwischen 8 °C und 55 °C als kritischer Bereich bezeichnet?
   c) Ab welcher Temperatur ist die Gefahr der Bakterienvermehrung sehr gering?

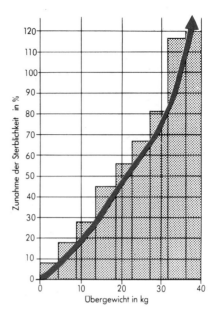

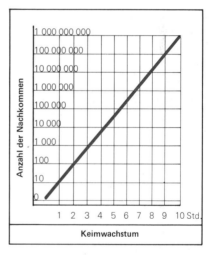

Keimwachstum

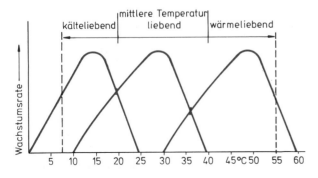

Nährstoff- und Energieberechnungen

Lebensmittel / Nährstoffe Energie	Abfall %	Der genießbare Anteil von 100 g eingekaufter Ware enthält:				
		Eiweiß (Protein) in g	Fett in g	Kohlenhydrate		Energie
				verwertbare g	Ballaststoffe g	kJ
Fleisch						
Rindfleisch, mittelfett	16	15	18	•	•	995
Kalbfleisch, mittelfett	23	16	3	•	•	390
Schweinefleisch, mittelfett	20	18	21	•	•	1155
Leber (Kalb)	4	18	4	•	•	575
gekochter Schinken	3	19	20	•	•	1145
fetter Speck	10	2	80	•	•	3220
Dauerwurst	5	17	41	•	•	1900
Fleischwurst	1	11	30	•	•	1355
Brathuhn	26	15	4	•	•	450
Fische						
Hering	30	13	10	•	•	650
Kabeljaufilet	0	17	–	•	•	325
Seelachsfilet	0	18	1	•	•	370
Forelle	48	10	1	•	•	220
Milch und Milcherzeugnisse						
Vollmilch	0	3,5	3,5	5	•	275
Schlagsahne	0	2	30	3	•	1265
Butter	0	1	83	+	•	3240
Hartkäse, vollfett	6	25	28	•	•	1555
Quark, mager	0	14	+	•	•	315
Eier und Fette						
Hühnerei	12	11	10	1	•	615
Margarine	0	1	80	+	•	3180
Öl, Plattenfett, Schmalz	0	–	100	•	•	3880
Getreide, Mehl, Brot						
Weizenmehl, Type 550	0	11	1	73	2	1440
Reis, poliert	0	7	1	78	1	1470
Brötchen, Weißbrot	0	7	1	51	•	1100
Mischbrot	0	7	1	42	4	865
Vollkornbrot, Roggen	0	7	1	36	7	795
Teigwaren, Zucker						
Eierteigwaren	0	13	3	67	3	1480
Zucker	0	–	–	100	•	1650
Honig	0	–	–	81	•	1275
Gemüse, Obst, Nüsse						
Blumenkohl	38	2	–	2	2	60
Erbsen, Linsen, getrocknet	0	22	1	54	11	1290
Erbsen grün, TK	0	4	–	11	•	275
Gurken	26	+	+	2	1	40
Kartoffeln	20	2	–	15	2	285
Möhren	19	1	–	4	3	90
Kohlrabi	34	1	–	3	1	65
Rote Bete	22	1	–	7	2	130
Rosenkohl	22	3	+	3	3	115
Spargel	26	1	–	1	1	40
Sellerie	27	1	–	2	3	65
Spinat	15	2	–	+	2	50
Kopfsalat	32	1	–	1	1	30
Tomaten	0	1	+	3	2	70
Weißkohl	22	1	–	3	2	70
Erdnüsse, geröstet	0	26	49 Fruchtsäure	9	7	2565
Äpfel, Birnen	8	0,3	1	11	2	205
Apfelsinen	28	1	+	7	2	130
Bananen	33	1	+	13	1	230
Kirschen, süß; Pflaumen	12	1	+	11	2	215
Marmelade im Durchschn.	0	+	+	66	•	1090

Lesen der Nährwerttabelle

24 Wieviel Prozent beträgt der durchschnittliche Abfall bei Kartoffeln?

25 Wieviel Prozent beträgt der durchschnittliche Abfall bei Gurken?

26 Wieviel Gramm Fett enthalten 100 Gramm mittelfettes Schweinefleisch?

27 Wieviel Gramm Fett enthalten 100 Gramm mittelfettes Kalbfleisch?

28 Welches angeführte Nahrungsmittel hat
   a) den höchsten Energiegehalt in Kilojoule?
   b) den niedrigsten Energiegehalt in Kilojoule?

29 Welche Brotart hat den niedrigsten Energiegehalt?

30 Welches Gemüse hat den geringsten Energiegehalt?

31 Warum enthalten getrocknete Erbsen ungefähr zehnmal soviel Energie wie grüne Erbsen?

32 Eine Portion gekochte Nudeln (Teigwaren) wiegt etwa 150 Gramm. Kann man den Energiegehalt aus der Tabelle ablesen? Nennen Sie Gründe.

Berechnen des Nährstoffgehaltes von Speisen

Bei einer gesunden Ernährung müssen

● die **Nährstoffe** in einem ausgeglichenen Verhältnis aufgenommen werden,
● der **Nährwert- oder Energiegehalt** im richtigen Maß zum Verbrauch stehen.

33   **Beispiel**

Wieviel Gramm der einzelnen Nährstoffe werden mit einem Schnitzel von 150 Gramm aus mittelfettem Schweinefleisch aufgenommen?

Aus der Nährwerttabelle					Lösungshinweise
	100 g eingekaufte Ware enthalten				① Aus der Tabelle die erforderlichen Werte suchen.
	Pro-tein	Fett	Kohlen-hydrate	Energie	② Die Tabelle nennt Werte für 100 g. Folglich müssen die Rezeptmengen in Vielfache, z. B.
Lebensmittel	g	g	g	kJ	150 g $\hat{=}$ **1,5** · 100 g, oder Teile, z. B.
Schweinefleisch, mittelfett	18 ①	21		1 155	70 g $\hat{=}$ **0,7** · 100 g, der Tabellenmenge umgewandelt werden.

Lösung

②

→ 21 g · 1,5 = 32 g Fett

→ 18 g · 1,5 = 27 g Eiweiß

Antwort: Das Schnitzel enthält 27 g Eiweiß und 32 g Fett.

34 Ein Glas mit Vollmilch enthält 200 (150) g.
(35) Wieviel Gramm Eiweiß, Fett und Kohlenhydrate sind enthalten?

36 Für eine Portion Kartoffeln rechnet man mit 200 (180) g.
(37) Wieviel Gramm der einzelnen Nährstoffe sind enthalten?

38 Kabeljaufilet wird gefrostet in Portionen zu 180 (160) g angeboten.
(39) Berechnen Sie das Gewicht der einzelnen Nährstoffe.

40 Der Inhalt eines durchschnittlichen Eies wiegt 50 (55) g.
(41) Welches Gewicht haben die einzelnen Nährstoffe?

42 Für eine Portion Quark mit Kräutern zum Frühstück werden 50 (70) g gerechnet.
(43) Wieviel Gramm der einzelnen Nährstoffe nimmt man zu sich?

44 Magerer Quark enthält 17 (19) Prozent Eiweiß. Im Rahmen einer Diät soll der
(45) tägliche Eiweißbedarf von 102 (133) Gramm gedeckt werden.
Wieviel Gramm Quark müssen gegessen werden?

46 Nach den Empfehlungen der Deutschen Gesellschaft für Ernährung sollen täglich
(47) 30 Gramm Ballaststoffe aufgenommen werden. Fritz ißt 150 (180) Gramm Vollkornbrot mit 7 Prozent Ballaststoffgehalt und 30 (50) Gramm Knäckebrot mit 15 Prozent
Ballaststoffgehalt.
Wieviel Prozent des Tagesbedarfs sind damit gedeckt?

48 Erwachsene haben einen durchschnittlichen Bedarf von 800 mg Calcium. 100 Gramm
(49) Joghurt enthalten 120 mg (100 Gramm Fruchtjoghurt 75 mg) Calzium.
Wieviel Prozent des Tagesbedarfs nimmt man zu sich, wenn man zu einer Zwischen-
mahlzeit einen Becher mit 250 (200) Gramm verzehrt?

50 Die Frühstücksgewohnheiten sind in den einzelnen Ländern sehr unterschiedlich.
Vergleichen Sie den Nährstoffgehalt (Kaffee oder Tee bleiben unberücksichtigt):

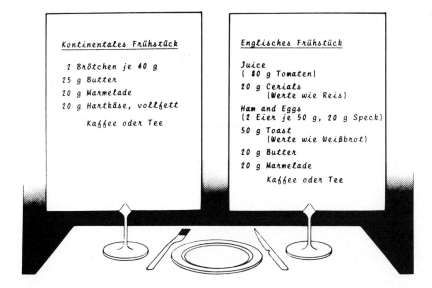

Kontinentales Frühstück

2 Brötchen je 40 g
25 g Butter
20 g Marmelade
20 g Hartkäse, vollfett

Kaffee oder Tee

Englisches Frühstück

Juice
(80 g Tomaten)
20 g Cerials
(Werte wie Reis)
Ham and Eggs
(2 Eier je 50 g, 20 g Speck)
50 g Toast
(Werte wie Weißbrot)
20 g Butter
20 g Marmelade

Kaffee oder Tee

Berechnen des Energiegehaltes von Speisen

Nährwerttabellen nennen den Energiegehalt der Rohstoffe. Will man den Gehalt bestimmter Speisen ermitteln, so muß das Rezept berechnet werden.

51 **Beispiel**

Ein Rezept für 4 Portionen Kartoffelbrei lautet: 800 g Kartoffeln, 250 g Milch, 50 g Butter, Salz, Gewürz. Wieviel Kilojoule enthält eine Portion?

Aus einer Nährwerttabelle				
	100 g enthalten			
Lebens-mittel	Eiweiß	Fett	Kohlen-hydrate	Energie
	g	g	g	kJ
Butter	1	83	—	3240 ①
Milch	3,5	3,5	5	275
Kartoffeln	2	—	15	285

Lösung   ②

800 g Kartoffeln   285 kJ · 8 = 2 280 kJ
250 g Milch   275 kJ · 2,5 = 688 kJ
 50 g Butter   3 240 kJ · 0,5 = 1 620 kJ

4 Portionen enthalten	③	4 588 kJ
1 Portion enthält	④	1 147 kJ

Lösungshinweise

① Zunächst müssen in der Tabelle, die hier auszugsweise wiedergegeben ist, die erforderlichen Werte aufgesucht werden (siehe S. 32).

② Man ermittelt den Energiegehalt jeder Zutat, indem man den Wert aus der Tabelle (für je 100 g) entsprechend vervielfacht.

③ Den Gesamtenergiegehalt ermittelt man, indem man die Werte jeder Zutat zusammenzählt.

④ Den Gehalt einer Portion erhält man, wenn der Gesamtwert durch die Zahl der Portionen geteilt wird.

52 Als energiearmes Gericht bietet ein Restaurant an: Steak mit Vollkornbrot und Kopfsalat. An Rohstoffen werden aufgewendet: 180 g Rindfleisch, mittelfett, 5 g Plattenfett zum Braten, Vollkornbrot 20 g, Salat 60 g, Öl zum Anmachen 5 g. Berechnen Sie den Energiegehalt.

53 Für Schweineschnitzel natur mit Pommes frites sind folgende Rohstoffe erforderlich: 180 g Schweinefleisch, mittelfett, 180 g Kartoffeln, 30 g Plattenfett.
a) Berechnen Sie den Energiegehalt dieses Gerichtes in kJ.
b) Wieviel Prozent mehr Energie hat dieses Gericht als das energiearme bei Aufgabe 52?

54 Für Forelle nach Müllerin Art werden verwendet: Forelle mit 250 g, 10 g Mehl, 15 g Butter.
a) Welchen Energiegehalt in Kilojoule hat dieses Gericht?
b) Wieviel Gramm der einzelnen Nährstoffe sind enthalten?

55 Für Blumenkohl polnische Art nennt die Rezeptkartei einer Portion entsprechend 180 g Blumenkohl, 10 g Brösel (wie Weizenmehl), 5 g Butter.
a) Berechnen Sie den Energiegehalt der Speise in Kilojoule.
b) Ermitteln Sie den Anteil der einzelnen Nährstoffe in Gramm.

Viele Mahlzeiten sind nur deshalb zu reich an Energie, weil unbedacht mit reichlich Fett zubereitet wird. Folgende Rezepte zeigen, wie Zubereitungsart und Zutaten den Energiegehalt beeinflussen.

56 Für je 4 Portionen werden benötigt bei

Salzkartoffeln	*Bratkartoffeln*	*Pommes frites*
800 g Kartoffeln	800 g Kartoffeln	800 g Kartoffeln
	35 g Backfett	65 g Backfett

Berechnen Sie den Energiegehalt je einer Portion in kJ.

Die Zubereitungsart beeinflußt den Energiegehalt.

---

57 Für je 4 Portionen werden genannt bei

gedünstetem Blumenkohl	*Blumenkohlgemüse*	*Blumenkohl mit Butter und Bröseln*
500 g Blumenkohl	500 g Blumenkohl	500 g Blumenkohl
20 g Butter	30 g Butter	70 g Butter
	40 g Mehl	40 g Semmelbrösel
	0,04 l Sahne	(wie Weißbrot)

a) Berechnen Sie den Energiegehalt je einer Portion.

b) Wieviel Prozent liegt der Energiegehalt bei Blumenkohl mit Butter und Semmelbrösel höher als bei gedünstetem Blumenkohl?

58 Für je 4 Portionen verlangt das Rezept:

Naturschnitzel	*Rahmschnitzel*	*gebackenes Schnitzel*
4 · 150 g Kalbfleisch	4 · 150 g Kalbfleisch	4 · 150 g Kalbfleisch
50 g Backfett	30 g Mehl	30 g Mehl
	60 g Backfett	1 Ei (50 g)
	40 g saure Sahne	60 g Semmelbrösel
	(dafür 230 kJ)	(Weißbrot)
		50 Backfett

Berechnen Sie den Energiegehalt einer Portion.

59 Für je 4 Personen sind erforderlich bei

gedünstetem Kabeljau	*gebackenem Kabeljau*
750 g Kabeljau	750 g Kabeljau
30 g Butter	40 g Mehl
30 g saure Sahne	1 Ei (50 g)
(dafür 175 kJ)	70 g Semmelbrösel
100 g Weißwein (dafür 33 kJ)	(Weißbrot)
15 g Mehl	50 g Plattenfett

Wieviel Prozent mehr Energie enthält gebackener Kabeljau?

Zusammengesetzte Nährwertberechnungen

60 Emmentaler hat 45 Prozent Fett in der Trockenmasse. Die Trockenmasse ist 62%. Wieviel Gramm Fett sind in 100 Gramm Käse tatsächlich enthalten?

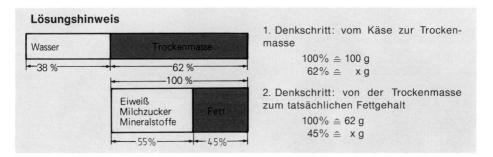

Lösungshinweis

1. Denkschritt: vom Käse zur Trockenmasse

$$100\% \mathrel{\widehat{=}} 100\,g$$
$$62\% \mathrel{\widehat{=}} x\,g$$

2. Denkschritt: von der Trockenmasse zum tatsächlichen Fettgehalt

$$100\% \mathrel{\widehat{=}} 62\,g$$
$$45\% \mathrel{\widehat{=}} x\,g$$

61 Eine Fachzeitschrift bringt eine Übersicht zum Fettgehalt der einzelnen Käsesorten und nennt deren Fettgehalt in der Trockenmasse (i. Tr.).
Berechnen Sie für jede Sorte, wieviel Gramm Fett in 100 Gramm Käse tatsächlich enthalten sind.

Sorte:	Deklaration:	Trockenmasse:
a) Emmentaler	50% Fett i. Tr.	62%
b) Edamer	40% Fett i. Tr.	53%
c) Romadur	20% Fett i. Tr.	35%
d) Speisequark	40% Fett i. Tr.	21%
e) Speisequark	20% Fett i. Tr.	21%

62 Herr Clausen ißt zum Abendbrot 150 g Emmentaler (Werte siehe oben), seine Frau will abnehmen und verzehrt einen Becher mit 250 g Frischkäse (Werte siehe Speisequark mit 40% Fett i. Tr.).
Wieviel Gramm Fett nimmt jeder zu sich?

63 Teigwaren nehmen beim Kochen das $1\frac{1}{2}$fache ihres Trockengewichtes an Wasser
(64) auf. Für eine Portion werden 175 (200) Gramm zubereitete Teigwaren gerechnet. Berechnen Sie unter Verwendung der Nährwerttabelle
a) den Nährstoffgehalt an Eiweiß und Kohlenhydraten für eine Portion,
b) den Energiegehalt für eine Portion.

65 Linsen enthalten in getrocknetem Zustand (Einkauf) je 100 Gramm 24 (22) Gramm
(66) Eiweiß, 50 (48) Gramm Kohlenhydrate, 1 (2) Gramm Fett und 11 (14) Gramm Ballaststoffe. Beim Garen nehmen Linsen 160 Prozent Wasser auf.
a) Wieviel Prozent beträgt der Eiweißgehalt in gekochten Linsen?
b) Wieviel Gramm Ballaststoffe nimmt man mit einer Portion von 170 Gramm gegarten Linsen zu sich?
c) Getrocknete Linsen fallen in der Nährwerttabelle durch einen hohen Gehalt an Kohlenhydraten auf. Ermitteln Sie, wieviel Gramm Kohlenhydrate in 100 Gramm gegarten Linsen enthalten sind.

67 Fruchtnektar in einer Flasche trägt folgenden Hinweis: 8 Prozent verwertbare Kohlenhydrate. Es werden Gläser mit 0,2 l serviert.
Wieviel kJ sind enthalten, wenn 1 g KH 17 kJ liefert und davon ausgegangen wird, daß 1 l 1 kg wiegt?

Broteinheit

Diabetiker dürfen Kohlenhydrate nur in bestimmtem Maß aufnehmen. Um ihnen die Übersicht zu erleichtern, wurde die Broteinheit (BE) geschaffen. Die BE ist eine rechnerische Größe, die etwa der Kohlenhydratmenge einer Brotscheibe entspricht.

Eiweiß	ca.	3,5 g
Fett	ca.	3,4 g
Kohlenhydrate	ca.	23,5 g
Broteinheiten (BE)	ca.	2
Kilojoule (kJ)	ca.	590

Beispiel einer Kennzeichnung

> Eine BE (Broteinheit) = 12 Gramm Kohlenhydrate ≈ eine Scheibe Graubrot.

68 Berechnen Sie mit Hilfe der Nährwerttabelle, wieviel Gramm der folgenden Lebensmittel einer BE entsprechen:
a) Kartoffeln   c) Eierteigwaren
b) Karotten   d) Stärkemehl

69 Überprüfen Sie die Ergebnisse aus Aufgabe 68 anhand nebenstehender Grafik.

70 Was haben die Nahrungsmittel, die mit kurzen Säulen dargestellt sind, gemeinsam (Nährwerttabelle)?

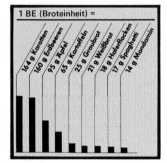

71 Eine BE ≙ 12 g KH. Teigwaren enthalten 70 (74) Prozent verwertbare Kohlenhydrate.
(72) a) Wieviel Gramm Trockenware entsprechen einer BE?
     b) Wieviel Gramm gekochte Teigwaren hat der Gast auf dem Teller, wenn die Teigwaren beim Garen 180 (200) Prozent Wasser aufnehmen?

Energieverbrauch

Es ist eine landläufige Meinung, durch Bewegung überflüssiges Gewicht verhältnismäßig rasch wieder abbauen zu können.

Prüfen Sie diese Meinung nach.

Entnehmen Sie die Werte für den Energieverbrauch nebenstehender Tabelle.

73 Hannelore geht nach der Arbeit 30 Minuten spazieren.

74 Gerd ist am Samstagabend $2\frac{1}{2}$ Stunden auf dem Tanzboden.

75 Amanda spielt 40 Minuten Tennis.

76 Andreas fährt täglich 10 Minuten mit dem Rad zum Betrieb und die gleiche Zeit zurück.

Energieverbrauch für 1 Stunde	
Tätigkeit	kJ
leichte Arbeit	560
Spazierengehen	1 100
Tanzen	1 500
Tennisspielen	1 420
Schwimmen	2 320
Dauerlaufen	2 000
Gymnastik	400
Radfahren	1 300
Treppensteigen	4 160

77 Eine Tafel Schokolade wiegt 100 g und enthält 2340 kJ.

   a) Wie lange muß man radfahren, um den Energiegehalt der Schokolade zu verbrauchen?

   b) Wie lange muß man schwimmen, um den Energiegehalt der Schokolade zu verbrauchen?

78 Ergänzen Sie die Lücken der „Energiewaage".

bis Aufgabe 78 haben Sie oben mit Nr. 77 b) gelöst. Auf ganze Minuten runden.

81

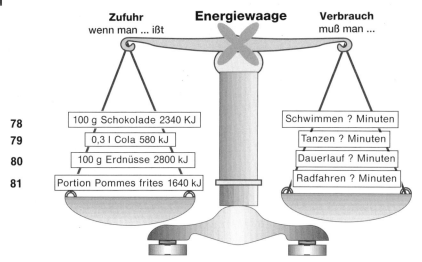

   78

   79

   80

   81

82 Anzeigen versprechen „Wunder-Kuren", bei denen man innerhalb kürzester Zeit erheblich abnimmt. Prüfen Sie:

Bei leichter körperlicher Tätigkeit haben männliche Jugendliche einen Energiebedarf von 13 000 kJ, junge Damen einen Bedarf von 10 500 kJ. In 100 Gramm Fettgewebe sind 3 200 kJ. Bei einer „Null-Diät" bezieht der Körper die gesamte Energie ausschließlich aus dem körpereigenen Fett.

Berechnen Sie, wieviel Gramm Fettgewebe je Tag abgebaut werden kann, wenn man keine Nahrung zu sich nimmt.

83 Nennen Sie Gründe, warum bei manchen Diätformen die Gewichtsabnahme kurzfristig tatsächlich höher ist als der bei Aufgabe 82 errechnete Wert.

84 Männliche Jugendliche haben einen durchschnittlichen Gesamtenergiebedarf von 13 000 kJ je Tag; der Grundumsatz wird mit 7 100 kJ angenommen.

   Weibliche Jugendliche haben einen Gesamtenergiebedarf von 10 500 kJ am Tag, der Grundumsatz beläuft sich auf 6 300 kJ.

   Berechnen Sie jeweils den Anteil des Grundumsatzes in Prozent.

Prüfungsaufgaben

Bei Prüfungen sind alle erforderlichen Werte in der Aufgabenstellung enthalten, da auf eine Tabelle mit Nährstoffanteilen oder Verlusten nicht zurückgegriffen werden kann.

1
(2) Für Rinderfilet nennt die Nährwerttabelle je 100 Gramm Fleisch 22 g Eiweiß und 2 g Fett. Ein Filetsteak wiegt 180 (160) Gramm.
Wieviel Gramm Eiweiß und wieviel Gramm Fett sind enthalten?

3
(4) Wildfleisch enthält durchschnittlich 17 Gramm Eiweiß und 3 Gramm Fett je 100 Gramm Fleisch. Ein Gramm Eiweiß liefert 17 kJ, ein Gramm Fett 39 kJ.
Wieviel kJ werden beim Verzehr von Rehmedaillons mit einem Fleischgewicht von 160 (180) Gramm aufgenommen?

5
(6) Edamer enthält 48 (46)% Wasser. In der Trockenmasse sind 45 (40)% Fett enthalten.
Wieviel Gramm Fett werden mit 150 g dieser Käsesorte aufgenommen?

7
(8) Tilsiter enthält 40 (45)% Fett i. Tr.; die Trockenmasse beträgt 56 (54)%.
Berechnen Sie die Fettaufnahme, wenn 120 (150) Gramm Käse gegessen werden.

9
(10) Teigwaren enthalten 72 (68) Prozent Stärke in der Trockenware. Beim Kochen nehmen sie 150 (120) Prozent Wasser auf. Für eine Portion werden 170 Gramm gekochte Teigwaren gerechnet.
a) Wieviel Gramm Stärke enthält eine Portion?
b) Wieviel kJ liefert der Stärkeanteil einer Portion, wenn 1 g KH $\cong$ 17 kJ?

11
(12) Butter enthält 83 Prozent reines Fett. Eine Frühstücksportion, wie sie in Hotels verabreicht wird, wiegt 25 (20) Gramm.
a) Wieviel Gramm reines Fett sind enthalten?
b) Wieviel kJ enthält die Frühstücksportion, wenn 1 Gramm Fett 39 kJ liefert?

13 Eine BE (Broteinheit), mit der Diabetiker rechnen, entspricht 12 Gramm Kohlenhydraten.
a) Wieviel Gramm Kartoffeln entsprechen einer BE, wenn 100 Gramm Kartoffeln 20 Gramm Kohlenhydrate enthalten?
b) Wieviel BE (eine Stelle nach dem Komma) entspricht eine Portion mit 200 Gramm Kartoffeln, wenn der Kohlenhydratgehalt mit 22 Prozent angegeben ist?

14
(15) Goldbarschfilet wird tiefgekühlt in Portionen mit 160 (180) Gramm angeboten. Die Nährwerttabelle gibt über den Nährstoffgehalt folgende Auskunft: 18 Prozent Eiweiß, 4 Prozent Fett.
a) Berechnen Sie den Anteil der einzelnen Nährstoffe in Gramm.
b) Ermitteln Sie den Energiegehalt in kJ, wenn 1 g Eiweiß 17 kJ und 1 g Fett 39 kJ liefern.

16
(17) Zum Frühstück wird in Portionen abgepackter Honig mit 20 (15) Gramm eingesetzt. Honig enthält 80 (82) Prozent Kohlenhydrate.
a) Wieviel Gramm Kohlenhydrate sind in einer Portion enthalten?
b) Wieviel kJ liefert eine Portion, wenn 1 Gramm KH $\cong$ 17 kJ?

Proportionale Zuordnungen

Zweisatz

1 **Beispiel**
Schinken ist mit 18,00 DM je kg
ausgezeichnet.
Preis für 1,5 kg?

Lösungshinweis: Preis je kg ⬚x⬚ kg ⬚=⬚

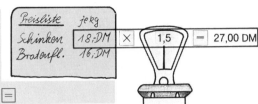

2 Schweinerücken ist mit 11,00 (12,50) DM/kg eingekauft worden. Man brät 2,500
(3) (3,800) kg. Wieviel DM sind dafür zu berechnen?

4 Kalbskeule wird zu 14,80 (15,60) DM/kg angeboten. Man bezieht zwei Keulen im
(5) Gesamtgewicht von 32,600 (38,200) kg. Berechnen Sie den Einkaufspreis.

6 Es werden 24,200 (16,800) kg lebende Forellen zum Preis von 1,90 (2,10) DM/kg
(7) geliefert. Wieviel DM sind dafür zu bezahlen?

> Preis je Einheit ⬚x⬚ Einheiten ⬚=⬚ Gesamtpreis
>
> Diese Regel gilt auch dann, wenn z. B. nur 0,3 oder 0,6 Einheiten erforderlich
> sind.

9 Bündener Fleisch kostet je kg 45,60 (52,10) DM. Berechnen Sie die Materialkosten,
(10) wenn a) für einen Bündener Teller 60 g gereicht werden,
        b) für einen Vorspeisenteller 25 g Bündener Fleisch verwendet werden.
Berechnen Sie den Materialpreis.

11 bis 18

Artikel	11	12	13	14	15	16	17	18
	Aufschnitt		Filetsteak		Kalbsschnitzel		Gemüsepaprika	
Preis DM/kg	32,60		42,00		34,60		2,10	
Menge in g	125	60	180	200	170	190	250	220

19 bis 26 Welcher Kilogramm-Preis ist berechnet worden?

	19	20	21	22	23	24	25	26
Menge in g	740	620	145	460	275	375	860	900
Kosten DM	8,88	9,84	2,03	4,09	3,85	4,50	8,51	13,05

27 bis 34 Zusammenhänge erkennen. Berechnen Sie die fehlenden Werte.

	27	28	29	30	31	32	33	34
Menge in kg	2,500	?	3,750	2,600	?	5,250	0,750	?
Preis DM/kg	3,20	4,70	11,60	?	14,20	7,80	?	42,80
Gesamtpreis DM	?	20,00	?	36,40	46,86	?	13,50	154,08

Rechnende Waagen

Rechnende Waagen arbeiten nach dem Prinzip der Zuordnung Menge → Preis.
Es gibt **elektronisch anzeigende Waagen** und **Neigungswaagen mit Preisskala.**

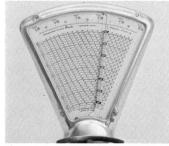

Der eingegebene Preis wird über einen Rechner ermittelt und neben dem Gewicht angezeigt.

Die Menge wird angezeigt. Die vorgegebene Preisstaffel ermöglicht eine Zuordnung Menge → Preis.

Preisstrahl und Wertetabelle

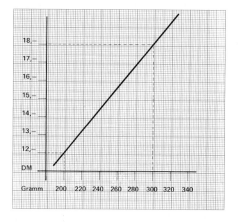

Das Fischrestaurant „Jonas" bietet lebendfrische Forellen nach Größe an. Für 100 Gramm werden nach der Speisenkarte 6,00 DM verlangt.
Um sich das ständige Rechnen zu ersparen, hat sich der Küchenchef eine Grafik angefertigt. Durch die proportionale Zuordnung Menge ↔ Preis entsteht ein Strahl, den man Preisstrahl nennt.

35 Erstellen Sie für das Restaurant „Fischerwirt"
a) einen Preisstrahl für Forellen,
b) einen Preisstrahl für Karpfen.

36 Die Annonceuse findet, für das Kontrollieren bei der Ausgabe wäre eine Wertetabelle günstiger als die Grafik:
a) eine Wertetabelle für Forellen, beginnend mit 160 Gramm bis 300 Gramm, Abstand 20 Gramm,
b) eine Wertetabelle für Karpfen, beginnend mit 250 Gramm bis 400 Gramm, Abstand 20 Gramm.

37 Ein Gast will für Forelle blau etwa 14,00 (16,00) DM ausgeben. Wie schwer darf die
(38) Forelle sein? (Speisekarte)

39 Für einen Karpfen wurden 13,00 (15,00) DM berechnet. Welches Gewicht hatte der
(40) angebotene Karpfen? (Speisekarte)

Dreisatz im geraden Verhältnis

Viele Waren werden in „Einheiten" angeboten, die eine Umrechnung auf Verbrauchsmengen notwendig machen, z. B.

● **Gemüse** in Dosen oder Tiefkühlpackungen,

● **Obst** in Dosen mit einer bestimmten Stückzahl wie Ananas, halbe Birnen,

● **Fleischstücke** und **Fisch,** deren Größen vom Wuchs der Tiere bestimmt ist.

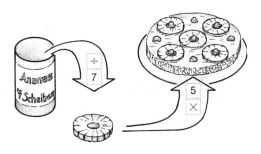

Damit verbundene Rechenaufgaben werden über den Dreisatz gelöst.

---

41 **Beispiel**

Eine Dose Ananas enthält 7 Scheiben und kostet 1,54 DM. Für einen gemischten Obstkuchen benötigt man 5 Scheiben.

Wieviel DM sind dafür zu veranschlagen?

Lösung über x und Bruchstrich

Lösungsansatz 7 Stück ≙ 1,54 DM ①
            5 Stück ≙   x DM ②

Lösungsbruch

7 Stück kosten ———— ③

$$\frac{1,54 \text{ DM} \cdot 5}{7}$$

1 Stück kostet ————→ 7
5 Stück kosten 5mal soviel

Lösungshinweise

① Zuerst **Bedingungssatz**. anschreiben,

② dann **Fragesatz.** Gleiche Benennung (Stück, DM, kg) untereinandersetzen.

③ Der Ansatz am Bruchstrich beginnt mit der Größe (Zahl und Maßeinheit über dem x.)

Antwort: Für 5 Scheiben müssen 1,10 DM veranschlagt werden.

Ansatz ohne Bruchstrich

Lösung

7 Scheiben ≙ 1,54 DM
1 Scheibe ≙ 1,54 DM : 7 = 0,22 DM
5 Scheiben ≙ 0,22 DM · 5 = 1,10 DM

Lösungshinweis

Wenn 7 Scheiben 1,54 DM kosten, dann kostet 1 Scheibe den 7. Teil und 5 Scheiben 5mal soviel.

Antwort: Für 5 Scheiben müssen 1,10 DM veranschlagt werden.

---

42 Eine Dose mit 7 (9) Scheiben Ananas kostet 1,68 (1,71) DM. Es werden drei Scheiben
(43) benötigt.
Wieviel DM sind dafür zu veranschlagen?

44 Gebeizter Lachs kostet 58,00 (63,70) DM je kg.
(45) a) Wieviel DM betragen die Materialkosten für eine Portion mit 160 g?
    b) Wieviel DM sind für eine Vorspeise mit 90 g zu verrechnen?

Bruttoinhalt

Abtropfgewicht

46 Eine Dose Erbsen enthält 560 Gramm abgetropfte
(47) Ware ≙ Abtropfgewicht und kostet 2,20 (2,40) DM. Für
eine Portion rechnet man 160 Gramm.
Berechnen Sie die Materialkosten.

48 Aus einer Dose mit Steinpilzen erhielt man 540 (560)
(49) Gramm abgetropfte Ware ≙ Abtropfgewicht. Der Einkaufspreis betrug 15,60 (17,10) DM.
Berechnen Sie die Materialkosten für 40 Gramm, die zu einer Garnitur verwendet
werden.

50 Eine $^{10}/_1$-Dose Sauerkraut enthält 8,200 (7,900) kg und kostet 13,40 (15,10) DM.
(51) Berechnen Sie die Kosten für 5 kg.

52 Ein pariertes Roastbeef wiegt 3,200 (3,650) kg und kostet insgesamt 108,80 (138,70) DM.
(53) Berechnen Sie den Fleischwert für ein Rumpsteak mit 180 Gramm.

54 Fleisch für Rinderbraten wird für 21,00 (23,60) DM/kg eingekauft. Für eine Portion
(55) rechnet man 160 (180) Gramm Fleischgewicht.
Wieviel DM sind dafür zu veranschlagen?

56 Hähnchen kosten im Einkauf 5,80 DM je Stück. Man erhält davon 520 (560) Gramm
(57) gekochtes Fleisch, das zu Geflügelsalat verwendet wird.
Wieviel DM sind für 1 kg gekochtes Fleisch zu berechnen?

58 Es wurden 6,800 (14,300) kg Seelachsfilet für insgesamt 80,30 (163,00) DM bezogen.
(59) Für eine Portion rechnet man 180 Gramm.
Berechnen Sie die Materialkosten.

60 Karpfen werden lebend zu 8,40 DM/kg geliefert.
(61) Berechnen Sie die Kosten für ein Stück mit 850 (920) Gramm.

Prüfungsaufgaben

1 Ein Kabeljau ohne Kopf wiegt 8,200 (12,400) kg und wurde mit insgesamt 73,80
(2) (116,60) DM bezahlt. Für Kabeljau mit Senfsauce rechnet man je Tranche 160 (180)
Gramm.
Wieviel DM sind für den Fisch zu berechnen?

3 Ein Karton mit 360 Eiern kostet 64,80 (75,60) DM.
(4) Wieviel DM kosten 32 (18) Eier?

5 Eine Tafel Kuvertüre hat ein Nettogewicht von 2,500 kg und kostet 19,25 (18,50) DM.
(6) Berechnen Sie den Preis für 380 (215) Gramm.

7 Eine Dose Erbsen enthält 560 (620) Gramm abgetropfte Ware und kostet 1,90 (2,10) DM,
(8) für eine Portion rechnet man 140 Gramm.
Berechnen Sie die Materialkosten für eine Portion.

9 Grüne Erbsen wurden in der Tiefkühlpackung mit 2,500 (1,000) kg zu 7,90 (3,90) DM
(10) bezogen. Für eine Portion rechnet man 140 (120) Gramm.

Umgekehrt proportionale Zuordnungen

Dreisatz im umgekehrten Verhältnis

Arbeitsdauer ↔ Arbeitskräfte

1   **Beispiel**

Zur Vorbereitung eines kalten Büfetts benötigen nach Erfahrungswerten drei Köche vier Stunden. Wie lange werden vier Köche arbeiten?

Lösung	**Lösungshinweise**
3 Köche —— 4 Std. 4 Köche —— x Std. $\dfrac{4 \cdot 3}{4} = 3$ Stunden	Führen Sie den mathematischen Ansatz nie mechanisch aus! Überlegen Sie: Drei Köche arbeiten je vier Stunden; dann sind das 12 Arbeitsstunden. Werden mehr oder weniger Köche eingesetzt, so ist die Arbeitszeit auf die Beschäftigten aufzuteilen.

Antwort: Vier Köche benötigen drei Stunden.

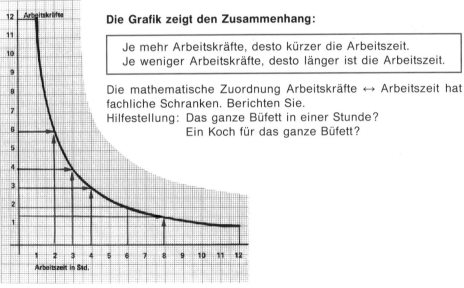

Die Grafik zeigt den Zusammenhang:

> Je mehr Arbeitskräfte, desto kürzer die Arbeitszeit.
> Je weniger Arbeitskräfte, desto länger ist die Arbeitszeit.

Die mathematische Zuordnung Arbeitskräfte ↔ Arbeitszeit hat fachliche Schranken. Berichten Sie.
Hilfestellung: Das ganze Büfett in einer Stunde?
　　　　　　　Ein Koch für das ganze Büfett?

2 Lesen Sie aus der Grafik ab:
(3) a) die erforderliche Arbeitszeit, wenn 6 (2) Köche beschäftigt werden,
　　b) die erforderliche Anzahl von Köchen, wenn die Arbeit in 6 (4) Stunden zu bewältigen ist.

4 Bisher wurden zur Vorbereitung eines Büfetts bei einer Veranstaltung drei Köche eingesetzt. Für dieses Mal wird ein weiterer abgestellt. Die bisherige Arbeitsdauer war mit 8 Stunden angesetzt.
　a) Wieviel Stunden beträgt die Arbeitsdauer beim neuen Personalstand?
　b) Wieviel Stunden später kann mit der Vorbereitung des Büfetts begonnen werden?

5 Für die Arbeiten zu einem Sonderessen waren 4 (5) Arbeitskräfte bei je sechs-
(6) stündiger (achtstündiger) Arbeitszeit eingeplant. Am Vortag meldet sich ein Koch krank. Wieviel Stunden müssen die verbleibenden Köche früher anfangen?

7 Die Küchenarbeiten für ein Stadtrestaurant wurden bisher von einer Brigade von
(8) 8 (10) Köchen bewältigt. Für den heutigen Tag wird wegen einer Veranstaltung mit einem 25 (20) Prozent höheren Umsatz gerechnet.
Wieviel Köche müssen zusätzlich eingesetzt werden?

9 Eine Großküche beschäftigt bisher 6 (5) Küchenhilfskräfte, die täglich 8 (9) Stunden
(10) arbeiten. Es soll auf Teilzeitbeschäftigung mit täglich 6 (5) Stunden Arbeitszeit umgestellt werden.
Wieviel Hilfskräfte müssen zusätzlich eingestellt werden?

11 Für 60 (45) Platten zu einem kalten Büfett benötigen 4 (5) Köche je 6 Stunden. Für
(12) ein Sonderessen sollen 50 (30) Platten in der Zeit von 4 (5) Stunden gefertigt werden.
Wieviel Köche müssen eingesetzt werden?

Warenvorrat ↔ Verbrauchsmenge

Sachliche Vorgabe für die Aufgaben Nr. 13 bis 18: Ein Berghotel erhält im Monat November von der Seilbahngesellschaft wegen der geringen Personenbeförderung Sonderkonditionen für den Materialtransport. Diese Möglichkeit der Kosteneinsparung soll für lagerfähige Ware möglichst voll genutzt werden.

13 Als mittlerer Verbrauch je Gast wurden ermittelt 120 (150) g Kartoffeln je Tag. Be-
(14) rechnen Sie die Vorratsmenge für durchschnittlich 35 (65) Gäste je Tag für 3 (4) Monate mit je 30 Tagen.

15 Die Küche rechnet mit einem durchschnittlichen Bedarf an 20 (15) Gramm Backfett
(16) je Gast und Tag.
Wieviel kg Fett sind bei einer durchschnittlichen Belegung mit 65 (50) Personen für drei Monate mit je 30 Tagen erforderlich?

17 Es wurden 2700 (3000) Portionen Frühstücksbutter zu je 25 g eingekauft und im
(18) Tiefkühlraum gelagert.
  a) Für wieviel Tage reicht der Vorrat bei durchschnittlich 60 (75) Gästen?
  b) Das Hotel baut während des Sommers an und kann darum im kommenden Winter durchschnittlich 85 (90) Gäste aufnehmen.
  Welcher Vorrat muß für 2 (3) Monate mit je dreißig Tagen angelegt werden?

Zusammengesetzter Dreisatz

1 Vor dem Umbau verbrauchte eine Küche bei 6 (8)stündiger Betriebszeit und einem
(2) Einsatz von 6 Gasbrennern 1,44 (1,92) m³ Gas. Mit dem Umbau kommen 2 weitere Brenner hinzu, und die tägliche Betriebszeit wird auf 7 (9,5) Stunden ausgedehnt.
Mit wieviel m³ Gasverbrauch je Woche ist zu rechnen?

3 Ein Hotel setzt für die Grundbeleuchtung 64 (43) Birnen mit je 150 W und 18 (14) Birnen
(4) mit je 75 W ein. Diese werden nun durch Sparlampen ersetzt. An Stelle der stärkeren Birnen verwendet man solche mit 30 W, an Stelle der schwächeren solche mit 15 W. Die Grundbeleuchtung ist 24 (13) Stunden eingeschaltet.
Berechnen Sie die monatliche (30 Tage) Stromeinsparung.

Prozentrechnen

1   **Beispiel**

Der Abfall beim Schälen von Kartoffeln wird mit 20% angegeben. Man schält 10 kg. Wieviel kg geschälte Kartoffeln kann man erwarten?

---

1. Schritt: Sich die Sache vorstellen

Kartoffeln
ganze Menge

Abfall
Verlust
„geht weg"

„bleibt übrig"
„erhält man"
„ist weniger"

---

2. Schritt: Vorgang aus dem Text lösen

notieren   oder   zeichnen

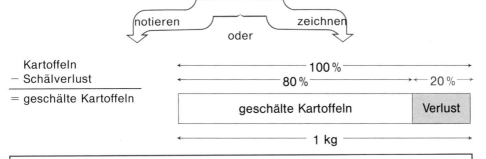

Kartoffeln
− Schälverlust
_____
= geschälte Kartoffeln

100%
80%   20%

geschälte Kartoffeln   Verlust

1 kg

---

3. Schritt: Werte zuordnen

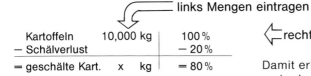

links Mengen eintragen

Kartoffeln	10,000 kg	100%
− Schälverlust		− 20%
= geschälte Kart.	x kg	= 80%

rechts Prozentangaben einsetzen

Damit erhalten Sie einen Überblick
und erkennen klar:
Was ist gegeben? Was ist gesucht?

---

4. Schritt: Rechnerische Lösung
(Wählen Sie den Weg, der Ihnen am besten liegt.)

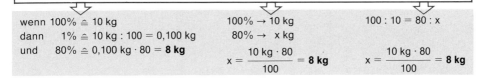

wenn 100% $\widehat{=}$ 10 kg
dann   1% $\widehat{=}$ 10 kg : 100 = 0,100 kg
und   80% $\widehat{=}$ 0,100 kg · 80 = **8 kg**

100% → 10 kg
80% → x kg

$$x = \frac{10\ kg \cdot 80}{100} = \textbf{8 kg}$$

100 : 10 = 80 : x

$$x = \frac{10\ kg \cdot 80}{100} = \textbf{8 kg}$$

Prozentwert gesucht

2
(3) Im Fremdenheim „Alpenblick" werden 25 (30) kg Kartoffeln geschält. Man rechnet mit 20 Prozent Schälverlust.

Wieviel kg geschälte Kartoffeln erhält man?

Üben Sie das Herauslösen des Vorgangs aus dem Text und das Zuordnen der Werte.

4 Im Frühjahr sind die Kartoffeln schwerer zu schälen, und darum beträgt der Schälverlust 30 Prozent.

a) Wieviel kg geschälte Kartoffeln erhält man aus 18 kg Kartoffeln?
b) Wieviel kg geschälte Kartoffeln erhält man aus 32 kg Kartoffeln?

5
(6) Der Bratverlust wird bei mittelfettem Schweinefleisch mit 35 Prozent angegeben. Frau Schulz brät ein Stück mit 1,400 (2,100) kg.

Wieviel kg Braten kann sie erwarten?

7
(8) Bei Spargel ist der Schälverlust je nach Qualität sehr unterschiedlich. Bei guter Qualität gehen durch das Schälen 20 Prozent verloren, bei geringer Qualität sind es 45 Prozent. Frau Jensen kauft 1,500 (2,500) kg.

Wieviel kg geschälter Spargel verbleiben

a) bei guter Qualität,
b) bei geringer Qualität?

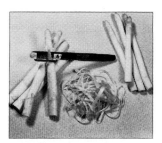
Schälen von Spargel

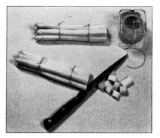
Abfall

Ich mag die Spitzen am liebsten.

9
(10) Ein Restposten Gemüsekonserven wird um 18 (24) Prozent herabgesetzt. Ohne diesen Nachlaß hätten 1 248,20 (1 756,40) DM bezahlt werden müssen.

Berechnen Sie die Überweisung und die Einsparung.

11
(12) Fruchteis muß (außer bei Zitrone) mindestens 20 Prozent Fruchtanteil enthalten. Es sollen 2,5 (3,8) Liter Eismix vorbereitet werden.

Wieviel Liter Fruchtmark sind bereitzustellen?

13
(14) Ein Hotel antwortet auf eine Zimmeranfrage: „Leider sind wir gezwungen, in diesem Jahr unsere Preise um 6 (8) Prozent anzuheben." Voriges Jahr kostete das Zimmer 90,00 (125,00) DM.

Mit welcher Ausgabe ist heuer zu rechnen?

Grundwert gesucht

Beim Vorbereiten und Garen von Speisen entstehen Verluste, die im voraus zu berücksichtigen sind, wenn man zu den erforderlichen Mengen an ausgabefähigen Speisen gelangen will.

15 **Beispiel**

Eine Pension benötigt 8 kg geschälte Kartoffeln; der Schälverlust wird mit 20 Prozent angenommen.

Wieviel kg Kartoffeln müssen geschält werden?

Gehen Sie die auf Seite 47 vorgeschlagenen Schritte. Dann erhält man:

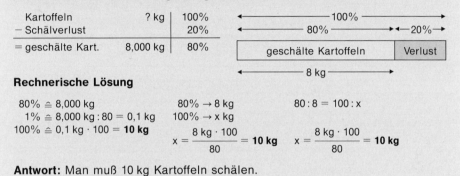

Rechnerische Lösung

80% ≙ 8,000 kg	80% → 8 kg	80 : 8 = 100 : x
1% ≙ 8,000 kg : 80 = 0,1 kg	100% → x kg	
100% ≙ 0,1 kg · 100 = **10 kg**	$x = \dfrac{8 \text{ kg} \cdot 100}{80} = \mathbf{10\ kg}$	$x = \dfrac{8 \text{ kg} \cdot 100}{80} = \mathbf{10\ kg}$

Antwort: Man muß 10 kg Kartoffeln schälen.

16 Für eine Veranstaltung sollen insgesamt 8,220 (6,400) kg Schmorbraten zur Verfügung
(17) stehen. Man rechnet mit einem Schmorverlust von 40 (38) Prozent.
Wieviel kg Fleisch müssen angesetzt werden?

18 Während einer Spargelwoche sind 40 (65) mal je 500 Gramm geputzter Spargel vor-
(19) zubereiten.
Wieviel kg Spargel sind zu schälen, wenn
a) bei Qualitätsspargel 20 Prozent Schälverlust angenommen wird,
b) bei einfacher Qualität mit 32 Prozent Schälverlust zu rechnen ist?

20 Ein Rezept für Walnußkuchen nennt 200 (280) g geriebene Walnüsse. Es werden aber
(21) derzeit nur Walnüsse in der Schale angeboten. Abfall 55%.
Wieviel Gramm Walnüsse mit Schale sind für 10 Kuchen zu kaufen?

22 Nach einer Gehaltserhöhung von 8 (11) Prozent erhält ein Hotelkaufmann 2 592,00
(23) (2 630,70) DM.
Berechnen Sie das frühere Gehalt.

24 Ein Gastronom hat mit dem Hauseigener 6 (8,5) Prozent Umsatzpacht vereinbart. Im
(25) letzten Jahr war das insgesamt 21 120,00 (34 850,00) DM.
Wieviel DM betrug der durchschnittliche Monatsumsatz?

26 Restaurantfachmann A. erhält als Festlohn 2 470,00 (2 620,00) DM monatlich. B. erhält
(27) Umsatzbeteiligung, und zwar 9,3 (10,1) Prozent des Umsatzes.
Wieviel DM muß B. täglich umsetzen, wenn er bei 22 Arbeitstagen zum gleichen Bruttolohn kommen will?

Prozentsatz gesucht

28 **Beispiel**

Es wurden 10 kg Kartoffeln geschält. Man erhielt daraus 8 kg geschälte Ware.
Wieviel Prozent beträgt der Schälverlust?

Gehen Sie die auf Seite 47 vorgeschlagenen Schritte. Dann erhält man:

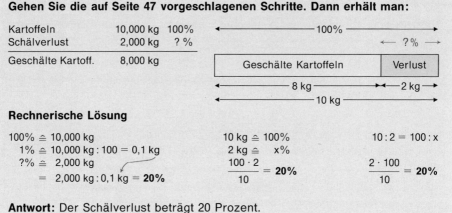

Kartoffeln	10,000 kg	100%
Schälverlust	2,000 kg	? %
Geschälte Kartoff.	8,000 kg	

Rechnerische Lösung

100% ≙ 10,000 kg	10 kg ≙ 100%	10 : 2 = 100 : x
1% ≙ 10,000 kg : 100 = 0,1 kg	2 kg ≙ x%	
?% ≙ 2,000 kg	$\dfrac{100 \cdot 2}{10} = \mathbf{20\%}$	$\dfrac{2 \cdot 100}{10} = \mathbf{20\%}$
= 2,000 kg : 0,1 kg = **20%**		

Antwort: Der Schälverlust beträgt 20 Prozent.

---

29 4,800 (2,250) kg Pfifferlinge ergeben nach dem Vorbereiten 3,264 (1,440) kg geputzte
(30) Pfifferlinge.
Wieviel Prozent beträgt der Putzverlust?

31 Zwei tiefgekühlte Kalbskeulen wiegen 13,800 (14,200) kg und 14,550 (14,800) kg. Die
(32) erste wird rasch aufgetaut und wiegt 11,868 (12,212) kg. Die zweite hat nach
langsamem Auftauen ein Gewicht von 14,332 (14,504) kg.
Berechnen Sie die Auftauverluste in Prozent.

33 Auszug aus einer Tabelle für die Berechnung der Einkaufsmengen:

Um 100 g eßbaren Anteil zu erhalten, sind an **käuflicher Rohware** durchschnittlich nötig
bei:

a) Blumenkohl	160 g	e) Rotkohl	130 g
b) Erbsen, grün	250 g	f) Spargel	140 g
c) Gurken	135 g	g) Kirschen	110 g
d) Salzkartoffeln	125 g	h) Mandarinen	155 g

Berechnen Sie den Vorbereitungsverlust in Prozent.

34 Erdbeeren in der 250-g-Schale kosten die Woche über 1,80 (1,95) DM. Am Samstag
(35) sind sie mit 1,65 (1,75) DM ausgezeichnet.
a) Wieviel Prozent beträgt die Einsparung?
b) Warum sind Erdbeeren manchmal am Samstag billiger?

36 Frisches Fleisch zum Schmoren wird für 12,40 (14,60) DM/kg angeboten; gefrostete
(37) Ware kostet 11,15 (13,10) DM/kg.
Wieviel Prozent ist die Frostware billiger?

50

Prüfungsaufgaben

1 Ein Kotelettgrat wiegt 4,850 (5,120) kg. Beim Auslösen der Knochen wiegt man 1,100
(2) (1,340) kg Knochen.
Berechnen Sie den Knochenanteil in Prozent.

3 In einem Karton sind 22,800 (23,100) kg Suppenhühner enthalten. Für Kochverlust und
(4) Ausbeinverlust werden 42 Prozent gerechnet.
Wie viele Portionen Geflügelsalat mit je 120 Gramm Fleischanteil können erwartet
werden?

5 Eine Rehkeule hat ein bratfertiges Gewicht von 1,550 (1,700) kg. Der Bratverlust wird
(6) mit 24 Prozent angenommen.
Wieviel Gramm wiegt eine Portion, wenn man 9 Portionen schneidet?

7 Eine Herrengesellschaft wünscht frische Steinpilze mit Semmelknödeln. Man benötigt
(8) insgesamt 2,400 (2,900) kg vorbereitete Ware und rechnet mit einem Putzverlust von
30 Prozent.
Wieviel kg Steinpilze müssen eingekauft werden?

9 Bei einem Essen mit 45 (65) Personen soll Roastbeef gereicht werden. Man rechnet je
(10) Person 140 (150) Gramm Braten; der Bratverlust wird mit 22 Prozent angenommen.
Wieviel kg Roastbeef sind zu braten?

11 Linsen nehmen beim Einweichen und Garen 160 (170) Prozent Wasser auf. Es werden
(12) 1,900 (2,500) kg Trockenware zubereitet.
Wieviel kg gegarte Linsen erhält man?

Gehobener Schwierigkeitsgrad

1 Das Gehalt eines Geschäftsführers betrug ursprünglich 3000 DM. In den vergangenen
Jahren wurde es zuerst um 4%, dann um 6% und schließlich um 7% erhöht.
Wie hoch ist das Bruttogehalt jetzt?

2 Infolge einer Krise steigt der Heizölpreis Monat für Monat: im ersten Monat um
8 Prozent, in zweiten Monat um 12 Prozent und im dritten Monat um 10 Prozent.
Um wieviel Prozent ist das Heizöl insgesamt teurer geworden?

3 Ein Mikrowellengerät kostete 5000,00 DM. Zuerst wurde der Preis um 10 Prozent
erhöht und dann um 10 Prozent gesenkt.
Wieviel DM kostet das Gerät jetzt?

4 Die Personalkosten eines Hotels steigen während der Saison um folgende Prozentsätze jeweils im Vergleich zum Vormonat.
Juli 4,8%, August 6,4%, September 3,6%. Im September beliefen sich die Personalkosten auf 57760,73 DM.
Wieviel DM betrugen die Personalkosten im Juni des Jahres?

Zinsrechnen

- **Zinsen erhält man** für Guthaben auf Konten, für Wertpapiere usw.
- **Zinsen sind zu bezahlen** für Kredite, z. B. „überzogenes Konto", Raten.

> Wer wirtschaftlich handeln will, muß Zinsen vergleichen können.

Der Zinsfuß ist die „Maßzahl" für die Höhe der Zinsen in einem Jahr.

Beispiel

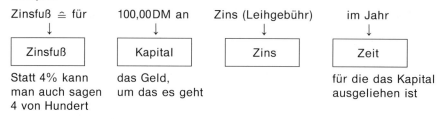

Zinsfuß ≙ für	100,00 DM an	Zins (Leihgebühr)	im Jahr
↓	↓	↓	↓
Zinsfuß	Kapital	Zins	Zeit

| Statt 4% kann man auch sagen 4 von Hundert | das Geld, um das es geht | | für die das Kapital ausgeliehen ist |

Jahreszins

1 **Beispiel**

Auf einem Sparbuch ist ein **Kapital** von 1 500,00 DM. Es sind 4% **Zinsfuß** vereinbart. Im vergangenen Jahr hat man nichts einzahlen können, das Kapital war also die ganze **Zeit** gleich. Wieviel DM **Zins** kann man erwarten?

Lösung über x

100% ≙ 1 500,00 DM
  4% ≙   x DM

$$\frac{1500 \cdot 4}{100} = \textbf{60,00 DM}$$

Antwort: Man erhält 60,00 DM Zins.

Lösung über Dreisatz

100% ≙ 1 500,00 DM
  1% ≙ 1 500,00 DM : 100 = 15,00 DM
  4% ≙   15,00 DM · 4 = 60,00 DM

oder $\dfrac{1500 \cdot 4}{100} = \textbf{60,00 DM}$

Formel für Jahreszinsen	$\dfrac{\text{Kapital} \cdot \text{Zinsfuß} \cdot \text{Zeit}}{100} \triangleq \dfrac{K \cdot p \cdot t}{100}$
	p von **p**rozentum, t von **t**empo ≙ Zeitmaß

2 Auf dem Sparbuch sind 1 300,00 (2 150,00) DM. Der Zinsfuß beträgt 4%.
(3) Wieviel DM Zins sind zu erwarten?

4 Ein Darlehen über 12 500,00 (14 700,00) DM ist mit 12% zu verzinsen.
(5) Wieviel DM beträgt der Jahreszins?

6 Zinsen kann man bei einfachen Zahlenwerten auch im Kopf berechnen.
bis Wie hoch ist der Jahreszins?
13

	6	7	8	9	10	11	12	13
Kapital DM	400,00	700,00	350,00	750,00	1 500,00	2 200,00	800,00	500,00
Zinsfuß %	6	5	4	4	5	4	3,5	2,5

Monatszins

14 Hilde leiht ihrer Freundin Birgit 600,00 DM zu 8% für 10 Monate.
Wieviel DM Zinsen hat Birgit zu zahlen?

Lösung

$$\underset{②}{\frac{\overset{①}{600 \cdot 8} \cdot \overset{③}{10}}{100 \cdot 12}} = 40,00 \text{ DM}$$

Lösungshinweise

① Zunächst errechnet man den Jahreszins.

② Wäre das Kapital nur 1 Monat ausgeliehen, würde der zwölfte Teil Zins bezahlt.

③ In 10 Monaten zahlt man zehnmal soviel.

Antwort: Birgit muß 40,00 DM Zins zahlen.

Formel für Monatszinsen	$\dfrac{\text{Kapital} \cdot \text{Zinsfuß} \cdot \text{Monate}}{100 \qquad\qquad 12} \hat{=} \dfrac{K \cdot p \cdot \text{Mon.}}{100 \cdot 12}$

15 bis 22 Berechnen Sie jeweils den Zins.

	15	16	17	18	19	20	21	22
Kapital DM	2 400,00	10 000,00	3 600,00	5 000,00	3 500,00	920,00	380,00	1 200,00
Zinsfuß %	5	12	7	6	6	6	7,5	7
Leihzeit Mon.	4	7	5	4	3	$5^1/_2$	9	$1^1/_2$

23 (24) Hotelier Wagner nimmt zur Reparatur der Zentralheizung ein Darlehen in Höhe von 12 000,00 (26 000,00) DM auf, das mit 9% zu verzinsen ist.
Wie hoch ist die monatliche Zinszahlung?

25 (26) Familie Kempfer hat zum Ausbau des Hotels eine Hypothek über 90 000,00 (65 000,00) DM aufgenommen, die zu 8,5% zu verzinsen ist.
a) Berechnen Sie den monatlichen Aufwand für Zinsen.
b) Der Zins wird um 0,5% erhöht. Wieviel DM macht das im Monat aus?

27 (28) Eine Bausparkasse verlangt 5 (6) % Zins für Bauspardarlehen.
a) Berechnen Sie den monatlichen Zinsanteil bei einem Darlehen über 65 000,00 DM.
b) Wieviel DM beträgt der monatliche Zinsanteil bei 45 000,00 DM Darlehen?

Zinsvergleich bei längerfristigen Anlagen

29 (30) Herr Stern hat bei gesetzlicher Kündigungsfrist 4 200,00 (3 600,00) DM auf dem Sparbuch. Er benötigt das Geld in nächster Zeit nicht und überlegt sich darum andere Anlagemöglichkeiten.

a) Wieviel DM Zinsen erhält er gegenwärtig im Jahr für sein Sparguthaben?

b) Wieviel DM Zinsen erhält er bei einer 12monatigen Kündigungsfrist?

c) Wieviel DM Zinsen sind bei 36monatiger Kündigung mehr zu erhalten?

Spareinlagen		$5\frac{3}{4}$ %	18monatige Kündigungsfrist
$4\frac{1}{2}$ %	gesetzliche Kündigungsfrist	6%	24monatige Kündigungsfrist
5%	6monatige Kündigungsfrist	$6\frac{1}{4}$ %	36monatige Kündigungsfrist
$5\frac{1}{2}$ %	12monatige Kündigungsfrist	$6\frac{1}{2}$ %	48monatige Kündigungsfrist

Tageszins

Bei der Berechnung der Tageszinsen wird vor der eigentlichen Zinsrechnung die Zinszeit in Tagen berechnet. Dabei gilt:

> Ein Zinsmonat hat 30 Tage.
> Ein Zinsjahr hat 360 Tage. Der Einzahlungstag wird nicht mitgerechnet.

31 **Beispiel**
Berechnen Sie die Zeit vom 14. 2. bis 8. 6.

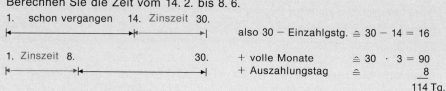

32 Berechnen Sie die Zinstage.
bis
39

	32	33	34	35	36	37	38	39
Einzahlungstag	14. 3.	6. 1.	19. 8.	13. 4.	24. 5.	17. 6.	11. 1.	14. 4.
Rückzahlungstag	8. 7.	15. 5.	17. 10.	10. 9.	18. 11.	18. 12.	19. 10.	16. 7.

Formel für Tageszinsen	$\dfrac{\text{Kapital} \cdot \text{Zinsfuß} \cdot \text{Tage}}{100 \cdot 360} \;\hat{=}\; \dfrac{K \cdot p \cdot t}{100 \cdot 360}$

40 Ein Hotelier hat zur Renovierung seines Betriebes einen Kredit über 15 000,00
(41) (22 000,00) DM vom 1. 5. (15. 2.) bis 20. 10. (10. 9.) aufgenommen. Es sind 9 (12) Prozent Zinsen vereinbart. Wieviel DM Zinsen fallen an?

42 Ein Gastwirt benötigt einen Überbrückungskredit von 12 000,00 (15 600,00) DM für
(43) 25 Tage. Die Bank rechnet mit einem Zinssatz von 9,5 (11) Prozent.
a) Wieviel DM betragen die Zinsen?
b) Wieviel DM sind zurückzuzahlen?

44 Zur Renovierung der Küche eines Saisonhotels wurden 60 000,00 (72 000,00) DM
(45) Kredit aufgenommen, die mit 11 (14) Prozent zu verzinsen sind. Das Hotel ist an 150 (190) Tagen geöffnet.
Berechnen Sie die Zinsbelastung für einen Öffnungstag.

46 Bei Sofortzahlung einer Rechnung über 2 780,00 (4 320,00) DM können durch Abzug
(47) von Skonto 83,40 (129,60) DM gespart werden. Der Hotelier hat das Geld aber derzeit nicht zur Verfügung und nimmt darum einen entsprechenden Kredit auf, der einen Monat mit 11,5 Prozent zu verzinsen ist.
a) Berechnen Sie die Kreditzinsen.
b) War die Kreditaufnahme sinnvoll?

48 Herr Hofer hat eine Rechnung über 468,00 (414,00) DM trotz Mahnung noch nicht
(49) bezahlt. Der Händler erwirkt darum einen Mahnbescheid. Nun sind vom 18. 3. bis 19. 8. (10. 9.) 9% Verzugszinsen und zusätzlich Gebühren in Höhe von 27,94 DM zu bezahlen. Wieviel DM muß Herr Hofer überweisen?

Ratenkauf

„Erst sparen und dann kaufen?" oder „Erst kaufen und dann abzahlen?" Eine Entscheidung kann nicht eindeutig und für jeden Fall zutreffend ausfallen. Die Berechnung der Mehrkosten kann aber die Entscheidung erleichtern.

50 **Beispiel**

Einem Kunden wird folgendes Angebot unterbreitet: 540,00 DM bei Sofortzahlung oder fünf Raten zu je 130,00 DM.

a) Wieviel DM müssen bei Ratenkauf mehr bezahlt werden?
b) Wieviel Prozent des Kaufpreises sind das?

Lösung:

Ratenkauf: 130,00 DM · 5 = 650,00 DM	540,00 DM ≙ 100%
Sofortzahlung 540,00 DM	110,00 DM ≙ ? %
Mehrkosten 110,00 DM	

$$\frac{110 \cdot 100}{540} = 20,3 \approx 20\%$$

Antwort: Die Mehrkosten betragen 110,00 DM oder 20%.

51 Beim Kauf einer Schreibmaschine kann man wählen zwischen Sofortzahlung 528,00
(52) (632,00) DM oder 12 Raten je 52,00 (60,50) DM.

Berechnen Sie die Mehrkosten in DM und Prozent.

53 Berechnen Sie jeweils die Mehrkosten in DM und Prozent.
bis
60

	53	54	55	56	57	58	59	60
	Wasch-maschine		Foto-ausrüstung		Farbfernseh-gerät		Rennrad	
Sofortzahlung	980,00	1 140,00	635,00	486,00	1 890,00	2 240,00	1 460,00	1 990,00
Ratenkauf Raten je DM	12 92,00	24 56,00	12 64,50	24 24,50	12 182,00	24 112,00	24 79,00	36 70,00

Ratenkauf

● macht es möglich, Waren erst nach dem Erwerb „abzuzahlen",

● gibt die Chance, Notwendiges zu erwerben, auch wenn das erforderliche Geld im Augenblick nicht vorhanden ist,

● verlockt zu unüberlegten und nicht „notwendigen" Käufen.

61 Stellen Sie eine Liste zusammen für
a) Anschaffungen, bei denen Sie einen Ratenkauf für sinnvoll halten,
b) Anschaffungen, die nicht auf Raten erfolgen sollten.
Unterscheiden Sie zwischen Alleinstehenden und einer jungen Familie.

62 bis 69 Ermitteln Sie die Mehrkosten in DM bei folgenden Krediten:

62	63	64	65	66	67	68	69
500,00 DM 12 Raten	2000,00 DM 12 Raten	2000,00 DM 24 Raten	5000,00 DM 12 Raten	5000,00 DM 24 Raten	5000,00 DM 36 Raten	700,00 DM 12 Raten	700,00 DM 24 Raten

Kreditbetrag	12 Raten			Effektiver Jahreszins in %	24 Raten			Effektiver Jahreszins in %	36 Raten			Effektiver Jahreszins in %
	1. Rate DM	11 Raten à DM	Gesamtbetrag DM		1. Rate DM	23 Raten à DM	Gesamtbetrag DM		1. Rate DM	35 Raten à DM	Gesamtbetrag DM	
100,00	11,40	9,00	110,40	19,2								
300,00	23,20	28,00	331,20	19,2								
500,00	46,00	46,00	552,00	19,2	19,00	25,00	594,00	18,0				
700,00	68,80	64,00	772,80	19,2	26,60	35,00	831,60	18,0				
1000,00	92,00	92,00	1104,00	19,2	61,00	49,00	1188,00	18,0	47,00	35,00	1272,00	17,6
1500,00	138,00	138,00	1656,00	19,2	80,00	74,00	1782,00	18,0	53,00	53,00	1908,00	17,6
2000,00	184,00	184,00	2208,00	19,2	99,00	99,00	2376,00	18,0	59,00	71,00	2544,00	17,6
3000,00	276,00	276,00	3312,00	19,2	160,00	148,00	3564,00	18,0	106,00	106,00	3816,00	17,6
4000,00	368,00	368,00	4416,00	19,2	198,00	198,00	4752,00	18,0	153,00	141,00	5088,00	17,6
5000,00	463,00	457,00	5490,00	18,0	245,00	245,00	5880,00	16,8	180,00	174,00	6270,00	16,4

Die Mehrkosten für Kredite müssen immer auch in Prozent des tatsächlichen oder effektiven Jahreszinses genannt werden.

> Der tatsächliche oder effektive Jahreszins ist ein Vergleichswert für Kreditkosten.

70 Vergleichen Sie die Prozentsätze

a) bei 1000,00 DM (12 und 24 Raten),
b) bei 5000,00 DM (12, 24 und 36 Raten).
c) Vergleichen Sie bei 12, 24 und 36 Raten jeweils die oberste Prozentzahl der Tabelle mit der untersten.

71 Welche Schlüsse können aus den Ergebnissen von Aufg. 70 gezogen werden?

Der Werbeschrift einer Teilzahlungsbank sind nebenstehende Ausschnitte entnommen.

72 Entnehmen Sie dem oberen Abschnitt, wieviel Prozent Jahreszins zu zahlen sind bei einem Kredit über

a) 2000,00 DM, b) 5000,00 DM,
c) 10000,00 DM.

73 Versuchen Sie, die Kreditkosten in Prozent nach dem Rechenbeispiel für 24 Monate zu berechnen für

a) 2000,00 DM, b) 5000,00 DM,
c) 10000,00 DM.
d) Vergleichen Sie die Werte mit der Tabelle oben.

Zinsen für Bank-Kredite:

Kreditbetrag	Zinsen pro Monat	Bearbeitungsgebühr	Effektiver Jahreszins	
			bei Monatsraten	%
10.000,00 DM – 14.999,00 DM	0,55%	2%	48	13,9
5.000,00 DM – 9.999,00 DM	0,65%	2%	36	16,4
bis 4.999,00 DM	0,70%	2%	24	18,0

So einfach können Sie den Kreditkauf-Preis errechnen:

a) Anzahl der Raten mit dem Kreditzinssatz malnehmen
b) Zu dem Ergebnis 2% Bearbeitungsgebühr zuzählen
c) Mit der errechneten Summe den Kreditbetrag malnehmen
d) Ergebnis durch 100 teilen
e) Kreditbetrag zuzählen
f) Bei einer Anzahlung ist der Anzahlungsbetrag zuzuzählen

Hierzu ein Rechenbeispiel:

Kreditbetrag DM 1000,00 Kreditzinsen pro Monat 0,70%, Bearbeitungsgebühr 2%, 24 Raten.

24 × 0,70% = 16,8%	Kreditkosten DM 188,00	$\dfrac{18,8 \times 1000}{100}$ = DM 188,00
+ 2 %	Kreditbetrag DM 1000,00	
18,8%	DM 1188,00	

Kapital Zinsfuß Zinszeit

$$\text{Kapital} = \frac{Z \cdot 100 \cdot 360}{p \cdot t}$$

$$\text{Zinsfuß} = \frac{Z \cdot 100 \cdot 360}{K \cdot t}$$

$$\text{Zeit} = \frac{Z \cdot 100 \cdot 360}{p \cdot K}$$

Immer, wenn nicht der Zins gesucht ist, gilt:
Im Zähler stehen: Z · 100 · 360
Im Nenner stehen die beiden nicht gesuchten Größen.

1 Ein festverzinsliches Wertpapier brachte im letzten Jahr bei einer Verzinsung von
(2) 6 (7,5) Prozent insgesamt 3 000,00 (4 500,00) DM Zinsen.
Wie hoch ist der Nennwert?

3 Ein Selbständiger möchte soviel Kapital festverzinslich anlegen, daß er aus den
(4) Zinsen eine „Zusatzrente" von 250,00 (400,00) DM monatlich erhält.
Wieviel DM muß er zu 6 (7,5) Prozent anlegen, wenn die Versteuerung unberücksichtigt bleibt?

5 Am 31. 1. wurde ein Kredit über 7 800,00 (12 000,00) DM aufgenommen und am 4. 9.
(6) (15. 11.) einschließlich der Zinsen mit 8 078,20 (12 700,00) DM zurückgezahlt.
Welcher Zinsfuß war vereinbart?

7 Ein Hotelier hat einen kurzfristigen Bankkredit über 15 000,00 (24 000,00) DM vom 17. 1.
(8) (12. 4.) bis 2. 3. (5. 5.) aufgenommen und dafür 112,50 (230,00) DM an Zinsen bezahlt.
Welcher Zinsfuß war zugrunde gelegt?

9 Für ein Guthaben von 1 000,00 (396,00) DM erhielt man bei einem Zinsfuß von 5,4
(10) (6,0) Prozent 18,15 (3,63) DM Zinsen.
Berechnen Sie die Zinszeit.

11 Ein Darlehen über 8 220,00 (15 120,00) DM wird am 7. 11. einschließlich 6 (5) Prozent
(12) Zinsen mit 8 417,28 (15 271,20) DM zurückgezahlt.
Wann ist das Darlehen gewährt worden?

13 Eine Rechnung über 959,73 (1 218,60) DM für ein Sonderessen war am 15. 2. fällig,
(14) wurde aber nicht bezahlt. Welche Zahlung muß gefordert werden, wenn am 1. 4.
einschließlich 9,5 Prozent Verzugszinsen und 18,62 DM Mahngebühr abgerechnet
wird?

15 Ein Darlehen über 50 000,00 (62 000,00) DM muß mit 9 (11) Prozent verzinst werden.
(16) Nach 10 Monaten erhöht die Bank den Zinssatz um 0,5 Prozent.
Wieviel DM Zinsen sind am Jahresende insgesamt zu bezahlen?

17 Man bringt 1 000,00 DM zur Bank und erhält 5 (7) Prozent Zins. Nach wieviel Jahren
(18) hat sich der Betrag verdoppelt?

Währungsrechnen

Jeder Staat hat sein eigenes Geldsystem; man nennt dies auch die **Währung** eines Landes.
Das Wertverhältnis zwischen den Währungen wird durch den **Kurs** ausgedrückt. Je nach der Wirtschaftslage wechseln die Kurse; die fremde Währung wird dann teurer oder billiger.

> Der Kurs ist der Preis für fremde Währungen.

Verkauf

Tauscht man DM in eine ausländische Währung, so sieht das die Bank als einen **Verkauf:** Für die gewünschte Währung zahlt man in DM.

Das steht auf der Kurstafel

100,00 öS	14,37

Ankauf

Bringt man ausländisches Geld zur Bank, wird dieses angekauft, und man erhält dafür DM ausbezahlt.

Es bedeutet:

100,00 öS	kosten	14,37 DM

Die rot geschriebenen Teile werden als Wissen vorausgesetzt

Land	Münzeinheit	Zeichen	Ankauf	Verkauf
Belgien	100,00 Franc	bfr	4,75	4,97
Frankreich	100,00 Franc	FF	28,70	30,50
Großbrit.	1,00 Pfund	£	2,87	3,04
Italien	1 000,00 Lire	L	1,30	1,40
Niederlande	100,00 Gulden	hfl	87,65	89,90
Österreich	100,00 Schilling	öS	14,07	14,37
Schweden	100,00 Kronen	skr	26,95	28,75
Schweiz	100,00 Franc	sfr	116,00	119,00
USA	1,00 Dollar	$	1,65	1,76

Auslandswährung in DM

1

> **Beispiele**
>
> Ein amerikanischer Gast bittet, 150 $ in DM umzutauschen.
> Wieviel DM erhält er?
> $1,00\ \$ \rightarrow 1,65\ \text{DM}$
> $150,00\ \$ \rightarrow\quad x\ \text{DM}$
>
> $x = 1,65\ \text{DM} \cdot 150 = 247,50\ \text{DM}$
>
> Ein Österreicher weilt zu einer Ausstellung in Deutschland und bittet um den Umtausch von 550,00 öS.
> $100\ \text{öS} \rightarrow 14,07\ \text{DM}$
> $550\ \text{öS} \rightarrow\quad x\ \text{DM}$
>
> $x = \dfrac{14,07 \cdot 550}{100} = 77,39\ \text{DM}$

> Bei Kursangabe für 1 Währungseinheit (z. B. Dollar)
> **Auslandswährung · Kurs ≙ DM**
>
> Bei Kursangabe für 100 Währungseinheiten
> $$\frac{\textbf{Auslandswährung · Kurs}}{\textbf{100}} \mathrel{\hat=} \textbf{DM}$$

2 Wieviel DM entsprechen?

bis 8

2	3	4	5	6	7	8
27,60 $	1 235,00 öS	58,00 FF	14,20 hfl	418,00 skr	1 700,00 L	40,20 bfr

Mit allen Dezimalstellen des Kurswertes rechnen! Nur das Ergebnis runden.

9 Ein amerikanischer Urlauber möchte 50,00 (130,00) Dollar in DM umtauschen. Kurs
(10) siehe Übersicht.
Wieviel DM erhält er?

11 Ein Deutscher bringt von einem Urlaub in Frankreich 120,00 (315,00) FF zurück.
(12) Wieviel DM erhält er dafür bei der Bank?

13 Die Tageseinnahme eines Hotels enthält fremde Währungen nach folgender Auf-
bis stellung.
19 Wieviel DM werden jeweils von der Bank gutgeschrieben?

13	14	15	16	17	18	19
485,00 öS	292,00 $	1 825,00 hfl	474,00 £	218,00 $	2 450,00 bfrs	483,00 sfrs
185,00 $	678,00 sfrs	718,00 FF	295,00 $	1 850,00 öS	416,00 $	265,00 skr
428,00 FF	940,00 hfl	2 450,00 bfrs	865,00 bfrs	835,00 skr	640,00 hfl	10 500,00 lit

DM in Auslandswährung

20

Beispiel
Für eine Reise werden 250,00 DM in sfr umgetauscht. (Man zahlt mit DM.)

Lösung über x

119,00 DM → 100,00 sfr
250,00 DM →   x sfr

$$x = \frac{250 \cdot 100}{119,00} = 210,08 \text{ sfr}$$

Antwort: Man erhält 210,08 sfr.

Lösung über Dreisatz

100,00 sfr kosten 119,00 DM
    1,00 sfr kostet   1,19 DM
Für 250,00 DM erhält man so viele sfr,
wie 1,19 DM in 250,00 DM enthalten
sind.

Bei Kursangabe für 1 Währungs-einheit	Bei Kursangabe für 100 Währungsein-heiten
DM : Kurs ≙ Auslandswährung	$\dfrac{\textbf{DM} \cdot \textbf{100}}{\textbf{Kurs}}$ ≙ **Auslandswährung**

21 Rechnen Sie um:

bis 27

21	22	23	24	25	26	27
238,00 DM in öS	364,00 DM in $	87,60 DM in sfr	227,00 DM in hfl	114,30 DM in £	100,00 DM in $	138,00 DM in bfr

3 Stellen nach dem Komma rechnen, dann runden.

28
bis
34
Am Tag vor der Abreise erkundigt sich ein Gast nach der Höhe der zu erwartenden Rechnung, damit er den erforderlichen Betrag noch eintauschen kann. Wieviel Einheiten seiner Landeswährung muß der Gast jeweils in DM umtauschen?

Rech- nungssumme	Gast aus **28**	**29**	**30**	**31**	**32**	**33**	**34**
a) 864,00 DM b) 348,00 DM	Öster- reich	Frank- reich	Schweiz	USA	Großbri- tannien	Belgien	Italien

35
bis
40
Während der Hauptreisezeiten und bei internationalen Veranstaltungen (Messen, Tagungen) bitten viele Gäste um die Annahme fremder Währungen. Berechnen Sie für die folgenden Fälle die Rückgabe an den Gast in DM bzw. die Restzahlung des Gastes in DM.

	35	**36**	**37**	**38**	**39**	**40**
Rechnungsbetrag DM	98,00	342,00	650,00	76,00	168,00	316,00
Gast gibt	700,00 öS	1 200,00 FF	2 400,00 skr	57 000,00 L	100,00 $	270,00 sfr
Kurs	14,20	29,00	28,10	1,32	1,75	116,80

Lösungshinweise

Rechnungsbetrag	98,00 DM
0,1420 · 700,00 öS =	99,40 DM
Restzahlung/Rückgabe	**1,40 DM**

Tagesplatte
Art.-Nr. 654
Rindsroulade
„Hausfrauen-Art"
Kartoffelpurée,
Salatteller

DM 14,50

in Ⓑ	in Ⓕ	in Ⓝ Ⓛ
FB 251,–	FF 35,20	Hfl 16,50
in Ⓘ	in Ⓐ	in Ⓒ Ⓗ
Lit 7000,–	öS 104,–	Sfrs 13,30

41 Die Speisen in IC-Zügen sind in DM und in verschiedenen ausländischen Währungen ausgezeichnet, damit sich Reisende rasch orientieren können.
Ermitteln Sie den Kurs, zu dem die einzelnen Währungen umgerechnet worden sind.

42 In der Reisebeilage einer Zeitung finden Sie nebenstehendes Angebot. Um einen Preisvergleich durchführen zu können, rechnen Sie in DM um; Kurs: 116,50.
a) Wieviel DM kostet das Doppelzimmer?
b) Wieviel DM kostet das Einzelzimmer?
c) Preis für Doppelzimmer im Guesthouse?
d) Preis für Einzelzimmer im Guesthouse?

Winter in Zürich
vom 15. November bis 15. März
haben wir ein attraktives
Angebot

für Familien Fr. 89.75

für zwei Personen pro Übernachtung im Doppelzimmer,
Einzelzimmer **Fr. 79.75,**
oder im Guesthouse,
Doppelzimmer **Fr. 59.75,**
Einzelzimmer **Fr. 49.75**

43 Für 80,00 DM erhält man 560,00 öS.
a) Wie viele Schillinge erhält man für 500,00 DM?
b) Wieviel DM erhält man für 6 300,00 Schillinge?

Prüfungsaufgaben

Prüfungsaufgaben zum Währungsrechnen enthalten immer die Angabe des Kurses, weil bei Prüfungen nicht auf eine Umrechnungstabelle zurückgegriffen werden kann. Manche Aufgaben nennen aber An- und Verkaufskurs. Dann ist genau zu überlegen, welcher Kurs gilt. Im Zweifelsfall versetzen Sie sich in die Lage eines Bankangestellten – siehe Abbildung Seite 58.

1 Ein dänischer Gast hat eine Hotelrechnung über 238,70 (417,20) DM zu begleichen. Er
(2) bittet, mit dänischen Kronen bezahlen zu dürfen.
Wieviel dkr sind zu verlangen, wenn folgender Kurs gilt: 100,00 dkr = 25,10 DM?

3 Ein Österreicher will in München 1 200,00 (850,00) öS umtauschen und findet folgende
(4) Kursangaben: 100,00 öS Ankauf 14,10 DM, Verkauf 14,30 DM.
a) Mit welchem Kurs ist zu rechnen?
b) Wieviel DM kann der Österreicher erwarten?

5 Ein schwedischer Gast will die ihm genannten Zimmerpreise von 52,00 (74,00) DM in
(6) seine Heimatwährung umrechnen. Der Kurs ist ihm mit 100,00 skr = 27,30 DM bekannt.
Wieviel skr kostet das Zimmer?

7 Ein Deutscher tauschte in Bern 230,00 (350,00) DM um und erhielt dafür 198,28
(8) (296,60) Schweizer Franken.
Zu welchem Kurs hat die Schweizer Bank gewechselt?

9 Eine italienische Bank zahlt für 100,00 DM 75 760,00 (74 900,00) Lire. Ein deutscher
(10) Urlauber benötigt 23 000,00 (28 000,00) Lire, um die Hotelrechnung begleichen zu können.
Wieviel DM muß er umtauschen?

11 Ein Belgier bittet an der Rezeption um den Umtausch von 250,00 (530,00) bfrs. Der Kurs
(12) beträgt 4,72 DM für 100,00 bfrs.
Wieviel DM erhält er?

13 In New York kostet ein Hotelzimmer 70,00 (85,00) $. Der Wechselkurs des Dollars stieg
(14) von 1,60 (1,70) auf 1,75 (1,80) DM.
Um wieviel DM ist das Hotelzimmer teurer geworden?

15 Ein Amerikaner besucht vor dem Rückflug noch ein Spezialitätenrestaurant in
(16) Frankfurt. Die Rechnung beläuft sich auf 84,60 (47,20) DM.
Berechnen Sie die Zahlung in Dollars, wenn der Kurs 1,00 $ = 1,78 DM ist.

17 Für 117,50 DM erhält man 100,00 Schweizer Franken.
Wieviel DM kosten 230,00 sfr?

18 Ein Franzose tauscht beim Portier 500,00 Franc in DM um. Der Kurs ist 29,10.
Wieviel DM erhält er?

19 Einem Österreicher, der mit österreichischen Schillingen bezahlen will, werden an der Rezeption für 168,00 DM 1 190,00 öS verrechnet.
Zu welchem Kurs wurde umgerechnet?

Verteilungsrechnen

Weißes Tal

im Zentrum der Alpen

Es empfehlen sich die Hotels:

„Zum Krug"
Hallenbad, Sauna, Bar, Sonnen-
terrasse, 60 Betten

„Sonne"
Familienhotel, sonnige Lage,
50 Betten

„Alter Wirt"
Freundliches Haus, gutbürgerliche
Küche, 40 Betten

Preisgünstige Langlauf- und Skiwochen im Dezember, Januar und März.

1 **Beispiel**

Obige Gemeinschaftswerbung kostete bei einer Veröffentlichung 3 000,00 DM.
Die Kosten sollen entsprechend der Bettenzahl auf die einzelnen Häuser verteilt
werden. Wieviel DM entfallen auf jedes?

Lösung

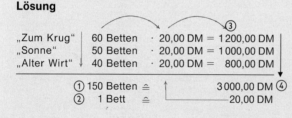

„Zum Krug"	60 Betten	· 20,00 DM =	1 200,00 DM
„Sonne"	50 Betten	· 20,00 DM =	1 000,00 DM
„Alter Wirt"	40 Betten	· 20,00 DM =	800,00 DM

① 150 Betten ≙   3 000,00 DM ④
②   1 Bett   ≙   20,00 DM

Lösungshinweis

① Summe der Teile (hier Betten) ermitteln.
② Anteilige Kosten je Teil
(Bett) berechnen.
③ Kosten je Teil (Bett) mit
Anteilen (Betten) malneh-
men.
④ Die Addition der Posten
muß die Gesamtkosten er-
geben.

Bei der Verteilungsrechnung werden Geldbeträge oder Mengen nach einem
bestimmten Verteilungsschlüssel aufgeteilt.

Verteilung der Kosten

2
(3)
In einer Kleinstadt werben drei Häuser einer vergleichbaren Kategorie gemeinsam
und wenden dafür 7 000,00 (10 500,00) DM auf. Die Kosten sollen nach der Bettenzahl
verteilt werden. Hotel A hat 35 (30) Betten, Hotel B 30 (45) Betten, Hotel C 60 (75) Betten.
Wieviel DM hat jedes Haus beizusteuern?

4
(5)
Ein Hotel veranstaltet „Französische Wochen" und bestellt direkt bei einem Exporteur
in Frankreich. An Fracht und Rollgeld fallen insgesamt 86,46 (94,32) DM an. Diese sind
nach Gewichtsanteilen zu verrechnen auf
Krustentiere, Austern 36,500 (28,500) kg, Fische 76,000 (92,000) kg,
Gemüse 84,000 (76,000) kg. – Wieviel DM entfallen auf jede Warengruppe?

6 Die mit Schwimmbädern ausgestatteten Hotels eines Nordseeortes haben beschlos-
(7) sen, für die kommende Saison gemeinsam zu werben. Es beteiligen sich das
Fremdenverkehrsamt mit 2 (3) Teilen, das Hotel „Strandbad" mit 5 (6) Teilen, das
Kurhotel mit 8 (10) Teilen und das Haus „Dorfkrug" mit 4 (3) Teilen. Die Werbeaktion
kostet 7 600,00 (7 260,00) DM. Welcher Anteil entfällt auf jeden Beteiligten?

8 In Betrieben, die zu Hotelketten gehören, werden strenge Wirtschaftlichkeitsberech-
(9) nungen durchgeführt. Dazu legt man die laufenden Kosten für anteilige Pacht,
Heizung, Reinigung usw. nach der Zahl der Sitzplätze um.
Das Restaurant hat 84 (72) Sitzplätze, das Seestübchen 36 (34) Sitzplätze, das kleine
Nebenzimmer 28 (22) Sitzplätze und das Magistratszimmer 18 (16) Plätze. Die
gesamten Kosten beliefen sich im Abrechnungszeitraum auf 1 992,00 (2 592,00) DM.
Wieviel DM sind jedem Raum zuzurechnen?

10 Die Energiekosten von 19 695,00 (18 000,00) DM für den letzten Monat sind auf die
(11) Kostenstellen A, B und C im Verhältnis 5 (3) : 3 (4) : 7 (9) umzulegen.
Wieviel DM entfallen auf Kostenstelle C?

12 Folgende Warenposten wurden bezogen:
(13) Ware A 320 (410) kg zu je 2,35 DM   Ware B 560 (390) kg zu je 4,45 DM
Ware C 240 (510) kg zu je 9,10 DM

Es sind Bezugskosten von 89,60 (78,60) DM entstanden, die nach Gewichtsanteilen zu
verrechnen sind.
Wieviel DM Bezugskosten sind der Ware A zuzurechnen?

14 Ein Hotel bezieht 180 (240) Flaschen „Uhlbacher Götzenberg" zu je 8,25 (9,10) DM und
(15) 120 (150) Flaschen „Würzburger Stein" zu je 9,60 (9,80) DM. Die Transportversicherung beträgt 15,82 (25,58) DM und ist nach dem Wert der Warenposten zu verteilen.
Berechnen Sie den Anteil der Transportversicherung für den Posten „Würzburger
Stein."

Verteilung von Mengen – Proportionale Grundrezepte

16 Ein Grundrezept für Mürbeteig lautet: 1 Teil
(17) Zucker, 2 Teile Fett und 3 Teile Mehl.
   a) Man benötigt 12 (15) kg Mürbeteig. Wie-
      viel kg sind jeweils abzuwiegen?
   b) Ein Rest von 5 (7) kg Butter soll zu
      Mürbeteig verarbeitet werden. Wieviel
      kg Zucker und Mehl sind abzuwiegen?

18 Grundrezept für Grießnockerln:
(19) 1 Ei (50 g), 50 g Butter und 100 g Grieß.
   a) Man fertigt Grießnockerln von 100
      (250) g Butter.
   b) Man verwendet 6 (10) Eier je 50 g.

Verteilung von Gewinnen

20 Drei Köche gewinnen beim gemeinsamen Spiel im Lotto 144 600,00 (8 934,90) DM. Sie
(21) verteilen den Gewinn entsprechend dem Einsatz.
Wieviel DM erhält jeder, wenn sich A mit 3,00 (2,00) DM, B mit 5,00 (8,00) DM und C mit 4,00 (3,00) DM beteiligt hatte?

22 Eine Hotel-Betriebs-GmbH wurde von den Gesellschaftern Anton, Bezold und
(23) Christiansen gegründet. Anton brachte 10 000,00 (45 000,00) DM ein. Bezold 25 000,00 (35 000,00) DM und Christiansen 35 000,00 (30 000,00) DM. Das Unternehmen erwirtschaftete im abgelaufenen Jahr 33 600,00 (52 000,00) DM Gewinn.
Berechnen Sie die Gewinnanteile jedes Gesellschafters, wenn bei einer GmbH die Gewinne nach der Kapitaleinlage (Geschäftsanteil) verteilt werden.

24 An einer Hotel-Kommanditgesellschaft sind beteiligt:
(25) Herr Müller als Vollhafter mit 600 000,00 (320 000,00) DM.
Herr Schulz als Teilhafter mit 300 000,00 (160 000,00) DM.
Der Gewinn der Gesellschaft beträgt 75 000,00 (53 200,00) DM und wird nach folgenden Regeln verteilt: Einlagen werden mit 4% verzinst, Gesellschafter Müller erhält für die Geschäftsführung 6 000,00 (4 000,00) DM, der Restgewinn wird im Verhältnis der Einlagen verteilt.
Berechnen Sie den Gewinnanteil von Gesellschafter Schulz.

Gehobener Schwierigkeitsgrad

26 Vier Hoteliers beziehen gemeinsam ein Faß Wein. A erhält 1/3, B erhält 1/6, C erhält 1/7 und D den Rest. Das sind 900 Flaschen.
Wieviel Flaschen erhält B?

27 Vier Personen beziehen gemeinsam ein Faß Wein mit 320 (380) Litern, A übernimmt
(28) doppelt soviel Wein wie B, C nimmt 40 Liter mehr als A, und D übernimmt 20 Liter weniger als B. Die Frachtkosten betragen 57,60 (72,20) DM.
Wieviel DM muß Bezieher A bezahlen, wenn nach der Bezugsmenge verteilt wird?

29 Für den Kauf eines Hauses im Wert von 720 000,00 (540 000,00) DM bringt A 1/4, B 1/5,
(30) C 1/6 und D den Rest des Kaufpreises auf.
Wieviel DM beträgt der Anteil der Person D?

31 Bei einem gemeinsamen Weingroßeinkauf von drei Hotels werden die Bezugskosten nach folgendem Schlüssel verteilt: A zahlt 1/3 mehr als B, C zahlt 1/4 weniger als B. Die gesamten Bezugskosten betragen 296,00 DM.
Wieviel DM Bezugskosten hat A zu zahlen?

32 Zwei Gourmet-Restaurants beziehen gemeinsam Wein direkt aus Burgund. A kauft
(33) 360 (420) Flaschen im Gesamtwert von 4 104,00 (5 124,00) DM, B bezieht 450 (180) Flaschen im Gesamtwert von 4 410,00 (2 178,00) DM. Sie vereinbaren eine gemeinsame Lieferung. Die Gewichtsspesen (Fracht, Rollgeld) in Höhe von 648,00 (570,00) DM sollen nach der Anzahl der Flaschen, die Wertspesen (Transportversicherung) von insgesamt 59,60 (43,81) DM entsprechend dem Wert jedes Anteils aufgeteilt werden.
Berechnen Sie die Bezugskosten für A und B.

Durchschnittsberechnung

Einfacher Durchschnitt

1   **Beispiel**

Ein Restaurant verkaufte in der vergangenen Woche an Hummersuppe:
Montag 6 Tassen, Dienstag 4 Tassen, Mittwoch 5 Tassen, Donnerstag 6 Tassen, Freitag 8 Tassen, Samstag 7 Tassen, Sonntag 6 Tassen.
Berechnen Sie den durchschnittlichen Tagesverkauf.

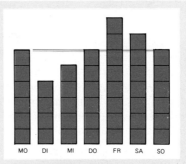

Lösung ①

Montag	6 Port.
Dienstag	4 Port.
Mittwoch	5 Port.
Donnerstag	6 Port.
Freitag	8 Port.
Samstag	7 Port.
Sonntag	6 Port.
7 Tage ②	42 Port.
1 Tage (42 : 7) =	6 Port. ③

Lösungshinweise

① Zählen Sie die Anzahl der verkauften Einheiten zusammen.

② Ermitteln Sie die Zahl der Verkaufstage.

③ Teilen Sie die Anzahl der verkauften Einheiten ① durch die Anzahl der Verkaufstage ②.

Antwort: Der durchschnittliche Verkauf beträgt 6 Portionen am Tag.

Summe der Posten $\div$ Anzahl der Posten $=$ einfacher Durchschnitt
oder
$$\frac{\text{Summe der Posten}}{\text{Anzahl der Posten}} = \text{einfacher Durchschnitt}$$

Diese Regel gilt auch dann, wenn andere Einheiten, z. B. DM oder Arbeitsstunden, verwendet werden.

2
(3)   In der vergangenen Woche wurden an Irish Coffee verkauft: Montag 18 (4), Mittwoch 12 (9), Donnerstag 12 (11), Freitag 22 (7), Samstag 19 (9) und Sonntag 7 (8). Berechnen Sie den durchschnittlichen Tagesverkauf.

Durchschnittliche Umsätze berechnen

4   Berechnen Sie nach den Angaben nebenstehender EDV-Liste den durchschnittlichen Tagesverkauf von klarer Ochsenschwanzsuppe (Oxtail clear).

DATUM	OXTAIL	HUMMER	ERDBKLTSCH
04. 04.	0	2	18
05. 04.	4	6	11
06. 04.	9	0	17
07. 04.	2	3	13
08. 04.	0	4	19
09. 04.	8	6	24

5   Mit welchem durchschnittlichen täglichen Verkauf von Hummersuppe kann der Betrieb rechnen?

6   Wie hoch ist im Mittel der Verkauf an Erdbeerkaltschale?

7

Tag ＼ Name	Müller	Schulze	Schneider	Bölke	Pröls	Stern
1. 4.	1 248,30	–	1 034,45	692,70	1 342,70	1 171,90
2. 4.	1 316,40	–	1 126,70	781,85	1 412,60	987,30
3. 4.	–	817,30	1 314,90	618,35	–	1 242,90
5. 4.	934,70	783,60	–	749,40	1 138,10	1 134,60
6. 4.	1 301,90	936,90	819,30	–	1 276,60	–
7. 4.	1 243,10	914,70	1 274,10	–	917,40	–

a) Welchen Umsatz hat jeder Angestellte erzielt?
b) Berechnen Sie den mittleren Umsatz jedes Angestellten je Arbeitstag.
c) Ermitteln Sie den Gesamtumsatz im Restaurant.
d) Wie hoch ist der Durchschnittsumsatz im Restaurant je Öffnungstag?

8 Eine Hotelkette überwacht die Umsatzzahlen ihrer Betriebe. Im letzten Monat wurden von den Hotels entlang der bayerischen Alpen folgende Umsätze gemeldet:

	Goldener Adler	Goldenes Lamm	Goldener Hirsch	Goldener Krug
1. Woche DM	140 280,00	294 700,00	246 300,00	493 600,00
2. Woche DM	162 700,00	301 400,00	242 800,00	524 100,00
3. Woche DM	158 300,00	308 200,00	256 300,00	518 900,00
4. Woche DM	164 100,00	314 700,00	258 900,00	489 400,00

a) Wie hoch ist der Monatsumsatz jedes Hotels?
b) Wie hoch ist der wöchentliche Durchschnittsumsatz jedes Hotels?
c) Wie hoch ist der Gesamtumsatz der Betriebe?
d) Wie hoch ist der wöchentliche Durchschnittsumsatz aller Hotelbetriebe?

Durchschnittspreise ermitteln und grafisch darstellen

Die Preise für leichtverderbliches Gemüse und Obst ändern sich während der Saison je nach Witterungsbedingungen und Nachfrage kurzfristig. Für die Materialpreisberechnung wird darum ein Durchschnittspreis ermittelt.

9

Spargel	2. 5.	5. 5.	9. 5.	12. 5.	16. 5.	22. 5.
a) DM/kg	14,10	12,60	13,90	11,70	12,40	13,60
b) DM/kg	12,60	13,90	15,10	14,70	14,90	15,70

Berechnen Sie den durchschnittlichen Preis für diesen Zeitraum.

10

Erdbeeren	18. 5.	23. 5.	29. 5.	3. 6.	8. 6.	14. 6.
a) DM/kg	9,80	10,10	12,40	13,90	12,70	15,10
b) DM/kg	7,60	8,70	9,10	9,30	8,90	8,70

Mit welchem Durchschnittspreis ist zu kalkulieren?

11
(12) Stellen Sie die Preisentwicklung bei Spargel (Erdbeeren) nach den Angaben aus Aufgabe 9 a (10 a) grafisch dar (1,00 DM ≙ 1 cm). Tragen Sie den Durchschnittspreis als rote Linie ein.

Gewogener Durchschnitt

13 **Beispiel**

Zu Silvester werden Marzipanschweinchen hergestellt. Man mischt dazu 2,500 kg Rohmarzipan zu 12,40 DM/kg mit 0,800 kg Puderzucker zu 1,80 DM/kg. Berechnen Sie den Preis für 1 kg angewirktes Marzipan.

Lösung   **Lösungshinweis**

Menge	Ware	Einzel-preis	Preis der Ware	
2,500 kg	Marzipan	12,40 DM	31,00 DM	Preis für jede einzelne Ware ermitteln.
0,800 kg	Zucker	1,80 DM	1,44 DM	
3,300 kg	kosten		32,44 DM	Von der **Gesamtmenge** und dem **Gesamtpreis** auf den Preis für die Einheit schließen.
1,000 kg	kostet		9,83 DM	

Antwort: Ein kg angewirktes Marzipan kostet 9,83 DM.

14 Zum Frühstücksbüfett wird eine Mischung aus Trockenfrüchten selbst zusammenge-
(15) stellt. Man verwendet 4,500 kg Pflaumen zu 7,40 (8,20) DM/kg, 2,700 kg Aprikosen zu 13,80 (14,60) DM/kg und 1,900 kg Feigen zu 5,90 (6,30) DM/kg.
Berechnen Sie den Preis für ein kg des Mischobstes.

16 Kaffeeröster gleichen Vor- und Nachteile einzelner Sorten durch Mischen aus und
bis können darum eine gleichmäßige Qualität anbieten.
19 Berechnen Sie den Preis für ein kg jeder Mischung.

	Sorte A zu 11,90 DM/kg	Sorte B zu 14,10 DM/kg	Sorte C zu 21,00 DM/kg
16 Silber	24,000 kg	12,500 kg	8,500 kg
17 Gold	13,000 kg	12,600 kg	14,200 kg
18 Exquisit	4,500 kg	12,400 kg	13,100 kg
19 Mild		24,500 kg	35,600 kg

20 Bei einer schriftlichen Klassenarbeit wurden folgende Ergebnisse erzielt: 3 (1)
(21) Schüler die Note Eins, 4 (3) Schüler die Note Zwei, 4 (6) Schüler die Note Drei, 2 (4) Schüler die Note Vier, 0 (2) Schüler die Note Fünf und 1 (2) Schüler die Note Sechs.
Berechnen Sie den Klassendurchschnitt (eine Stelle nach dem Komma).

22 Zur Herstellung von Krabbensalat verwendet man 1,250 kg Krabben zu
(23) 19,80 (26,50) DM/kg, 180 (240) g Joghurt zu 0,60 (0,80) DM je 200-Gramm-Becher sowie Gewürze und Kräuter für 1,20 DM.
a) Berechnen Sie Menge und Gesamtpreis der Zubereitung.
b) Ermitteln Sie den Preis für 100 Gramm Krabbensalat.

> Beim gewogenen Durchschnitt sind die Mengen/Gewichte zu berücksichtigen.

Mischungsrechnen

Mischungsverhältnis ist gesucht

1 **Beispiel**

Ein Hotelier läßt eine Feingebäckmischung zusammenstellen, die zum Eis gereicht werden soll. Für 1 kg Mischung setzt er den Preis von 18,00 DM an. Es sind vorhanden eine 1. Sorte zu 17,00 DM je kg und eine 2. Sorte zu 21,00 DM je kg.

In welchem Verhältnis müssen die beiden Sorten gemischt werden?

Erklärung:

Verwendet man nur die 1. Sorte, so fehlen je kg 1,00 DM zum vorgeschriebenen Preis, es entsteht ein Gewinn.

17,00 DM   21,00 DM
18,00 DM

Verwendet man nur die 2. Sorte, so kostet das Gebäck je kg 3,00 DM mehr als vereinbart, es entsteht ein Verlust.

Man muß also versuchen, die 1. und die 2. Sorte so zu mischen, daß sich Gewinn und Verlust gegenseitig aufheben. Das ist der Fall, wenn man zu 3 kg der ersten Sorte 1 kg der zweiten Sorte mischt.

Lösung

①   ②
1. Sorte 17,00   3,00 ≙ 3 Teile

Mischpreis 18,00

2. Sorte 21,00   1,00 ≙ 1 Teil

Lösungshinweis

① Man berechnet den Preisunterschied von jeder Sorte zum Mischpreis. Dieser wird jeweils „über Kreuz" angeschrieben. Siehe Pfeilrichtung.

② Wenn möglich, kürzt man die Werte, hier mit 1,00 DM.

Antwort: Das Mischungsverhältnis ist 3 : 1.

2 Es soll eine Gebäckmischung zu 20,00 (19,00) DM/kg hergestellt werden. Vorhanden
(3) sind eine erste Sorte zu 24,00 (15,00) DM/kg und eine zweite Sorte zu 18,00 (25,00) DM/kg.

In welchem Verhältnis ist zu mischen?

4 Ermitteln Sie das Mischungsverhältnis
bis
9

		4	5	6	7	8	9
Erste Sorte	DM/kg	11,20	7,20	28,50	1,80	19,20	25,00
Mischpreis	DM/kg	12,00	7,50	24,00	2,00	19,50	29,00
Zweite Sorte	DM/kg	12,60	8,70	21,50	2,50	19,85	35,00

10 Für die Patisserie wird ein Arrak-Konzentrat mit 76% Alkohol geliefert. Es soll für die Weiterverarbeitung auf 40 Prozent verdünnt werden.

In welchem Verhältnis ist zu mischen?

68

Mengen sind gesucht

11 **Beispiel**

Es sollen zwei Gebäcksorten zu 16,40 DM und 17,90 DM je kg so gemischt werden, daß eine Mischung zum Preis von 17,00 DM je kg entsteht.

Wieviel kg von der 2. Sorte sind zu verwenden, wenn von der 1. Sorte 1,800 kg vorhanden sind?

Lösung

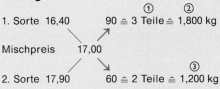

1. Sorte 16,40 ① 90 ≙ 3 Teile ② ≙ 1,800 kg

Mischpreis 17,00

2. Sorte 17,90 60 ≙ 2 Teile ③ ≙ 1,200 kg

Lösungshinweis

① Das Mischungsverhältnis berechnen wir wie auf Seite 68.
② Von der 1. Sorte sind 1,8 kg vorhanden. Diese Menge setzen wir in die zur 1. Sorte gehörende Zeile ein.
③ Wenn 3 Teile 1,800 kg sind, dann ist 1 Teil 0,600 kg und 2 Teile sind 1,200 kg. Wir benötigen von der 2. Sorte also 1,200 kg.

Antwort: Von der 2. Sorte benötigt man 1,200 kg.

Von jeder Sorte sind nun sowohl Menge und Preis bekannt. Die Richtigkeit der Berechnung kann darum nach dem Weg beim **gewogenen Durchschnitt** überprüft werden. Vgl. S. 67.

Probe:

1. Sorte: 1,800 kg zu je 16,40 DM ≙ 29,52 DM
2. Sorte: 1,200 kg zu je 17,90 DM ≙ 21,48 DM

Mischung: 3,000 kg kosten 51,00 DM
1,000 kg kostet 17,00 DM

Stimmt der Preis, den man mit Hilfe der Durchschnittsberechnung für 1 kg der Mischung erhält, mit dem gegebenen Mischpreis überein, ist die Rechnung richtig.

12 Von der ersten Sorte sind 4,200 kg zu je 11,20 DM vorhanden. Es soll eine Mischung zu 11,50 DM/kg hergestellt werden.
Wieviel kg von einer zweiten Sorte zu 11,85 DM/kg sind dazuzumischen?

13 Berechnen Sie die fehlenden Angaben, und fertigen Sie zur Kontrolle die Probe.
(14)

1. Sorte: Preis je kg 20,50 DM, vorh. 4,2 kg   **14** je kg 6,80 DM, vorh. 5 kg
2. Sorte: Preis je kg 18,00 DM   je kg 7,42 DM
Mischpreis: je kg 19,50 DM   je kg 7,10 DM

15 1. Sorte: Preis je kg 2,10 DM   **16** je kg 8,10 DM
(16) 2. Sorte: Preis je kg 2,55 DM   je kg 8,90 DM
Mischpreis: je kg 2,35 DM, ben. 22,5 kg   je kg 8,40 DM, ben. 25 kg

> Sind Menge und Preis beider Sorten gegeben → Durchschnittsrechnung
> Wird die Menge einer oder beider Sorten gesucht → Mischungskreuz

17 Essig-Essenz hat einen Gehalt von 80 (60) Prozent Essigsäure. Zur Bereitung von
(18) Kräuteressig soll zunächst auf 5 (10) Prozent Säuregehalt verdünnt werden.

    a) Wie lautet das Mischungsverhältnis?
    b) Ein Kanister Essig-Essenz enthält 2,5 l. Wieviel l Wasser sind zuzugeben?
    c) Es sollen 10 l verdünnter Essig bereitgestellt werden. Wieviel l Essenz und wieviel
       l Wasser sind erforderlich?

19 Ein Rezept zur Herstellung von Essiggurken schreibt vor: Geben Sie zu dieser Flasche
Essig (0,75 l mit 5,4% Säure) zum Verdünnen 1,5 l Wasser.
Welchen Säuregehalt hat die Verdünnung?

20 Für ein Gartenfest soll Bowle zu 8,40 (7,60) DM/l Rohstoffkosten hergestellt werden. Es
(21) stehen zur Verfügung Weißwein zu 7,00 (6,60) DM/l und Schaumwein zu 7,50 (6,00) DM
je Flasche mit 0,75 l. Insgesamt sollen 30 (14) Liter Bowle vorbereitet werden.
Wieviel l Weißwein und wieviel l Schaumwein sind erforderlich?

22 In der Patisserie wird vielfach Fruchtsirup verwendet, der entsprechend der Anleitung
zu verdünnen ist. Berechnen Sie die fehlenden Werte in das Heft.

Fruchtart	Himbeer	Sauerkirsch	Orange	Zitrone
Verdünnung	1 : 5	?	?	1 : 10
Sirupmenge	?	0,75 l	2,5 l	1,2 l
Wassermenge	?	?	17,5 l	?
Fruchtsaft	30 l	3,75 l	?	?

23 Ein Betrieb reicht frische Kaffeesahne mit einem Fettgehalt von 10%. Nun ist die
(24) Lieferung ausgeblieben und man mischt Kaffeesahne aus Sahne mit 30% Fettgehalt
und Vollmilch mit 3,5% Fettgehalt.
Wieviel Liter Milch und wieviel Liter Sahne müssen zur Herstellung von 5,3 (10) Liter
Kaffeesahne verwendet werden (2 Stellen nach dem Komma)?

25 Vorhanden sind Rindfleisch zu 16,50 (14,50) DM/kg und Schweinefleisch zu
(26) 14,00 (12,00) DM/kg. Es soll daraus Gulaschfleisch zu 15,00 (13,50) DM/kg zusammen-
gestellt werden.

    a) In welchem Verhältnis ist zu mischen?
    b) Welche Mengen von jeder Sorte sind für 10 (15) kg Gulaschfleisch erforderlich?

27 Eine Gemeinschaftsküche will Mischgemüse so zusammenstellen, daß der Preis je kg
(28) bei 4,00 (3,60) DM liegt. Einfachere Gemüsearten werden zu 2,50 (3,00) DM/kg
angeboten, feinere Gemüsearten zu 5,00 (6,00) DM/kg.
Wieviel kg jeder Gemüsequalität sind erforderlich, wenn insgesamt 30,000 (50,000) kg
Mischgemüse benötigt werden?

Energieverbrauch und Umweltschutz

Verbrauch der Geräte

Jedes elektrische Gerät hat ein „Leistungsschild", das wichtige technische Angaben enthält. Uns soll hier nur die Angabe für den Stromverbrauch interessieren: 800 W.

| E 1628 SE |
| 220 V ~ |
| 800 W |

W (Watt) ist die Maßeinheit für die elektrische Leistung.
1 000 W = 1 kW (Kilowatt) – vgl. Gramm – Kilogramm

1
bis
8 Zur Sicherheit eine Übung im Umwandeln. Wieviel kW sind:

1	2	3	4	5	6	7	8
Glühbirne		Mikrowellengerät		Durchlauferhitzer		Waschmaschine	
100 W	40 W	2 400 W	3 200 W	1 800 W	2 500 W	2 800 W	3 200 W

Die **Strommenge**, die ein Gerät verbraucht, kann nur dann bestimmt werden, wenn auch die Zeit bekannt ist, während der es in Betrieb ist.

Stromaufnahme (siehe Leistungsschild)	· Zeit	= Strommenge
Kilowatt	· Stunden	= Kilowattstunden
kW	· h	= kWh

---

9 Ein Wäschetrockner mit 3,2 (2,8) kW ist 1 (1,5) Stunden in Betrieb.
(10) Berechnen Sie den Stromverbrauch in kWh.

11 Ein Heißwasserspeichergerät mit 6,5 (8,2) kW Aufnahme ist bei Nachtheizung 7 (8,5)
(12) Stunden eingeschaltet. Berechnen Sie den Stromverbrauch.

13
bis
20

Gerät		13	14	15	16	17	18	19	20
Gerät		Bügeleisen		Waschmaschine		Wäschetrockner		Heißluftgerät	
Stromaufn.		850 W	940 W	2 800 W	3 200 W	3 000 W	3 150 W	2 250 W	1 800 W
Betriebsdauer		30 Min.	45 Min.	1,5 Std.	40 Min.	50 Min.	110 Min.	2,5 Std.	210 Min.

Oft wird gefragt, wie lange ein Gerät in Betrieb sein kann, bis es eine kWh verbraucht hat. Dann rechnet man:

| Strommenge | : Stromaufnahme des Gerätes | = Zeit in Stunden |
| 1 kWh | : kW | = h |

---

21 Ein Fleischwolf hat eine Stromaufnahme von 1 200 (1 500) W.
(22) Wie lange kann er in Betrieb sein, bis 1 kWh verbraucht ist?

23 Ein gewerblicher Wäschetrockner hat einen Verbrauch von 5,3 (4,5) kW.
(24) Nach wieviel Minuten hat das Gerät 1 kWh verbraucht?

Anschlußwert

In gewerblichen Betrieben verwendet man zwei Spannungsarten:

- für Licht-Strom und Kleingeräte – 220 V – Steckdose (wie im Haushalt)
- für Wärme-Strom und Großgeräte – 380 V – Sondersteckdose

Spannung · Stromstärke = Leistung	
V · A = W	

25 bis 30 Welche Leistung in Watt steht zur Verfügung?

	25	**26**	**27**	**28**	**29**	**30**
Spannung in V	220	220	220	380	380	380
Stromstärke A	6	10	16	10	16	25

31 Eine Leitung mit 220 V ist mit 10 A abgesichert. Der neue Salamander hat einen Anschlußwert von 2 200 W. Kann er angeschlossen werden?

32 (33) Eine Gläserspülmaschine hat einen Anschlußwert von 3 500 (4 200) W. Die Stromzufuhr hat 220 V und ist mit 16 A abgesichert.
Kann die Maschine angeschlossen werden?

Die Sicherung
• ist als schwächstes Glied der Stromzufuhr vorgesehen,
• unterbricht bei Überlastung die Stromzufuhr,
• schützt vor Brand wegen Wärmeentwicklung bei Überlastung der Zuleitung.

34 (35) Ein gewerblicher Trockner hat einen Anschlußwert von 6 (8) kW. Der vorhandene Stromkreis mit 380 V ist mit 16 A abgesichert.
Darf der Trockner angeschlossen werden?

36 (37) Das Leistungsschild eines Elektroherdes mit Backrohr nennt 380 V, 14,6 (17,3) A.
Kann der Herd an eine mit 16 A abgesicherte Leitung angeschlossen werden?

Übungen

38 (39) Das Leistungsschild eines E-Herdes nennt 380 V, 14,6 (17,3) kW. Während des Hauptgeschäftes ist der Herd voll eingeschaltet.
Wieviel kWh verbraucht er in der Stunde?

40 (41) Beim Backofen in der Patisserie zeigt das Leistungsschild 380 V, 12 (14,5) kW. Der Backofen muß 1$\frac{1}{2}$ Stunden vorgeheizt werden, bis er die Backtemperatur erreicht.
Wieviel kWh werden dabei verbraucht?

42 (43) Bei einem Staubsauger nennt das Leistungsschild 220 V, 750 (1 250) W.
Wie lange kann er in Betrieb sein (Stunden und Minuten), bis eine kWh verbraucht ist?

44 (45) Eine Küchenuniversalmaschine verbraucht bei einer Spannung von 220 V 1 650 (2 640) W. Wie lange kann sie in Betrieb sein, bis eine kWh verbraucht ist?

Überlegter Umgang mit Energie

Wärme kann aus verschiedenen Energieträgern, wie Öl, Erdgas oder Elektrizität, gewonnen werden. Bei der Verbrennung von Öl und Gas entstehen Verluste, die sehr unterschiedlich sein können. Außerdem variieren die Anschaffungs- und Installationskosten bei den einzelnen Energiearten. Wenn bei einigen Berechnungen die elektrische Energie zugrunde gelegt wird, so deshalb, weil diese nahezu ohne Verluste in Wärme umgewandelt wird. Wir wissen aber:

> Regeln zum überlegten Umgang mit Energie sind für alle Energiearten gleich.

Küche

46 Wie Energie durch unbedachtes Handeln verschwendet werden kann, zeigt die Grafik.

Berechnen Sie den Mehrverbrauch in Prozent bei
a) schlechtem Topf,
b) gutem Topf ohne Deckel,
c) schlechtem Topf ohne Deckel.
d) In welchem Beispiel ist der Mehrverbrauch am höchsten?
e) Welche Arbeitsregeln können abgeleitet werden?

47 Wo Wärme gespeichert wird, kann man Energie dadurch sparen, daß man schon vor
(48) Betriebsschluß zurückschaltet und die **Restwärme nutzt**. Das ist möglich z. B. beim Backrohr und beim Wasserbad. Ein Betrieb hat 365 (320) Tage geöffnet. Durch rechtzeitiges Zurückschalten werden täglich 30 (20) Minuten früher verschiedene Geräte mit insgesamt 12 (16) kW Heizleistung vom Netz genommen.
Berechnen Sie die jährliche Einsparung, wenn eine kWh mit 0,23 (0,27) DM veranschlagt wird.

49 Die Grafik vergleicht den Stromverbrauch zwischen Herdplatte und Mikrowellengerät.

a) Jede Linie zeigt drei Punkte, die für Portionen stehen. Wieviel Gramm beträgt das Portionsgewicht für Kartoffeln?
b) Wieviel Watt werden zum Garen von 800 Gramm Kartoffeln bei jedem Garverfahren benötigt?
c) Ab etwa 600 Gramm ist eine Garart bei beiden Gemüsearten günstiger. Welche ist es?
d) Formulieren Sie einen Merksatz zur Verwendung des Mikrowellengerätes, indem Sie die Textlücken unter der Abbildung ergänzen.

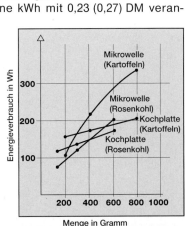

Bei ... Mengen braucht die Mikrowelle ... Strom, bei ... die Kochplatte.

Wasser und Warmwasser

50
(51) Der Wasserverbrauch im WC kann durch den Einbau von „Spartasten" von 14 (12) l auf 7 (6) l gesenkt werden. Die Installation kostet 21,00 (28,00) DM. Nach welcher Zeit hat sich die Anschaffung gelohnt, wenn für 1 m³ Wasser 2,10 (2,70) DM berechnet werden? Den Verbrauch zeigt die Abbildung.

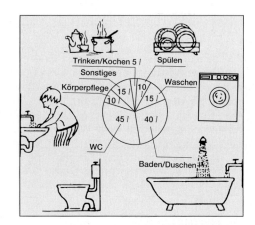

52
(53) Unter einen tropfenden Wasserhahn stellt man einen Topf mit 2,5 (4,5) Liter Fassungsvermögen. Nach jeweils 4 (3,5) Stunden ist er voll. Wieviel Liter gehen in einem Monat verloren?

54
(55) Für 100 Liter Warmwasser mit 40 °C müssen im Durchschnitt 1,50 (1,30) DM veranschlagt werden.
a) Wieviel DM kostet ein Duschbad?
b) Wieviel DM kostet ein Wannenbad?
c) Berechnen Sie die Einsparung im Jahr, wenn statt drei Vollbädern je Woche jeweils geduscht wird.

Heizung

Grundregeln:	Der Gast muß sich wohl fühlen und darf nicht „frieren".
Dennoch:	1 °C Temperatursenkung ≙ 6% Energiesparung;
	Absenken der Nachttemperatur ≙ 8% Energieeinsparung.

56
(57) Ein Hotel hat nach den vorliegenden Unterlagen je Zimmer mit durchschnittlich 430,00 (560,00) DM Heizkosten zu rechnen. Die Geschäftsleitung will überprüfen, ob sich der Einbau von Thermostatventilen lohnt, und legt dabei die Angaben aus einem Beratungsblatt zugrunde.

Für ein Thermostatventil müssen Sie je Heizkörper ca. DM 50,00 bis 60,00 einschließlich Einbau aufwenden. Nicht viel, wenn man bedenkt, daß Sie den Brennstoffverbrauch damit um etwa 8 bis 10% verringern können.

a) Wieviel DM Heizkosten je Zimmer werden bei einer Verringerung um 8 Prozent eingespart?
b) Wieviel DM Heizkosten je Zimmer werden bei einer Verringerung um 10 Prozent eingespart?
c) Nach wieviel Jahren macht sich der Einbau von Thermostaten im ungünstigsten Fall (hohe Anschaffung, geringe Einsparung) bezahlt?
d) Nach wieviel Jahren macht sich der Einbau im günstigsten Fall (geringe Kosten bei Anschaffung, hohe Einsparung) bezahlt?

58 Durch Absenken der Temperatur bei Nacht werden 8 Prozent weniger Energie verbraucht. Werte aus Aufgabe 56.
a) Wieviel DM können dadurch je Zimmer im Jahr eingespart werden?
b) Wie hoch ist die jährliche Einsparung bei einem 80-Zimmer-Hotel?

Mengenberechnungen für Küchenrohstoffe

Durchschnittswerte für Ausbeute und Wareneinsatz

Unter **Ausbeute** versteht man
- „was man herausholt",
- was an Verwertbarem bleibt.
- Man rechnet vom Einkauf zum verwertbaren Anteil.
- Rechnerisch: vom Grundwert zum verminderten Grundwert.

Vom **Wareneinsatz** spricht man
- wenn Mengen vor- oder zubereiteter Ware genannt sind und der Einkauf berechnet werden muß.
- Man rechnet vom verwertbaren Anteil zum Einkauf.
- Rechnerisch: vom verminderten Grundwert zum Grundwert.

Wareneinsatz	1,000 kg	100%
Verlust		30%
Ausbeute	? kg	70%

Wareneinsatz	? kg	100%
Verlust		30%
Ausbeute	0,700 kg	70%

1 **Beispiel**

Bei Kartoffeln rechnet man mit einem Schälverlust von durchschnittlich 28 Prozent. Für eine Portion Kartoffeln werden etwa 180 Gramm geschälte Kartoffeln gereicht.
a) Wieviel Portionen erhält man aus einem kg Kartoffeln?
b) Wieviel Gramm ungeschälte Kartoffeln sind für eine Portion nötig?

Lösung   **Lösungshinweise**

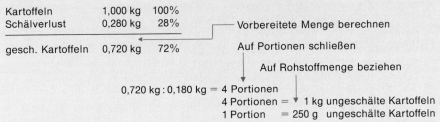

Kartoffeln	1,000 kg	100%
Schälverlust	0,280 kg	28%
gesch. Kartoffeln	0,720 kg	72%

Vorbereitete Menge berechnen

Auf Portionen schließen

Auf Rohstoffmenge beziehen

0,720 kg : 0,180 kg = 4 Portionen
4 Portionen = 1 kg ungeschälte Kartoffeln
1 Portion = 250 g ungeschälte Kartoffeln

2 Bei Kartoffeln rechnet man mit einem Vorbereitungsverlust von 15 Prozent und einem Portionsgewicht von 170 Gramm
a) Wieviel Portionen erhält man aus einem kg?
b) Wieviel Gramm Rohware sind für eine Portion erforderlich?

3 Bei der Vorbereitung von Blumenkohl zu Blumenkohlröschen beträgt der Putzverlust durchschnittlich 40 Prozent; für eine Portion werden 150 Gramm gerechnet.
a) Wieviel Portionen erhält man aus einem kg Rohware?
b) Wieviel Gramm Rohware sind für eine Portion erforderlich?

4
(5) Bei durchschnittlicher Qualität rechnet man bei Spargel mit einem Putzverlust von 25 (28) Prozent.
a) Während der Spargelwochen werden auf der Sonderkarte Spargelgerichte von 500 Gramm (1 Pfund) Spargel angeboten. Wieviel Gramm Einkaufsgewicht sind für eine Portion erforderlich?
b) Wird Spargel als Beilage gereicht, geht man von 150 (120) Gramm vorbereiteter Ware aus. Berechnen Sie die erforderliche Einkaufsmenge.

Ermitteln von Faustzahlen oder Richtwerten

Von der gewerblichen Küche erwartet man gleichbleibende Qualität und stets gleiche Portionsgrößen. Wechsel führt zu Enttäuschung, und der enttäuschte Gast kehrt nicht wieder. Zwar nennt die Fachliteratur z. T. Rohstoffmengen, doch sind diese allgemein gehalten und können nicht auf die besonderen Gegebenheiten des einzelnen Betriebes abgestellt sein.

Durchschnittliche Verluste

6   **Beispiel**

Um den durchschnittlichen Vorbereitungsverlust bei einer Gemüseart zu ermitteln, werden an mehreren Tagen die Werte notiert.

Datum	Rohware	Abfall	Verlust in %	**Lösungshinweise**
4. 10.	4,200	1,050	25	Prozentsatz für jeden Tag ermitteln.
18. 10.	6,750	0,945	14	Mittelwert berechnen, indem man die
26. 10.	3,100	0,558	18	einzelnen Verlustwerte zusammen-
			57 : 3 = 19%	zählt und durch die Anzahl der Versuche teilt.

Antwort: Der durchschnittliche Verlust beträgt 19 Prozent.

7
(8) Um den Putzverlust bei Karotten zu ermitteln, wurde jeweils an einem Tag der Woche genau gewogen und die Ergebnisse notiert:
14. 3. Rohware 15,400 (20,200) kg, Abfälle 2,820 (3,850) kg
22. 3. Rohware 14,600 (15,300) kg, Abfälle 2,860 (3,370) kg
26. 3. Rohware 22,100 (19,600) kg, Abfälle 2,420 (3,540) kg
Berechnen Sie den durchschnittlichen Putzverlust in Prozent.

9
(10) Im Frühjahr ist der Schälverlust bei Kartoffeln besonders hoch. Um genaue Werte zu erfahren, wurde drei Wochen nacheinander je eine Maschinenfüllung genau abgewogen, ebenso die daraus erhaltenen fertig geschälten Kartoffeln.
 2. 4. Kartoffeln 8,500 (12,000) kg, geschälte Ware 6,120 (8,760) kg
10. 4. Kartoffeln 8,000 (11,000) kg, geschälte Ware 5,920 (8,140) kg
15. 4. Kartoffeln 9,000 (12,000) kg, geschälte Ware 6,210 (8,500) kg
Berechnen Sie den Schälverlust bei Kartoffeln im Monat April in Prozent.

11
(12) Um die Saftausbeute bei Orangen zu erfahren, wurden zwei Kontrollwägungen durchgeführt.
1. Orangen 2,800 (3,600) kg, Saft 0,910 (1,510) kg
2. Orangen 1,900 (2,500) kg, Saft 0,730 (1,030) kg
Berechnen Sie die durchschnittliche Saftausbeute in Prozent.

13
(14) Wenn man frische Ananas vorbereitet, ist der Abfall an Außenschicht und Mittelteil sehr hoch. Um einen Richtwert zu erhalten, wurden eine große und eine kleine Frucht genau ausgewogen: große Ananas 1,850 (1,980) kg, davon Fruchtfleisch 920 (940) Gramm, kleine Ananas 1,180 (1,240) kg, davon Fruchtfleisch 540 (610) Gramm. Berechnen Sie den durchschnittlichen Fruchtfleischanteil.

15
(16) Eine Honigmelone ist für kalte Vorspeisen in Kugeln ausgestochen worden. Die ganze Frucht wog 2,350 (1,900) kg. Die vorbereiteten Melonenkugeln haben ein Gewicht von 940 (860) Gramm.
Berechnen Sie den verwertbaren Fruchtfleischanteil in Prozent.

Von der Rohstoffmenge zum Gericht

1 Ein Schweinenacken mit 2,350 (2,730) kg wird entbeint. Man rechnet mit 20 (22)
(2) Prozent Knochenanteil. Berechnen Sie die zu erwartende Fleischmenge.

3 Schmorbraten verliert beim Garen 32 (38) % seines Gewichtes. Es werden Stücke mit
(4) folgenden Gewichten geschmort: a) 2,640 kg, b) 1,860 kg, c) 2,170 kg.
Berechnen Sie das Gewicht der einzelnen Stücke nach dem Garen.

5 Bei Kalbsnierenbraten rechnet man mit einem Bratverlust von 25 (27) Prozent. Das
(6) Fleisch wiegt 2,730 (2,380) kg. Für eine Portion rechnet man 140 Gramm Braten.
Wieviel ganze Portionen können geschnitten werden?

Mehrere Verluste sind zu berücksichtigen

7 **Beispiel**

12,500 kg Rinderbrust werden von den Knochen befreit, gerollt und dann
gekocht. Man rechnet mit 20% Parierverlust und 30% Kochverlust.
Wieviel kg gekochtes Fleisch sind zu erwarten?

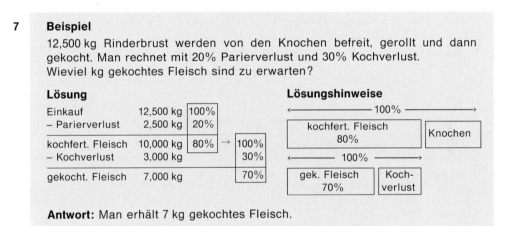

Antwort: Man erhält 7 kg gekochtes Fleisch.

8 Eine Lammkeule mit 5,700 (6,850) kg wird zum Braten vorbereitet. Der Parierverlust
(9) wird mit 22 Prozent angesetzt, für den Bratverlust werden 34 Prozent gerechnet.
Wieviel kg Braten erhält man?

10 8,440 (4,300) kg Schweinenacken sollen zu kaltem Braten verarbeitet werden. Man
(11) rechnet mit 24 Prozent Knochenanteil und 28 Prozent Bratverlust.
Wieviel kg Braten erhält man?

12 Ein Kalbsfrikandeau im Gewicht von 2,560 (2,230) kg wird zu kaltem Bratenaufschnitt
(13) vorbereitet. Der Parierverlust wird mit 12%, der Braten- und Aufschnittverlust mit 24%
angesetzt. Je Person sollen 120 g gebratenes Fleisch gereicht werden. Wie viele
Portionen erhält man?

14 4 Rehkeulen wiegen 29,4 (34,560) kg und werden gebraten. Dabei entsteht ein
(15) Auslöseverlust von 18%, beim Braten verliert das Fleisch weitere 22% an Gewicht.
Wie viele Portionen mit 140 g erhält man?

16 Zur Bereitung von Hühnerfrikassee verwendet man Hähnchen. Sie verlieren beim
(17) Kochen 25% ihres Gewichtes. Beim Ausbrechen verbleiben 80% Fleisch. Wieviel
Gramm wiegt das Fleisch einer Portion, wenn Hähnchen im Gewicht von
8,000 (9,600) kg für 50 Personen verwendet werden?

Vom Gericht zur Rohstoffmenge

In der Restaurationsküche werden die an einem Tag verkaufbaren Portionen abgeschätzt, und entsprechend gibt die Küchenleitung die Mengen bekannt. Das kann nicht anders sein, weil niemandem bekannt ist, wie viele Gäste erscheinen und welche Gerichte diese wählen. Sind von einem Gericht alle Portionen verkauft, ist es „AUS".
Eine **genaue Berechnung** der Rohstoffmengen ist erforderlich
- bei Sonderessen in der Restaurationsküche,
- bei gemeldeten Essensteilnehmern in der Gemeinschaftsverpflegung.

18 Für ein Sonderessen sind 12,000 kg Hirschbraten erforderlich. Man rechnet mit einem Bratverlust von 25 Prozent.
Wieviel kg Hirschfleisch müssen gebraten werden?

Lösungshinweis

Fleisch 100%

Braten 75%

19 Man benötigt 4,150 (4,400) kg Roastbeef, englisch gebraten. Der Bratverlust wird mit
(20) 18 Prozent angenommen. Wieviel kg Roastbeef sind zu braten?

21 Es sollen 20 (45) Portionen Kalbsrückensteaks mit einem Fleischgewicht von je
(22) 180 (170) Gramm vorbereitet werden. Die Abgänge werden mit 30 Prozent angesetzt. Wieviel kg Kalbsrücken müssen angefordert werden?

23 Man benötigt 35 (55) Schnitzel mit einem Portionsgewicht von 160 (170) Gramm. Der
(24) Vorbereitungsverlust wird mit 14 Prozent angenommen.
Wieviel kg Oberschale müssen angefordert werden?

25 Für ein kaltes Büfett sollen 65mal Roastbeef englisch je 65 (85) g vorbereitet werden.
(26) Man rechnet beim Braten und Aufschneiden mit einem Verlust von 28 Prozent. Wieviel kg Roastbeef sind zu braten?

Mehrere Verluste sind zu berücksichtigen

27 **Beispiel**

In der Restaurationsküche wird Rinderbrust vor dem Kochen von den Knochen befreit, gerollt und erst dann gegart. Man rechnet beim Auslösen mit 20 Prozent Knochenanteil und beim Kochen mit 30 Prozent Verlust. Im Rahmen eines geschlossenen Essens sollen insgesamt 7,000 kg Rinderbrust mit Sahnemeerrettich und Preiselbeeren gereicht werden.
Wieviel kg Rinderbrust sind anzufordern?

Lösung

Einkauf	12,500 kg	100%	
– Parierverlust	2,500 kg	20%	
kochfert. Fleisch	10,000 kg	80% ←	100%
– Kochverlust	3,000 kg		30%
gekocht. Fleisch	7,000 kg		70%

Lösungshinweise

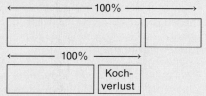

Antwort: Es sind 12,5 kg Rinderbrust anzufordern.

28 Zu einem Essen mit 56 Personen sollen je Portion 150 (170) g Braten gereicht werden.
(29) Wieviel Fleisch ist einzukaufen, wenn mit 20% Bratverlust und 15% Auslöseverlust gerechnet wird?

30 Eine Gesellschaft mit 35 (54) Personen wünscht Wildschweinbraten. Man rechnet je
(31) Portion 140 Gramm Braten. Nach Erfahrungswerten entsteht bei tiefgekühlter Ware ein
Tauverlust von 8 Prozent, der Bratverlust muß mit 28 Prozent berücksichtigt werden.
Wieviel kg gefrostetes Wildschweinfleisch muß aufgetaut werden?

32 Bei Seelachs mit Kopf ist mit einem Putzverlust von 45% zu rechnen; beim Dünsten
(33) gehen weitere 22% verloren. Es sind 55 Portionen zu je 180 (140) g tischfertigem
Gewicht zuzubereiten. Wieviel kg Seelachs mit Kopf sind einzukaufen?

34 Bei einem geschlossenen Essen soll als Vorspeise hausgebeizter Lachs angeboten
(35) werden. Man rechnet je Portion mit 70 Gramm. Der Betrieb bezieht gefrostete
kanadische Lachse und rechnet mit einem Tau- und Auslöseverlust von 45 Prozent.
Beim Beizen und Räuchern gehen 8 (12) Prozent verloren.
Wieviel Gramm gefrosteter Lachs muß je Portion gerechnet werden?

36 In einer hoteleigenen Schlachterei werden 4 Kotelettstücke mit einem Einkaufsge-
(37) wicht von 12,800 (11,250) kg zu Kasseler Rippenspeer verarbeitet. Nach Erfahrungswerten beträgt der Knochenanteil 15%, die Gewichtszunahme durch Muskelspritzung
8%, der Räucherverlust 12%. Beim Zubereiten in der Küche gehen weitere 14%
verloren.
a) Wieviel kg wiegen die entbeinten Kotelettstücke?
b) Wieviel kg gepökelter und geräucherter Rippenspeer erhält die Küche?
c) Wie viele Portionen erhält man, wenn dem Gast 120 g Fleisch gereicht werden?
d) Wieviel DM beträgt der Fleischwert einer Portion, wenn 1 kg Kotelettgrat im Einkauf
6,30 DM kostet?
e) Wieviel Prozent beträgt der Gesamtverlust bezogen auf das Einkaufsgewicht?

Prüfungsaufgaben

Bei Prüfungen ist die Zeit zur Lösung der Aufgaben sehr reichlich bemessen.
● Rechnen Sie darum grundsätzlich vom Ergebnis zu den Werten der Aufgabe
zurück. Sollten Sie falsch gedacht haben, kommen Sie nicht zu den in der Aufgabe
genannten Werten.
● Das sogenannte Nachrechnen ist nicht zu empfehlen, weil man den Denkfehler
wiederholt.

1 **Beispiel**

Es sind 12,000 kg Braten erforderlich. Der Bratverlust wird mit 25 Prozent
angenommen?
Wieviel kg Fleisch müssen gebraten werden?

Richtige Lösung	**Falsche Lösung**
75% ≙ 12,000 kg	100% ≙ 12,000 kg
100% ≙ x kg	125% ≙ x kg
$\dfrac{12{,}000 \cdot 100}{75} = 16{,}000 \text{ kg}$	$\dfrac{12{,}000 \cdot 125}{100} = 15{,}000 \text{ kg}$

Kontrolle durch Rückrechnung

100% ≙ 16,000 kg	100% ≙ 15,000 kg
75% ≙ x kg	75% ≙ x kg
$\dfrac{16{,}000 \cdot 75}{100} = \textbf{12,000 kg}$	$\dfrac{15{,}000 \cdot 75}{100} = \textbf{11,250 kg}$

2
(3) Man benötigt 13,600 (8,400) kg bratfertige Schnitzel. Beim Zuschneiden der Schnitzel muß man mit einem Verlust von 15 Prozent rechnen.
Wieviel kg Fleisch müssen für die Vorbereitung der Schnitzel angefordert werden?

4
(5) Für ein Sonderessen werden 12,600 (7,200) kg Hirschbraten benötigt. Man rechnet mit einem Bratverlust von 28 Prozent.
Wieviel kg Fleisch müssen gebraten werden?

6
(7) Es sollen 20 (37) Portionen Kalbsrücken mit einem Fleischgewicht von je 180 Gramm vorbereitet werden. Die Abgänge werden mit 30 (27) Prozent angenommen.
Wieviel kg Kalbsrücken müssen angefordert werden?

8
(9) Um den Garverlust zu ermitteln, wurden Fleischstücke zum Schmoren gewogen. Die Waage zeigte 8,200 (11,700) kg. Man erhielt daraus 4,750 (7,130) kg Schmorbraten.
Berechnen Sie den Schmorverlust in Prozent.

10
(11) Ein Schweinekamm mit 4,250 (3,900) kg wird zu Braten verarbeitet. Man rechnet mit einem Auslöseverlust von 18 Prozent und einem Bratverlust von 26 Prozent.
Wieviel ganze Portionen zu je 150 (130) Gramm können erwartet werden?

12
(13) Von einer Kalbskeule mit 16,400 (18,150) kg erhält man 12,790 (14,700) kg Fleisch.
Berechnen Sie den Knochenanteil in Prozent.

14
(15) Eine gebratene Rehkeule wiegt 2,520 (2,810) kg. Der Knochenanteil wird mit 24 Prozent veranschlagt. Die Keule wird einer Gesellschaft mit 16 Personen serviert.
Wieviel Gramm Braten entfallen auf eine Portion?

16
(17) Ein Karton enthielt 19,300 (22,800) kg Poularden. Die gekochten Tiere wogen 13,250 (16,200) kg. Nach dem Ausbrechen konnte man 9,250 (11,650) kg Geflügelfleisch für Salate weiterverwenden.
a) Wieviel Prozent beträgt der Kochverlust?
b) Wieviel Prozent beträgt der Ausbeinverlust?
c) Wieviel Prozent beträgt der Gesamtverlust?

18
(19) Beim Auslassen von Schweineflomen rechnet man mit einer Ausbeute von 69 (72) Prozent.
Wieviel kg Schweineflomen wurden ausgelassen, wenn man 4 kg Schweinefett erhielt?

20
(21) Aus 4,840 (7,280) kg Rindfleisch wurden 21 (30) Portionen zu je 160 Gramm Bratengewicht erzielt.
Berechnen Sie den Bratverlust in Prozent.

22
(23) Für ein Sonderessen sollen 35 (48) Portionen Heilbuttschnitten mit je 180 Gramm vorbereitet werden. Man rechnet beim Filetieren mit einem Verlust von 45 (48) Prozent.
Wieviel kg Heilbutt sind erforderlich?

Berechnen der Materialkosten

Einkauf nach bfn

Gemüse und Obst sind druckempfindlich. Damit sie beim Verkauf keinen Schaden erleiden, dürfen sie mit der Verpackung abgewogen werden.

> bfn = **b**rutto **f**ür **n**etto − das Bruttogewicht wird für das Nettogewicht gerechnet. Der Preis für ein kg bfn bezieht sich auf Ware **und** Verpackung.

1 Beispiel

Kirschen werden für 4,00 DM/kg bfn angeboten. Ein Körbchen mit Kirschen wiegt 3,000 kg. Der leere Korb wiegt 500 Gramm.
Berechnen Sie die tatsächlichen Kosten für ein kg Kirschen.

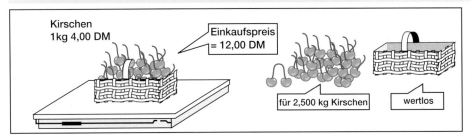

Lösung			Lösungshinweise
		②	Unterscheiden Sie:
Einkauf	3,000 kg	12,00 DM	Gewichtsberechnung − Preisberechnung
Korb	0,500 kg	0,00 DM	① Gewicht der Ware ermitteln
Kirschen	2,500 kg ①	12,00 DM	② Einkaufspreis berechnen
	1,000 kg	4,80 DM	← Auf kg-Preis schließen

Antwort: Ein kg Kirschen kostet 4,80 DM.

2 Am Markt werden Äpfel angeboten zu 1,80 (2,40) DM/kg bfn. Man kauft eine Kiste mit
(3) 23,500 (27,200) kg. Die leere Kiste wiegt 1,400 (1,800)) kg.
Berechnen Sie den tatsächlichen Preis für ein kg Äpfel.

4 Eine Kiste mit Blumenkohl wiegt insgesamt 18,300 (19,600) kg und wird mit 2,10
(5) (2,70) DM/kg bfn bezahlt. Die leere Kiste wiegt 1,300 (1,600) kg.
Wieviel DM kostet ein kg Blumenkohl?

6 Zuchtchampignons werden je Körbchen mit einem Gesamtgewicht von 2,500 kg
(7) geliefert und kosten je Körbchen 12,40 (13,20) DM. Das leere Körbchen wiegt
250 Gramm. Wieviel DM kostet ein kg Champignons?

8 Steinpilze kosten 34,20 DM/kg bfn. Ein Körbchen mit Pilzen wiegt 2,400 (2,800) kg.
(9) Das Leergewicht wird mit 10 Prozent angenommen.
Berechnen Sie den tatsächlichen Preis für ein kg Steinpilze.

10 Eine Steige mit Äpfeln bringt 12,600 (10,800) kg auf die Waage. Das Leergewicht wird
(11) mit 10 (12) Prozent angenommen. Einkaufspreis 2,40 DM/kg bfn.
Wieviel DM kostet ein kg Äpfel?

Veränderungen durch Vorbereitungs- und Garverluste

1 **Beispiel**

Kalbfleisch zum Braten kostet 22,50 DM/kg. Man brät ein Stück mit 2 kg und rechnet mit einem Bratverlust von 25 Prozent.
Wieviel DM kostet ein kg Kalbsbraten?

Lösung

	Gewicht		Preis
Einkauf	2,000 kg	100%	45,00 DM
− Bratverlust	0,500 kg	25%	0,00 DM
Braten	1,500 kg	75%	45,00 DM
	1,000 kg		30,00 DM

Antwort: Ein kg Kalbsbraten kostet 30,00 DM.

Lösungshinweise

Gewicht und Preis trennen.

Bratverlust ist wertlos.

Gewicht ist verändert, nicht der Preis. Erst beim Schluß auf die Einheit wird die Preisveränderung deutlich.

2 Es werden 2,760 (3,450) kg Rinderbraten zu 13,80 (14,60) DM/kg bezogen. Man muß mit
(3) einem Schmorverlust von 38 Prozent rechnen.
Wieviel DM kostet ein kg Rinderschmorbraten?

4 Schweinefleisch zum Braten kostet 13,10 (12,80) DM/kg. Man rechnet mit einem
(5) Bratverlust von 32 (36) Prozent.
a) Wieviel DM kostet ein kg Schweinebraten?
b) Ermitteln Sie die Materialkosten für eine Portion mit 140 Gramm.

6 Blumenkohl kostet beim Einkauf 2,40 (2,80) DM/kg. Man rechnet mit einem Putzverlust
(7) von 24 Prozent. Wieviel DM kostet ein kg geputzter Blumenkohl?

8 Kartoffeln werden zu 53,00 (57,00) DM je 100 kg angeboten. Den Schälverlust
(9) veranschlagt man mit 26 (28) Prozent. Wieviel DM kostet ein kg geschälter Kartoffeln?

Hinweis für die Überschlagsrechnung:

● Der **Preis** je kg ist bei der vorbereiteten Ware immer höher als der kg-Preis beim Einkauf, denn die Ware ist höherwertig geworden.

● Das **Gewicht** der vorbereiteten Ware ist immer geringer, denn man entfernt Geringerwertiges.

---

10 Spargel kostet im Einkauf 11,40 (12,60) DM/kg. Beim Vorbereiten entsteht ein Verlust
(11) von 30 (26) Prozent. Je Portion werden 250 Gramm vorbereiteter Spargel gerechnet.
Der Wert der Schalen bleibt unberücksichtigt.
Berechnen Sie die Materialkosten für eine Portion.

12 Von Pfirsichen wurden 12,500 (8,100) kg zu 3,20 (2,90) DM/kg bezogen. Nach dem
(13) Abziehen und Entsteinen erhielt man 9,850 (6,400) kg Fruchtfleisch.
Wieviel DM kosten 125 (90) Gramm Pfirsichscheiben?

14 Wenn Orangen filetiert werden, rechnet man mit einem Verlust von 55 Prozent.
(15) Ein kg Orangen wird zu 1,80 (1,40) DM angeboten.
Wieviel DM sind für ein kg vorbereitete Orangenfilets zu berechnen?

16 **Beispiel**

Ein Korb mit Zwetschen wiegt 12,300 kg und wird mit 2,80 DM/kg bfn bezahlt. Das Gewicht des Korbes wird mit 10 Prozent veranschlagt, beim Entsteinen rechnet man mit einem Verlust von 8 Prozent.
Wieviel DM sind für ein kg entsteinter Zwetschen zu rechnen?

Lösung   **Lösungshinweise**

Einkauf	12,300 kg	100%		34,44 DM
Korb	1,230 kg	10%		0,00 DM
Zwetschen	11,070 kg	90%	100%	34,44 DM
Steine	0,886 kg		8%	0,00 DM
entst. Zwetschen	10,184 kg		92%	34,44 DM
	1,000 kg			3,38 DM

```
┌─────────────────────────────────────┐
│              Einkauf                 │
└─────────────────────────────────────┘
←──────────────── 100% ───────────────→
┌──────────────────────────┬──────────┐
│        Zwetschen         │   Korb   │
└──────────────────────────┴──────────┘
←──────── 100% ────────→
┌──────────────────┬──────┐
│ entst. Zwetschen │Steine│
└──────────────────┴──────┘
```

Antwort: Ein kg entsteinter Zwetschen kostet 3,38 DM.

17 Bei Champignons gelten als Richtwerte: Körbchen 8 Prozent vom Bruttogewicht,
(18) Putzverlust 12 Prozent. Das Angebot lautet derzeit 3,70 (3,90) DM/kg bfn.
Berechnen Sie den Preis für ein kg vorbereitete Champignons.

19 Spargel hat je nach Jahreszeit und Qualität sehr unterschiedlichen Preis. Ein
bis Küchenchef hat zu den letzten Einkäufen notiert:
23

		19	20	21	22	23
Einkaufspreis DM/kg bfn		15,60	16,40	12,20	18,10	14,30
Einkaufsgewicht	kg	4,300	12,700	19,700	16,900	6,700
Körbchen	kg	0,350	0,890	1,700	1,520	0,850
Schalen, Abschnitte	kg	1,270	4,150	5,100	5,230	1,610

Berechnen Sie jeweils den Preis für ein kg vorbereiteten Spargel.

24 Austernseitlinge wiegen mit Körbchen 3,850 (4,720) kg und kosten 12,40 (13,10) DM/kg.
(25) Das leere Körbchen wiegt 460 (420) Gramm, man rechnet mit 8 (14) Prozent Vorbereitungsverlust.
Wieviel DM/kg kosten die vorbereiteten Pilze?

26 Eine Kiste mit Orangen wiegt 12,300 (14,100) kg zu 2,10 (2,45) DM/kg bfn. Man rechnet
(27) mit einer Tara von 4 (7) Prozent und einer Saftausbeute von 35 (38) Prozent.

a) Berechnen Sie die Materialkosten für 1 l Saft.
b) Wieviel DM Materialkosten sind für ein Glas mit 0,2 l zu veranschlagen?

Verwertbare Abgänge sind zu berücksichtigen

Küchen beziehen Fleisch in unterschiedlichen Vorbereitungsstufen, z. B.
- ausgeschlachtete Tiere ⟶ Kalbshälften, Schweinehälften,
- Teilstücke ⟶ Kalbskeule, Schweinerücken, Rinderschulter,
- Fleischteile ⟶ Oberschale, Roastbeef, Filet.

Bei der Vorbereitung zum Garen
- werden die geringerwertigen Teile wie Knochen, Fettauflage abgetrennt und z. B. zum Ansetzen von Saucen verwendet,
- die Kosten anteilig auf die jeweilige Verwendung verteilt.

28

Beispiel

Ein Kalbsrücken wiegt 18,500 kg und kostet im Einkauf 16,00 DM/kg. Der ausgelöste Knochen wiegt 3,500 kg und wird an den Saucier weitergegeben. Kalbsknochen kosten je kg 2,00 DM.
Wieviel DM kostet ein kg vorbereiteter Kalbsrücken?

Lösung

	Gewicht	Preis
Einkauf	18,500 kg	296,00 DM
– Knochen	3,500 kg	7,00 DM
→Fleisch	15,000 kg	289,00 DM
	1,000 kg	19,27 DM

Lösungshinweis

Bei der Saucenherstellung werden verwendet: 3,500 kg Knochen zu je 2,00 DM = 7,00 DM.
Diese Kosten werden vom Fleisch abgezogen.

Antwort: Ein kg vorbereiteter Kalbsrücken kostet 19,27 DM.

29
(30) Es wurden 16,100 (9,700) kg Rinderhochrippe zu 9,90 (10,60) DM/kg bezogen und zur Weiterverarbeitung entbeint. Die Knochen wiegen 3,200 (1,900) kg und werden zu 1,70 DM/kg verrechnet.
Wieviel DM kostet ein kg des ausgelösten Fleisches?

31
(32) Schweinehals wie gewachsen wird zu 9,20 (9,80) DM/kg angeboten. Man entbeint 8,200 (12,400) kg und rechnet mit einem Knochenanteil von 26 (28) Prozent. Ein kg Schweineknochen wird mit 1,50 DM bewertet.
Wieviel DM kostet ein kg des ausgelösten Fleisches?

33 Eine Kalbskeule wiegt im Einkauf 12,330 kg und wird mit 17,20 (18,40) DM je kg bezahlt.
(34) Beim Zerlegen fallen an:
Fleisch für Ragout, Hachse: 4,170 (3,950) kg, die mit 9,20 DM je kg bewertet werden,
Fett, Knochen, Sehnen: 2,070 (2,240) kg, die mit 2,00 DM je kg bewertet werden.
Wieviel DM kostet ein kg des parierten Fleisches?

35 Ein Kalbsrücken wiegt 4,240 (3,960) kg. Bei der Zerlegung werden abgetrennt: 860
(36) (920) g Knochen und Sehnen, die je kg mit 1,80 DM bewertet werden,
320 (340) g Fleischabschnitte, die je kg mit 6,40 DM bewertet werden.

   a) Wieviel DM kostet der Kalbsrücken im Einkauf, wenn 1 kg mit 16,40 DM bezahlt wird?
   b) Wieviel ganze Kalbskoteletts zu je 170 g erhält man aus dem parierten Kalbsrücken?
   c) Berechnen Sie den Fleischwert für ein Kalbskotelett.

37 Ein Roastbeef wiegt 12,600 (12,850) kg und kostet beim Händler je kg 18,80 DM. Nach
(38) dem Parieren werden an Abgängen festgestellt:

Ragoutfleisch	1,240 (1,520) kg je 9,60 DM
Hackfleisch	0,780 (0,740) kg je 7,20 DM
Fett, Sehnen, Knochen	3,100 (3,220) kg je 1,00 DM

Wieviel DM sind für 1 kg pariertes Roastbeef anzusetzen?

39 Eine Kalbsschulter wiegt 4,200 (4,450) kg und kostet je kg 11,20 (12,90) DM. Sie soll zu
(40) Kalbsschulter glasiert verarbeitet werden. Darum wird der Knochen ausgelöst, sein
Gewicht wird mit 18 (20)% angesetzt; 1 kg ist mit 2,00 DM zu veranschlagen.
Wieviel DM kostet 1 kg bratfertige Kalbsschulter?

41 Schnitzelfleisch vom Kalb kostet je kg 26,40 (27,80) DM. Man rechnet beim Portionieren
(42) mit einem Verlust von 12 Prozent. Die Abgänge werden mit 6,40 DM/kg bewertet und zu
Frikassee weiterverwendet. Es sollen 35 (55) Kalbsschnitzel vorbereitet werden, die
ein Fleischgewicht von 160 Gramm aufweisen.

   a) Wieviel kg Schnitzelfleisch sind einzukaufen?
   b) Wieviel Portionen Frikassee mit einem Fleischgewicht von 180 Gramm fallen bei der Vorbereitung der Schnitzel an?
   c) Wieviel DM betragen die Materialkosten für ein Kalbsschnitzel?
   d) Wieviel DM sind für das Fleisch einer Portion Frikassee zu veranschlagen?

43 Ein Roastbeef mit 12,500 (13,100) kg kostet im Einkauf 20,60
(44) (22,40) DM/kg. Beim Parieren entsteht ein Verlust von 30 (26)
Prozent. Die Parüren sind verwendbar und werden mit
4,00 DM/kg bewertet.
Wieviel DM beträgt der Materialwert für 1 kg pariertes
Roastbeef?

45 Man kauft 5,000 (6,300) kg Schweinehals zu 10,00
(46) (11,50) DM/kg. Der Knochenanteil von 20 Prozent
wird mit 3,00 DM/kg angesetzt. Bratverlust 20
Prozent.

   a) Wieviel ganze Portionen je 150 Gramm erhält
      man?
   b) Wieviel DM betragen die Materialkosten je
      Portion?

Prüfungsaufgaben

1 Schweinefleisch zum Braten kostet je kg 8,80 (9,40) DM. Es ist mit einem Bratverlust
(2) von 28 Prozent zu rechnen.

Wieviel DM kostet ein kg des gebratenen Fleisches?

3 Eine Lammschulter mit 1,700 (1,900) kg wird zu 13,80 (14,60) DM/kg eingekauft. Beim
(4) Vorbereiten zum Braten wird der Knochen ausgelöst. Er wiegt 350 (410) Gramm und
bleibt unbewertet.

Wieviel DM kostet ein kg des vorbereiteten Fleisches?

5 Roastbeef wiegt vor dem Braten 5,300 (5,850) kg; der kg-Preis beträgt 32,40 (25,60) DM.
(6) Beim Braten entsteht ein Gewichtsverlust von 18 Prozent.

Wieviel DM kostet ein kg des gebratenen Fleisches?

7 Eine Küche kauft 8,800 (9,100) kg Petersfisch zu 9,20 (9,90) DM/kg. Man erhält 24
(8) Portionen zu je 200 Gramm.

a) Wieviel Prozent beträgt der Verlust beim Filetieren?
b) Wieviel DM kostet eine Portion?

9 Gefrostete Oberschalen mit 16,300 (18,700) kg wurden im Einkauf mit 170,80
(10) (192,30) DM bezahlt. Das rasch aufgetaute Fleisch wog noch 15,100 (17,100) kg.

Berechnen Sie den Materialwert für ein kg dieses Fleisches.

11 Es wurden insgesamt 22,800 (16,700) kg Rinderfilets zu 44,20 (35,80) DM/kg eingekauft.
(12) Nach dem Abhängen wiegt man zur Kontrolle und stellt 21,600 (15,700) kg fest.

a) Wieviel DM beträgt der Einkaufspreis?
b) Wieviel DM kostet ein kg des abgehangenen Fleisches?
c) Wieviel Prozent beträgt der Verlust durch das Abhängen?

13 Ein zum Braten vorbereitetes Rinderfilet wiegt 1,800 (1,950) kg und wird mit insgesamt
(14) 72,00 (76,00) DM berechnet. Man erhält 1,400 (1,550) kg Braten.

a) Wieviel Prozent beträgt der Bratverlust?
b) Wieviel Portionen zu je 140 Gramm erhält man?
c) Wieviel DM sind für eine Portion zu veranschlagen?

Gehobener Schwierigkeitsgrad

1 Gefrostete Hähnchen werden für 4,30 (4,65) DM/kg angeboten. Bei Auftauen gehen
(2) durch Tauwasser 8 (10) Prozent verloren, der Kochverlust beträgt 38 (36) Prozent; vom
gekochten Tier sind 8 (10) Prozent nicht verwertbare Teile wie Knochen und Haut.
Berechnen Sie unter diesen Voraussetzungen den Preis für 1 kg gegartes Geflügelfleisch.

3 Es wird erwogen hausgebeizten Lachs herzustellen. Dabei sind zu beachten: 4 (6) %
(4) Tauverlust, 62 (68) % Ausbeute beim Filetieren und 8 (12) % Beizverlust. Gebeizter
Lachs wird zu 60,00 (65,00) DM/kg angeboten. Wieviel DM/kg darf gefrosteter
Atlantiklachs im Einkauf höchstens kosten, wenn die Selbstherstellung nicht teurer
sein soll?

Kostenvergleiche bei vorgefertigten Lebensmitteln

Fast alle Lebensmittel müssen nach dem Kauf erst vorbereitet werden. Von der **Rohware** sind ungenießbare und wertlose Teile zu entfernen.

Bei **küchenfertiger Ware** kauft man also nur den wertvolleren Anteil. Den Abfall sieht man nicht, er muß aber mitbezahlt werden, ebenso die erforderliche Arbeit.

Garfertige Ware muß nur noch in den Topf oder in die Pfanne. Bis es soweit ist, sind weitere Arbeiten und meist auch Zutaten erforderlich. Auch das muß mitbezahlt werden.

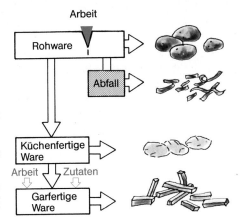

Bei vorgefertigten Lebensmitteln
- kauft man nur die wertvolleren und damit im Preis höheren Teile,
- benötigt man im Vergleich zur Rohware geringere Mengen,
- wird Arbeitszeit eingespart,
- ist abzuwägen, ob die Mehrausgaben im sinnvollen Verhältnis zur eingesparten Arbeitszeit liegen.

1 Obige Zeichnung zeigt Abstufungen bei vorgefertigten Lebensmitteln. Wiederholen Sie die Merkmale, nennen Sie Beispiele.

Vergleich: Mehrkosten — Einsparung von Arbeitszeit

2 Küchenmeister Hahn will für Kartoffelpüree eine Vergleichsrechnung erstellen. Er überlegt: „Die Zugabe von Milch, Fett und Gewürzen ist bei jeder Herstellungsart gleich. Also vergleiche ich nur die Kosten für die Kartoffeln und die Zeit."

3 **Beispiel**

Für 100 Portionen sind erforderlich 20 kg Kartoffeln zu 0,55 DM/kg und 60 Minuten für Schälen und Zubereiten oder 2,600 kg Fertigprodukt zu 5,40 DM/kg und 15 Minuten Arbeitsaufwand.
a) Wieviel DM sind die Kosten bei vorgefertigter Ware höher?
b) Wieviel Minuten beträgt der Zeitunterschied bei der Zubereitung?
c) Rechnen Sie die Kosten auf eine Stunde um $\triangleq$ Stundenlohn.

Lösung   **Lösungshinweise**

Kosten		
Kartoffeln	0,55 DM · 20 = 11,00 DM	← Preis für Kartoffeln ausrechnen
Vorgefertigte Ware	14,04 DM	← Preis für vorgefertigte Ware einsetzen
Mehrkosten	3,04 DM	

4 Zu zehn Portionen Kartoffelklöße halb und halb benötigt man insgesamt 2,250 kg
(5) Kartoffeln, je kg zu 0,60 (0,70) DM. Die entsprechende Menge aus der Packung kostet 3,20 (3,80) DM. Die reine Arbeitszeit beträgt bei Selbstfertigung 40 Minuten, bei Verwendung vorgefertigter Ware 10 Minuten. (Die Einlage aus gerösteten Weißbrotwürfeln wird hier nicht berücksichtigt. Warum?)

a) Wieviel DM sind für die Kartoffeln zu bezahlen?
b) Wieviel DM kostet die vorgefertigte Ware?
c) Wieviel Minuten beträgt die mögliche Zeitersparnis?
d) Mit welchem Stundenlohn ist die Arbeit zu veranschlagen?

6 Für 100 Portionen werden 12 kg geputzte Karotten benötigt. Man kann wählen:
(7) 1. Frischware: Einkauf 1,70 (2,10) DM/kg, 25 Prozent Putzverlust, Arbeitszeit je kg 15 Minuten.
2. Naßkonserve: 1/1-Dose enthält 600 g, Preis je Dose 1,80 (1,90) DM. Zeit für Öffnen und Abgießen insgesamt 15 Minuten.

a) Wieviel kg Rohware sind erforderlich?
b) Wieviel DM sind für die Rohware zu bezahlen?
c) Wieviel DM kosten die Karotten aus der Dose?
d) Wieviel Minuten beträgt der Zeitunterschied?
e) Wieviel DM sind für eine Stunde „zugekaufter Arbeit" anzusetzen?

8 Es sollen 9 kg vorbereitete Brechbohnen bereitgestellt werden. Alternativen:
(9) 1. Frischware: Einkauf 2,80 DM/kg, 10% Putzverlust, Arbeitszeit je kg 8 Minuten für Abspitzen und Schneiden;
2. Tiefkühlware: Beutel mit 1,000 (2,500) kg zu 4,60 (11,40) DM, Arbeitszeit 10 Minuten.

a) Wieviel kg Frischware sind erforderlich?
b) Wieviel DM sind für die frischen Bohnen zu bezahlen?
c) Wieviel DM kosten die Bohnen aus der Tiefkühlpackung?
d) Wieviel Minuten beträgt der Zeitunterschied?
e) Wieviel DM sind für eine Stunde zugekaufter Arbeit anzusetzen?

10 Rosenkohl wird als Tiefkühlware angeboten: Beutel mit 1 (2,5) kg zu 3,80 (9,88) DM.
(11) Frischware kostet 3,00 (3,20) DM/kg; Putzverlust 18 (22)%; Arbeitszeit 9 Min./kg. Es sind für 80 (130) Personen je 120 (140) Gramm Rosenkohl vorzubereiten.

a) Berechnen Sie die jeweils anzufordernden Mengen.
b) Zu welchem Stundenlohn wird die Arbeit der Industrie zugekauft?

Beispiel eines Kosten- und Aufwandvergleichs

FERTIGPRODUKTZUBEREITUNG: KARTOFFELSUPPE 100 Portionen

Menge	Zutaten	kg-Preis	Gesamt-Preis	Zubereitung	Arbeitszeit Hilfskraft	Fachkraft
1,9 kg 24,7 l	Kartoffeln Wasser	5,24 —	— 	Wasser erhitzen und abmessen Kartoffelpulver einrühren	5 Min.	
	Materialkosten					
	Personalkosten			Geräte reinigen	5 Min.	
	Energiekosten		0,10	Personalbindung	10 Min.	
	Gesamtkosten			Kosten		
	Kosten in DM pro Portion			Stundenlohn	15,00	25,00

HERKÖMMLICHE ZUBEREITUNG:

Menge	Zutaten	kg-Preis	Gesamt-Preis	Zubereitung	Arbeitszeit Hilfskraft	Fachkraft
12 kg 0,5 l 0,2 kg 0,5 kg 0,5 kg 0,5 kg	geschälte Kartoffeln Wasser Salz, Pfeffer Muskat Speckparüren Zwiebeln Sahne Margarine Lauch Karotten Sellerie	1,25 — 4,00 2,80 3,20 1,80 0,95	— 	Speck und Zwiebeln anschwitzen, Kartoffeln würfeln, Gemüse putzen und schneiden, aufgießen, kochen, abschmecken	20 Min.	10 Min.
	Materialkosten gesamt					
	Personalkosten			Geräte reinigen	10 Min.	
	Energiekosten		1,00	Personalbindung	30 Min.	10 Min.
	Gesamtkosten			Kosten		
	Kosten in DM pro Portion			Stundenlohn	15,00	25,00

12 Ermitteln Sie aus den auf Seite 89 gegebenen Daten die fehlenden Werte, und notieren Sie diese in Ihr Heft.
   a) Wieviel DM kostet eine Portion Suppe aus vorgefertigten Produkten?
   b) Wieviel DM kostet eine Portion Suppe aus Frischware?

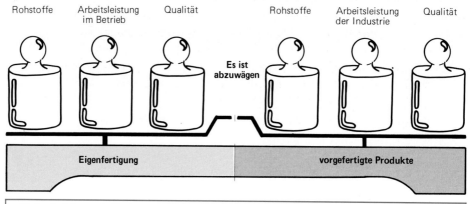

Entscheidungskriterien:
Was ist vorteilhafter? Was ist besser? Sind genügend Arbeitskräfte vorhanden?

Mögliche Rechenwege

Kosten für die eingesparte Zeit in **Stundenlohn** umrechnen. Siehe Aufgaben 3 — 11.

Kosten für **Portionen** ermitteln, dazu müssen die Stundenlöhne bekannt sein. Siehe Aufgabe 12.

● Beurteilen Sie Musterberechnungen in der Werbung kritisch. Wer etwas verkaufen will, stellt sich im besten Licht dar.
● Verbindliche Werte erhält man nur durch eigene Zeit- und Kostenermittlung.

13 Stellen Sie zusammen: vorgefertigte Produkte
   a) von Kartoffeln   c) von Fleisch   e) als Hilfsmittel
   b) von Fisch   d) zum Aufbacken   f) zum Dessert

14 Berichten Sie sachlich über vorgefertigte Produkte, die in Ihrem Betrieb verwendet werden. Es sind mehr, als Sie zunächst denken, z. B. alle Konserven, Tiefkühlwaren, Teigwaren.

15 Spinat kostet am Markt 3,25 DM je kg. Man kauft 12,000 kg. Zum Auslesen, Blanchieren und Zerkleinern benötigt man 60 Minuten und erhält 9,600 kg vorbereiteten Spinat. Gefrostete, pürierte Ware wird in der 600-g-Packung zu 1,20 DM angeboten, Arbeitszeit 10 Minuten.
   a) Wieviel ist für die Frischware zu bezahlen?
   b) Wieviel DM kostet die gleiche Menge Tiefkühlkost?
   c) Mit welchem Stundenlohn ist die Arbeit zu veranschlagen?
   d) Wenn Sie zunächst zu keinem Ergebnis kommen, vergleichen Sie die Einkaufspreise je kg.

Preisvergleiche beim Einkauf

Unterschiedliche Angebotseinheiten

Viele Produkte werden in unterschiedlichen Gebindegrößen angeboten.

● Die Auswahl der Gebindegröße hängt zunächst vom Verbrauch ab.
● Kostenvergleiche müssen auf gleiche Einheiten bezogen werden, z. B. kg, Stück.

1
(2) Junge Brechbohnen kosten je 1/1-Dose 2,20 (1,95) DM, die 5/1-Dose 5,60 (5,10) DM. Nach dem Abtropfen der Ware wiegt man 580 Gramm und 3 100 Gramm. Wieviel DM kostet jeweils ein kg Brechbohnen?

3
(4) Eierteigwaren kosten bei 250 g 1,25 (1,40) DM, bei 500 g 2,35 (2,60) DM; die Großpackung mit 2 500 g 9,80 (12,40) DM und die 5-kg-Einheit 19,90 (21,60) DM.
a) Nennen Sie jeweils den Preis für ein kg Teigwaren.
b) Für eine Portion Teigwaren als Beilage rechnet man 60 g. Wieviel DM sind dafür bei den verschiedenen Angeboten zu veranschlagen?

5
(6) Formosa-Champignons werden wie folgt angeboten:

Angebot A   **Angebot B**
425-ml-Dose zu 2,38 (3,10) DM   850-ml-Dose zu 4,18 (5,45) DM
Um wieviel DM ist das Angebot B bei Abnahme eines Kartons mit 24 Dosen billiger?

7
(8) Hähnchenkeulen werden wie folgt angeboten:

Lieferer A   **Lieferer B**
3-kg-Packung zu 20,40 (18,75) DM   2,5-kg-Packung zu 17,80 (16,00) DM
Um wieviel Prozent ist das höhere Angebot teurer als das günstigere?

9 Hinweis zu dem Ausschnitt aus einer Preisliste:
Die erste Zahl nennt die Anzahl der Einheiten je Gebinde, das, „was abgenommen werden muß". Die zweite Zahl das Gewicht des einzelnen Gebindes.

a) Berechnen Sie jeweils den Preis für ein kg Mehl.
b) Erstellen Sie ein Säulendiagramm (0,10 DM ≙ 1 cm).

Nebenstehend finden Sie einen Ausschnitt aus einem **Ordersatz**.

10 Hummersuppe wird in Spezialtassen mit 125 ml serviert.
Berechnen Sie die Materialkosten bei jeder Angebotsform.

11 Bei Ochsenschwanzsuppe reicht man 200 ml je Portion.
Berechnen Sie die Materialkosten je Portion.

12 Vergleichen Sie die Preise bei Ketchup, indem Sie bei jeder Angebotsgröße auf 1 000 Gramm umrechnen.

Mehl		DM
1/50 kg	Mehl, Type 405	48,30
40/500 g	Mehl, Type 405	0,74
20/1 kg	Mehl, Type 405	1,38
8/2,5 kg	Mehl, Type 405	3,40

Best.-Menge	Verp.-Einheit	Artikelbezeichnung	Preis p. Stück in DM
_____	6/400 ml Ds.	Hummersuppe, klar	7,18
_____	20/125 ml Ds.	Hummersuppe, klar	2,39
_____	6/800 ml Ds.	Hummersuppe, klar	13,35
_____	6/800 ml Ds.	Ochsenschwanzsuppe, klar	9,98
_____	6/400 ml Ds.	Ochsenschwanzsuppe, klar	5,39
_____	12/200 ml Ds.	Ochsenschwanzsuppe, klar	2,98
_____	12/340 g Fl.	Tomaten-Ketchup	1,40
_____	6/1 000 g Fl.	Tomaten-Ketchup	3,72
_____	6/1,4 kg Gl.	Tomaten-Ketchup	5,05
_____	1/12 kg Ei.	Tomaten-Ketchup	34,95

Unterschiedliche Angebotsformen

1
(2)
Rindfleisch zum Braten kostet im Einkauf 15,60 (16,40) DM/kg. Tiefkühlware wird meist preisgünstiger angeboten, doch muß auch bei sachgerechtem Auftauen mit einem Tauverlust von 4 (6) Prozent gerechnet werden.
Zu welchem Preis je kg darf tiefgekühltes Fleisch höchstens bezogen werden?

3
(4)
Geflügel verliert beim Auftauen 7 (9) Prozent des Gewichtes.
a) Welche Angebotsform ist bei Grillern günstiger?
b) Welche Angebotsform ist bei Hähnchenbrustfleisch günstiger?
c) Warum bevorzugen viele Betriebe tiefgekühlte Ware?

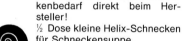

Unser Angebot für diese Woche	
Griller, HKL A, frisch	4,20 DM/kg
Griller, tiefgekühlt	3,90 DM/kg
Hähnchenbrustfleisch, frisch	11,50 DM/kg
Hähnchenbrustfleisch, tiefgekühlt	9,50 DM/kg

5
Man bestellt entsprechend der Anzeige einen Karton mit sechs Dosen und bezahlt für das Paket 5,80 DM Gebühr.
a) Wieviel DM kostet die Dose wirklich?
b) Wieviel DM sind für 50 Gramm Fleischeinlage je Suppe zu rechnen?

Disponieren Sie Ihren Schneckenbedarf direkt beim Hersteller!
½ Dose kleine Helix-Schnecken für Schneckensuppe, Fleischeinwaage 250 g, DM 6,80

Preisliste	ganz, mit Kopf DM/kg	ganz, ohne Kopf DM/kg	Filet DM/kg
Kabeljau	4,75	7,20	8,80
Rotbarsch	4,85	7,60	9,30
		Einheit	DM/Port.
Kabeljaufilet, Portion 150 g,		4 × 20	1,15

6
(7)
Für Personalessen sind 57 Portionen Rotbarsch, je 200 (180) g Filetgewicht, vorzubereiten. Berechnen Sie die Einkaufsmenge und den Materialpreis, wenn
a) Rotbarsch, ganz (Putzverlust 55%),
b) Rotbarsch, ohne Kopf (Putzverlust 35%), bezogen werden soll.

8
Ein Großküchenbetrieb hat für 280 Personen Kabeljau vorzubereiten. Pro Portion rechnet man mit 150 g Filet.
Man entnimmt der Preisliste Kabeljau, ganz, Putzverlust 45%, Kabeljaufilet und Kabeljaufilet, portioniert.
a) Welches Angebot ist das günstigste?
b) Berechnen Sie die Ersparnis gegenüber dem teuersten Angebot in Prozent.
c) Welche Überlegungen sind neben dem Preis für eine Entscheidung von Bedeutung?

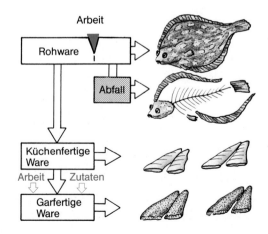

Arbeit

Rohware

Abfall

Küchenfertige Ware

Arbeit   Zutaten

Garfertige Ware

9 **Es werden angeboten:** Kabeljau, ganzer Fisch zu 17,40 (19,10) DM/kg, Kabeljaufilet zu
(10) 24,60 (28,10) DM/kg. Beim Filetieren muß mit einem Verlust von 28 Prozent gerechnet
werden. Wieviel Prozent ist das ungünstigere Angebot teurer als das günstigere?

11 Berechnen Sie nach den Angaben des neben-
(12) stehenden Etiketts:

   a) Wieviel DM kostet 1 kg Fisch in gefroste-
     tem Zustand?

   b) Zu welchem Preis je kg kann 1 kg Frisch-
     fisch eingekauft werden, wenn mit 8 (12)
     Prozent Auftauverlust gerechnet wird und
     die Betriebsleitung grundsätzlich auf dem
     günstigeren Preis besteht?

   c) Wieviel Prozent des Einkaufsgewichtes be-
     tragen die gesamten Verluste?

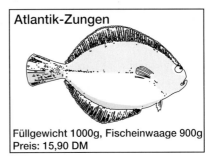

Atlantik-Zungen

Füllgewicht 1000g, Fischeinwaage 900g
Preis: 15,90 DM

13 Der Einkaufspreis für die Packung beträgt
(14) 20,80 (19,10) DM. Berechnen Sie:

   a) Preis für 1 kg Garnelen, wenn 10 Prozent
     Tauverlust zu berücksichtigen sind.

   b) In der Küche gibt es eine Meinungsver-
     schiedenheit. Der Küchenchef meint, der
     Wasseranteil bei der Garnelenpackung sei
     25 Prozent, der Lieferant behauptet, der
     Wasseranteil sei nur 20 Prozent. Was
     meinen Sie?

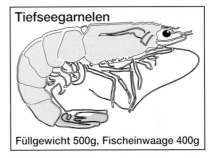

Tiefseegarnelen

Füllgewicht 500g, Fischeinwaage 400g

15 Frischer Hummer wird neben anderen Größenklassen wie folgt angeboten:
(16) 330 g Stückgröße, das kg zu 28,50 (29,40) je Stück
     400 g Stückgröße, das kg zu 34,60 (38,20) je Stück

   a) Wieviel DM kostet ein halber Hummer bei jeder Angebotsgröße?

   b) Um wieviel Prozent günstiger ist ein halber Hummer der billigeren Sorte gegen-
     über der teureren?

17 Für Schollenfilets sind 19,40 (24,10) DM/kg zu bezahlen. Frische Scholle kostet 9,80
(18) (10,40) DM/kg. Beim Filetieren muß mit einem Verlust von 37 (41) Prozent gerechnet
werden.
Welches Angebot ist günstiger?

19 Ein Küchenleiter entnimmt einer Fachzeitschrift die Übersicht:

Vergleich Tiefkühlkost (TKK) und Naßkonserve				
Produkt	Gewicht/Portion (ungebundenes Gemüse)	TKK Karton: DM/10 × 1kg	Naßkonserve 5/1-Dose durchschnittlicher Nettoinhalt	DM/ 5/1-Dose
Erbsen	125 g	26,50	2875 g	6,10
Karotten, gewürfelt	140 g	16,70	2925 g	4,30
Brechbohnen	125 g	21,90	2650 g	6,40

   a) Berechnen Sie jeweils den Wert einer Portion, und vergleichen Sie.

   b) Welche Gründe sprechen für die Verwendung von TKK?

Unterschiedliche Ergiebigkeit

1
(2) Bis zu 20 Prozent ergiebiger als üblicher Langkornreis ist der parboiled Reis. So die Werbeaussage einer Firma. Und sie zeigt dazu nebenstehende Abbildung. Außerdem sei parboiled Reis leichter warm zu halten, weil er sehr kochfest ist.

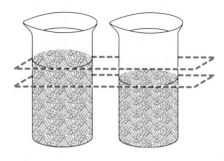

a) Wer mehr bietet, verlangt meistens mehr. Ein kg üblicher Reis kostet 3,80 (4,10) DM. Wieviel DM/kg darf dann parboiled Reis höchstens kosten, wenn die Materialkosten nicht steigen sollen?

b) Wenn für parboiled Reis 4,20 (4,40) DM/kg verlangt werden, wieviel DM/kg darf dann üblicher Langkornreis höchstens kosten, um vergleichbar zu sein?

3
(4) Zu gemischtem Obstkuchen verwendet man vielfach Dunstfrüchte (Aprikosen, Kirschen) aus der Dose. Wer den Preis unterschiedlicher Angebote vergleichen will, muß den Inhalt auf ein Sieb geben und das **Abtropfgewicht** feststellen. Dann wird auf den kg-Preis geschlossen.

Dose A kostet 3,40 (3,90) DM, Abtropfgewicht 1,200 (1,370) kg
Dose B kostet 4,00 (4,30) DM, Abtropfgewicht 1,700 (1,820) kg
Welches Angebot ist preisgünstiger?

5
(6) Wenn im Lebensmittelrecht Vorschriften zum Buttergehalt gemacht werden, wird von Butterreinfett gesprochen. Dieses kann beigegeben sein als Butterschmalz mit 100 Prozent Fettgehalt, Butter mit 82 Prozent Fettgehalt oder Sahne mit 30 Prozent Fettgehalt.

a) Butter kostet 7,20 (7,65) DM/kg. Wieviel DM/kg darf dann Butterschmalz höchstens kosten, wenn die Materialkosten nicht erhöht werden dürfen?

b) Wenn Butterreinfett 8,40 (8,85) DM/kg kostet, wieviel DM darf dann Butter je kg kosten, um vergleichbar zu sein?

c) Ein Rezept verlangt 2,000 (4,250) kg Butter. Welche Menge Butterschmalz ist abzuwiegen?

d) Einer Samtsuppe sollen nach Rezept 800 (650) Gramm Sahne beigegeben werden. Sahne steht nicht zur Verfügung. Welche Mengen Butter oder Butterschmalz müssen zugesetzt werden?

7
(8) Kondensmilch wird in unterschiedlichen Eindickungsgraden angeboten. Die Dose mit 410 Gramm kostet bei einem Eindickungsverhältnis von 2:1 1,15 (1,25) DM; bei einem Eindickungsverhältnis von 3:1 kostet die Dose 1,45 (1,52) DM.
Durch Wasserbeigabe (Rückverdünnung) kann man aus Kondensmilch wieder „Milch" herstellen.

a) Berechnen Sie die erforderlichen Mengen Kondensmilch und Wasser für 1 Liter rückverdünnte Milch.

b) Welche Angebotsform ist günstiger?

c) Wieviel Prozent ergiebiger ist die stärker eingedickte Kondensmilch?

Rabatt und Skonto

> **Rabatt** ist ein Preisnachlaß, der aus unterschiedlichen Gründen gewährt werden kann.

- **Mengenrabatt** erhält man bei Abnahme größerer Mengen.
- **Sonderrabatt** wird z. B. bei Werbeaktionen gewährt oder dann, wenn wegen der neuen Ernte die Lager an Gemüse- und Obstkonserven geräumt werden.
- **Treuerabatt** kann man erhalten, wenn man sich z. B. auf eine bestimmte Marke (Kaffee) festlegt.

Der Kaufmann verwendet Fachausdrücke:

Listenpreis ──────→ Preis, der in der Liste (des Vertreters) steht
Rabatt ──────→ Preisnachlaß
Rabattierter Betrag ──────→ Betrag nach Abzug des Rabatts

1   **Beispiel**

Auf einer Fachausstellung wird eine Kühlzelle gezeigt, die nach der Preisliste 10 000,00 DM kostet. Auf das Ausstellungsstück wird ein Rabatt von 25% gewährt.
Berechnen Sie den Preis nach Abzug des Rabatts.

Lösung

Listenpreis	10 000,00 DM	100%
− Rabatt	2 500,00 DM	25%
= Rabatt. Betrag	7 500,00 DM	75%

Lösungshinweis

10 000,00 DM ≙ 100%	
rabattierter Betrag 75%	Rabatt 25%

Antwort: Der rabattierte Betrag ist 7 500,00 DM.

2
(3) Auf einer Ausstellung wird ein Fettbackgerät (Friteuse) für 1 864,00 (2 718,20) DM angeboten. Auf das Ausstellungsstück wird ein Rabatt von 27 (32) Prozent gewährt. Berechnen Sie den Preis nach Abzug des Rabatts.

4   „Die neue Ernte steht vor der Tür! Wir räumen unsere Lager. Die Einkaufsgelegenheit für Sie: gleiche Qualität zum günstigeren Preis."
Berechnen Sie jeweils den Nachlaß in Prozent.

Nur solange Vorrat reicht!	statt DM	jetzt DM
450 ml Gl. Oliven mit Stein	2,84	2,29
850 ml Ds. Maronenpüree	4,12	3,69
720 g Gl. Artischockenherzen	11,92	10,12
210 g Gl. Estragonblätter	3,96	3,52
850 ml Ds. Grüne Feigen	3,99	3,65

5
bis   Berechnen Sie die fehlenden Werte in Ihrem Heft.
10

	5	6	7	8	9	10
	Küchenmaschine		Tafelgeschirr		Bettwäsche	
Listenpreis DM	4 280,00	6 210,00	2 994,00	6 513,00	?	?
Rabatt in %	18	12	?	?	6	?
Rabatt in DM	?	?	239,52	?	726,00	1 450,00
Rabattierter Betrag	?	?	?	5 731,44	?	12 460,00

11 Ein Vertreter bietet Küchengeschirr an und sagt: „Nach Abzug von 5 (7) Prozent Rabatt
(12) kostet Sie die Anschaffung dann 2 400,00 (2 185,50) DM."
Berechnen Sie den Listenpreis.

13 Ein Hotelier konnte bei einer größeren Bestellung 8 (12) Prozent Rabatt aushandeln
(14) und hat dadurch 228,00 (436,80) DM gespart.
Berechnen Sie den Preis vor Abzug des Rabatts.

> **Skonto** — ist ein Preisnachlaß für Bezahlung innerhalb einer bestimmten Frist,
> — soll zur baldigen Zahlung ermuntern,
> — ist kein Geschenk des Lieferanten, denn er rechnet den Betrag in die
> Preise ein.

15 Beispiel
Auf einer Rechnung vom 5. 6. über 500,00 DM ist vermerkt: Zahlungsziel 30 Tage, bei
Bezahlung innerhalb von 10 Tagen 3 Prozent Skonto. Verzugszinsen 9 Prozent.

Erläuterung

5. 6.   15. 6.   Zieltag 5. 7.

| Skonto |
| Zielzeit |

Die Rechnung ist innerhalb von 30 Tagen, also spätestens am 5. 7., zu bezahlen. Bis
dahin läßt die Lieferfirma Zeit ≙ Ziel. Wird jedoch bis zum 15. 6. bezahlt, können
3% Skonto abgezogen werden.
Wird dagegen das Zahlungsziel überschritten, können ab diesem Zeitpunkt Verzugszinsen berechnet werden.

16 Für den Kleinen Salon wird eine neue Bestuhlung angeschafft. Die Rechnung lautet
(17) auf 9 450,00 (8 735,00) DM. Der Lieferant gewährt 3 Prozent Skonto.
Mit welcher Ausgabe ist zu rechnen, wenn Skonto ausgenutzt wird?

18 Die Rechnung eines Lebensmittelgroßhändlers beläuft sich auf 2 476,00 (1 845,00) DM.
(19) Er gewährt bei Bezahlung innerhalb von 10 Tagen 3 (2) Prozent Skonto.
a) Ermitteln Sie die Überweisung, wenn Skonto ausgenutzt wird.
b) Wieviel DM konnten durch Skonto gespart werden?

20 Ein Hotel bezieht am 2. 4. Waren im Werte von 1 440,00 (2 520,00) DM. Auf der Rechnung
(21) ist vermerkt: Ziel 30 Tage, bei Bezahlung innerhalb von 10 Tagen 3 Prozent Skonto.
Sollten Sie in Zahlungsverzug kommen, müssen wir 9 Prozent Verzugszinsen
berechnen.
Berechnen Sie die jeweilige Zahlung, wenn der Hotelier die Rechnung begleicht
a) am 10. 4.; b) am 30. 4.; c) am 2. 11.
Fertigen Sie zur besseren Übersicht eine Skizze wie bei Beispiel 15.

22 In diesem Jahr wurde bei den Gästezimmern ein Teil des Mobiliars erneuert. Die
(23) Rechnung vom 2. 8. für die Neuanschaffungen lautet auf 24 360,00 (21 600,00) DM.
Es sind folgende Konditionen vereinbart: Bei Bezahlung innerhalb von 14 Tagen
3 Prozent Skonto, Ziel 30 Tage, Verzugszinsen 9 Prozent.
Berechnen Sie die Überweisung, wenn bezahlt wird
a) am 12. 8.; b) am 30. 8.; c) am 20. 12.

Umrechnen des Skontosatzes in Jahreszins

Wenn Lieferanten ein Zahlungsziel einräumen, gewähren sie dem Kunden (Hotelier) einen Kredit. Dies kann nicht unentgeltlich geschehen; die Kosten (Zinsen) werden vom Lieferanten in den Preis eingerechnet und sind meist hoch.
Der Käufer kann nun entscheiden:
Nehme ich den Lieferantenkredit in Anspruch? Wenn ja, dann zahlt er erst nach dreißig Tagen und verzichtet auf den Abzug von Skonto.
Nehme ich den Lieferantenkredit nicht in Anspruch? Dann zahlt er innerhalb von 10 Tagen und zieht Skonto (den Gegenwert für Kreditkosten) ab.

Zu welchem Jahreszins (Zinsfuß) wird Skonto berechnet?

24 **Beispiel**

Bei einer Rechnung über 1000,00 DM lauten die Zahlungsbedingungen: bei Bezahlung innerhalb von 10 Tagen 3% Skonto, Ziel 30 Tage.
Welcher Jahreszins wird für den Lieferantenkredit berechnet?

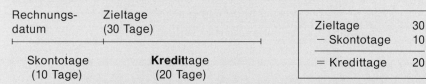

Rechnungs- datum	Zieltage (30 Tage)		
	Skontotage (10 Tage)	**Kredit**tage (20 Tage)	

Zieltage	30
− Skontotage	10
= Kredittage	20

Für den im Kaufpreis eingerechneten Skonto werden 30 Zieltage gewährt. Zahlt man innerhalb der Skontozeit, so verzichtet man auf 20 Tage Lieferantenkredit. Man kann aber 30,00 DM (3% von 1000,00 DM) Skonto abziehen.
Das bedeutet:
Für 20 Tage Kredit 30,00 DM Zins bei einem Kapital von 1000,00 DM.

Lösung

Jahreszins	20 Tage $\hat{=}$	30,00 DM
	360 Tage $\hat{=}$	x

$$\frac{360 \cdot 30}{20} = 540,00 \text{ DM}$$

Zinsfuß	1000,00 DM $\hat{=}$ 100%
	540,00 DM $\hat{=}$ x

$$\frac{540 \cdot 100}{1000} = 54\%$$

Lösungshinweis

Man schließt vom Zins für die (20) Kredittage auf den Jahreszins, denn dieser ist die Grundlage für die Berechnung des Zinsfußes.

Der Jahreszins wird in Prozent des Kapitals berechnet.

Antwort: Die Zahlungsbedingungen entsprechen einem Jahreszins von 54 Prozent.

25 Berechnen Sie die Kredittage bei folgenden Zahlungsbedingungen:
a) bei Bezahlung innerhalb von 10 Tagen 3% Skonto, Ziel 30 Tage;
b) Ziel 30 Tage, innerhalb 7 Tagen 2% Skonto;
c) zahlbar innerhalb von 30 Tagen netto, innerhalb von 14 Tagen 3% Skonto;
d) Zahlungsziel 40 Tage; begleichen Sie die Rechnung innerhalb von 10 Tagen, können Sie 3% Skonto abziehen.

26 Berechnen Sie bei folgenden Aufgaben den tatsächlichen (effektiven) Jahreszins:
a) Rechnungsbetrag 1000,00 DM, 30 Tage Ziel, bei Bezahlung innerhalb von 10 Tagen 3 Prozent Skonto. − b) Rechnungsbetrag 4200,00 DM; zahlbar innerhalb von 30 Tagen netto, innerhalb von 14 Tagen 3 Prozent Skonto.

Unterschiedliche Liefer- und Zahlungsbedingungen

Warenschulden sind Holschulden, weil nach der gesetzlichen Regelung der Geschäftsbetrieb des Lieferanten der Erfüllungsort ist. Wenn die Kosten für die Warenbeförderung anders verteilt werden sollen, wird das in den **Lieferbedingungen** geregelt.

Ist über die Zahlung nichts vereinbart, so ist „Zug um Zug", also bei Übergabe der Ware, zu bezahlen. Der Verkäufer kann dem Käufer aber auch **eine Zahlungsfrist** gewähren (z. B. Ziel 30 Tage) oder ihn durch **Skontogewährung** zu baldiger Zahlung ermuntern. Geregelt wird dies in den Zahlungsbedingungen.

1
(2) Es liegen zwei Angebote über gleichwertige Waren vor, nur die Liefer- und Zahlungsbedingungen sind unterschiedlich.
Angebot A: 100 (120) kg zu 4,00 (4,20) DM/kg, frei Haus mit eigenem Lastwagen.
    Zahlungsbedingungen: Bei Sofortzahlung 3 Prozent Skonto oder 60 Tage netto Kasse.
Angebot B: 100 (120) kg zu 3,90 (4,00) DM/kg.
    Zahlungsbedingungen: Netto Kasse nach Erhalt der Ware.
Vergleichen Sie die Angebote, wenn Skonto ausgenützt wird. Welches ist günstiger?

3
(4) Für Wein liegt ein Angebot für 100 Flaschen vor.
Angebot A: Preis je Flasche 8,00 (8,40) DM, 10 Prozent Rabatt, bei Zahlung innerhalb von 10 Tagen 2 Prozent Skonto, Lieferung frei Haus.
Angebot B: Preis je Flasche 7,25 (7,50) DM, 5 Prozent Rabatt, Zahlung rein netto, Lieferung unfrei, Fracht und Rollgeld 40,00 (45,00) DM.
Berechnen Sie den Preis je Flasche bei jedem Angebot.

5
(6) Flaschenkühlschränke werden zu folgenden Bedingungen angeboten:
Angebot A   Angebot B
Listenpreis 2 200,00 (2 375,00) DM Listenpreis 2 175,00 (2 410,00) DM
Rabatt 10 (12) Prozent   Rabatt 10 (12) Prozent
Skonto 2 (3) Prozent   Kein Skonto
Frei Bestimmungsbahnhof   Lieferung frei Haus
Rollgeld 10,60 DM
Wieviel DM beträgt der Preisunterschied zwischen den Angeboten A und B?

7 Ihnen liegen für ein Produkt die folgenden Angebote vor:
Angebot I: 700,00 DM unfrei, Ziel 2 Monate netto oder 2 Prozent Skonto bei Zahlung innerhalb von 10 Tagen
Angebot II: 710,00 DM frei Haus, Ziel 2 Monate netto oder 1 Prozent bei Zahlung innerhalb von 10 Tagen
An Kosten fallen an: Für Fracht 14,00 DM und für die An- und Abfuhr je 5,00 DM.
Wieviel DM kostet das Produkt bei sofortiger Zahlung, wenn das günstigere Angebot gewählt wird?

8
(9) Vor Abzug von 15 (10) Prozent Rabatt und 3 (2) Prozent Skonto werden je Flasche Wein 6,76 (6,35) DM verlangt.
Welchen Preis je Flasche darf ein anderer Winzer, der „ohne Nachlaß" verkauft, höchstens verlangen?

10
(11) Eine Lieferung hat einen Warenwert von 364,20 (726,50) DM. Die Transportkosten betragen 28,40 (46,40) DM.
Wieviel Prozent betragen die Transportkosten?

Gehobener Schwierigkeitsgrad

1
(2) Zu gekochtem Schinken liegen zwei Angebote vor:

Angebot A
1 Dose, brutto, 5,000 (6,500) kg
Taragewicht 500 (680) g
Listenpreis je kg bfn. 18,00 (19,40) DM
Sonderrabatt 15 (17) Prozent
Bei Zahlung innerhalb von 10 Tagen
2% Skonto

Angebot B
Gekochter Schinken am Stück
17,00 (18,50) DM/kg
Aufschnittverlust 2 Prozent

a) Wieviel DM kostet ein kg Schinken beim Angebot A unter Ausnutzung von Skonto?
b) Wieviel DM kostet ein kg Schinken beim Angebot B bei sofortiger Zahlung?

3 Die Großhandel GmbH erhält ein Angebot, worin auf eine Rabattstaffelung hingewiesen wird: „... Preis je Stück 5,60 DM; bei Abnahme von 500 Stück ermäßigt sich der Preis auf 5,20 DM ..."
Ab welcher Stückzahl wird die Großhandel GmbH sich zur Bestellung von 500 Stück entschließen, weil sonst der bis zur Abnahmemenge von 499 Stück geltende Preis einen höheren Gesamtpreis ergeben würde?

4 Ein Hotel bezieht folgende Waren:
Wildfleisch für Ragout   35 kg zu 16,40 DM je kg
Rehrücken   40 kg zu 44,10 DM je kg

Fracht und Rollgeld kosten zusammen 21,00 DM und werden nach Gewicht verteilt. Die Versicherungskosten betragen je Warenposten 2,5 Promille vom Warenwert.
Wieviel DM beträgt der Bezugspreis für 1 kg Wildfleisch?

5 Eine Sendung Wein, bestehend aus 45 Kisten, wird gegen Bruch versichert. Die Versicherung berechnet 6 Promille von dem Gesamtwert als Versicherungsprämie. Welcher DM-Betrag ist an die Versicherung zu bezahlen, wenn sich in jeder Kiste 12 Flaschen Chablis mit einem Einkaufswert von 15,00 DM je Flasche befinden?

6 Ein Großhändler bezog mit gleicher Lieferung zwei Warenposten:

	Ware I	Ware II	Für die gesamte Sendung sind
Gewicht brutto	5 000 kg	3 000 kg	576,00 DM Fracht und
Gewicht netto	4 000 kg	2 500 kg	230,00 DM Transportversicherung
Rechnungspreis	7 000 DM	4 500 DM	angefallen.

Berechnen Sie die Gestehungskosten für jeweils 1 kg der Ware.

7 Tomatenmark wird angeboten:
Tomatenmark mit 15% Trockensubstanzgehalt, 5 kg zu 16,90 DM
Tomatenmark mit 20% Trockensubstanzgehalt, 5 kg zu 21,80 DM
Vergleichen Sie die Preise unter Berücksichtigung der Ergiebigkeit. Welche Art ist günstiger?

8 Lieferant A gewährt bei Abnahme eines ganzen Kartons 20 Prozent Rabatt auf den Listenpreis für das Einzelglas. Lieferant B bietet das Glas für 1,38 DM an.
Welchen Preis je Glas darf Lieferant A höchstens verlangen, wenn er nicht teurer sein will?

Bewertung von Fleischteilen

Bei Fleisch kann der Einkaufspreis nur dann direkt als Materialkosten übernommen werden, wenn fertig portionierte Ware gekauft wird. In allen anderen Fällen entsprechen die tatsächlichen Materialkosten nicht dem Einkaufspreis, weil geringer zu bewertende oder wertlose Teile anfallen.

Bei der Bewertung von Fleischteilen unterscheidet man

Verwertungsberechnung
Grundlage: verarbeitungsfähiges Fleisch

Zerlegungsberechnung
Grundlage: Teilstücke „wie gewachsen"

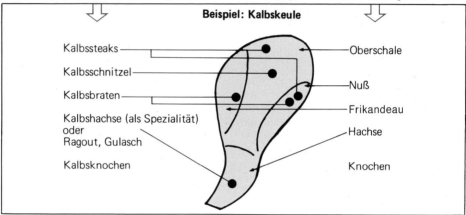

Beispiel: Kalbskeule

Kalbssteaks	Oberschale
Kalbsschnitzel	Nuß
Kalbsbraten	Frikandeau
Kalbshachse (als Spezialität) oder Ragout, Gulasch	Hachse
Kalbsknochen	Knochen

Die Gastronomie bevorzugt die Verwertungsberechnung, denn sie hat die Preise für das verarbeitungsfähige Fleisch in die Materialberechnung einzusetzen.

Fleischereien bevorzugen die Zerlegungsberechnung, denn die einzelnen Teile werden je nach Bedarf als Frischfleisch verkauft, bearbeitet (z. B. Schinken) oder verarbeitet (z. B. Wurst).

Preisliste für Kalbfleisch

Keule, ganz	13,00 DM/kg
Kalbssteaks	28,00 DM/kg
Kalbsschnitzel	32,00 DM/kg
Kalbsbratenstücke	26,00 DM/kg
Kalbsragout	20,00 DM/kg
Kalbsknochen	3,00 DM/kg

Den unterschiedlichen Marktwert der verarbeitungsfähigen Teile macht die Grafik deutlicher.

DM/kg

Kalbsknochen	Keule ganz	Ragout-fleisch	Braten-stücke	Kalbs-steaks	Kalbs-schnitzel
3,00	13,00	20,00	26,00	28,00	32,00

1 **Beispiel**

Eine Kalbskeule wird für 13,00 DM/kg eingekauft. Kalbsbraten kostet zur gleichen Zeit 26,00 DM/kg. Welcher Bewertungssatz ist anzusetzen?

Lösung

13,00 DM $\triangleq$ 100%
26,00 DM $\triangleq$ x

$$\frac{100 \cdot 26}{13} = 200\%$$

Antwort: Der Bewertungssatz für Kalbsbraten ist 200 Prozent.

Der Bewertungssatz (BWS)

- ist ein Prozentsatz, der aussagt, in welchem prozentualen Verhältnis die zu verwertenden Stücke zum eingekauften Fleischteil stehen,
- bietet eine Möglichkeit, bei Eigenzerlegung rasch einen Überblick über die Kosten der zu verwertenden Stücke zu erhalten,
- ist von betrieblichen Gegebenheiten (Wünsche der Gäste) und der Saison (z. B. im Sommer geringere Nachfrage nach Schmorgerichten) abhängig.

2 Berechnen Sie auf der Grundlage der Preistabelle auf S. 100 die Bewertungssätze für
a) Kalbssteaks
b) Kalbsbratenstücke
c) Kalbsragout
d) Kalbsknochen

3 Roastbeef mit Filet wie gewachsen wird für 15,00 (18,00) DM/kg angeboten. Ermitteln
(4) Sie den BWS, wenn für die küchenfertig zugeschnittenen Teile verlangt werden:
a) Filet, schier   40,00 DM/kg,
b) Roastbeef, schier   28,00 DM/kg,
c) Rinderknochen   1,00 DM/kg,
d) Klärfleisch   15,00 DM/kg.

Der Bewertungsfaktor (BWF)

- nennt Vielfaches oder Teil des Preises des küchenfertigen Stückes im Vergleich zum eingekauften Fleischteil,
- ist ein Multiplikator (der auch kleiner als 1 sein kann).

Gegenüberstellung: Bewertungssatz − Bewertungsfaktor

5   **Beispiel**

Kalbskeule wird je kg zu 13,00 DM angeboten. Für ein kg Oberschale werden 26,00 DM verlangt. Berechnen Sie

a) Bewertungssatz

Preis der Keule   13,00 DM/kg $\hat{=}$ 100%
Preis der Oberschale   26,00 DM/kg $\hat{=}$ x

$$\frac{100 \cdot 26}{13} = 200\%$$

b) Bewertungsfaktor

Preis der Oberschale $\boxed{\div}$ Preis der Keule $\boxed{=}$ Bewertungsfaktor.

26,00 DM : 13,00 DM = 2

6 Roastbeef mit Filet wie gewachsen wird für 16,00 (19,00) DM/kg angeboten. Für
(7) küchenfertig zugeschnittene Teile werden verlangt: Filet, schier 42,00 DM/kg, Roastbeef, schier 29,00 DM/kg, Klärfleisch 16,00 DM/kg und Knochen 1,00 DM/kg.
a) Berechnen Sie den Bewertungssatz der einzelnen Teile.
b) Ermitteln Sie den Bewertungsfaktor für die Einzelteile.

Im Wildhandel werden angeboten:

8 Berechnen Sie die Bewertungssätze für die einzelnen Fleischteile.

9 Ermitteln Sie die Bewertungsfaktoren für die einzelnen Fleischteile.

Reh, ganz, mit Kopf und Fell	18,00 DM/kg
Rehrücken	38,00 DM/kg
Rehkeulen	29,00 DM/kg
Rehschulter	19,00 DM/kg
Ragoutfleisch, ohne Knochen	14,00 DM/kg

Anwendung von BWS und BWF

10 Roastbeef wie gewachsen kostet im Einkauf 24,00 (26,00) DM/kg. Der Betrieb rechnet
(11) für pariertes Filet mit einem BWS von 235 Prozent (mit einem BWF 2,4).
Mit wieviel DM/kg ist das Filet anzusetzen?

12 Rinderhinterviertel kosten im Einkauf 17,00 (19,00) DM/kg.
(13) a) Welcher kg-Preis ist für Roastbeef, schier, zu veranschlagen, wenn der BWS auf
185 (195) festgesetzt ist?
b) Wieviel DM sind für ein kg Tatarfleisch zu rechnen, wenn der BWS mit 95 (110)
ermittelt worden ist?
c) Ermitteln Sie den Preis für ein kg Gulaschfleisch bei einem Bewertungssatz von
85 (80) Prozent.

14 Im Großhandel werden für Rehkeulen 23,50 (31,00) DM/kg verlangt. Ein Jäger bietet
(15) dem Hotel Rehe mit Kopf und Fell für 11,00 (13,00) DM/kg an. Dem Küchenchef ist
derzeit der Preis dafür nicht bekannt; er weiß aber, daß bei Rehkeulen mit einem BWF
von 2,2 (2,4) gerechnet wird.
a) Kann er aufgrund seines Kenntnisstandes das Angebot des Jägers beurteilen?
b) Wenn ja, welcher Preis je kg ist angemessen?

Preisstaffel für unterschiedliche Einkaufspreise

Fleisch unterliegt ständigen Preisschwankungen. Um nicht bei jeder Preisänderung
die Werte für verarbeitungsfähiges Fleisch neu ermitteln zu müssen, fertigt man in der
betrieblichen Praxis eine **Preisstaffel.** Dort legt man im voraus den Wert der einzelnen
Teilstücke bei wechselnden Einkaufspreisen fest.

16 Berechnen Sie die fehlenden Werte, und notieren Sie diese in Ihrem Heft. Nicht in die
Tabelle eintragen.

FRISCHFLEISCH -Preisstaffel- Tierart: *Jungbullen* Teil: *Hinterviertel*								
Teilstück/Verwendung	BWF	Einkauf DM/kg						
		17,00	17,20	17,40	17,60	17,80	18,00	18,20
Tatar/Rouladen	1,5	25,50	25,80	26,10	26,40			
Braten, mager	1,3	22,10	22,35					
Roastbeef, schier	1,8	30,60	30,95					
Filet, schier	2,6	44,20						
Durchw. Fleisch	1,1	18,70						
Gulasch	0,7	11,90						

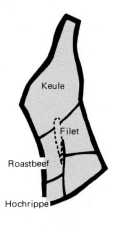

17 Legen Sie in ähnlicher Form wie oben eine Tabelle an. Ermitteln Sie eine Preis-
(18) staffel für Kalbfleisch. Einkaufspreis für Kalbskeule, ganz, 14,00 (15,00) DM/kg, jeweils
0,30 DM/kg steigend. Die Bewertungssätze sind aus den Ergebnissen bei den Aufgaben 1 und 3 S. 100 und 101 zu übernehmen.

Bezug von Großstücken

*Unsere Ermittlungen bei einer **Schweinehälfte** dienen nur als Beispiel.*

Teilstück und Gewicht	Ausbeinen i. d. Einzelteile	benötigte Zeit	Gewicht der Einzelteile kg	Verwendungszweck:	Einkaufspreis vorportioniert
	Grobzerlegung	16 Min.			
1. Schulter, Bug 5,1 kg	Eisbein Spitzbein Vorderschinken Schwarte Knochen	9 Min.	0,9 0,5 2,7 0,3 0,7	Eintopf Eintopf Ragout Suppe Sauce	
2. Kopf 3,6 kg	Kopf m. Backen Knochen	2 Min.	2,8 0,8	Suppe o. Wurst (Aspik)	
3. Bauch 5,7 kg	Speck Knochen	6 Min.	5,3 0,4	Räucherspeck Saucen	
4. Fette, Speck 2,4 kg	Schwarte Rückenfett	2 Min.	0,4 2,0	Suppe o. Wurst Wurst, spicken	
5. Nierenfett 1,8 kg Flomen	Nierenfett	1 Min.	1,8	Fett zum Braten	
6. Kamm 9,4 kg Kotelettstück	Nacken Kotelett Filet Knochen	13 Min.	2,6 o. Kn. 4,8 m. Kn. 0,9 1,1	Braten Koteletts, Steaks/Medaill. Saucen	
7. Keule 14,1 kg	Oberschale kleine Nuß große Nuß Frikandeau Schwarte Eisbein Knochen	6 Min.	2,6 m. Deckel 1,3 2,0 4,3 0,7 1,9 2,2	Schnitzel Schnitzel Schnitzel Schnitzel/Braten Suppe o. Wurst Eintopf Saucen	

1 Ermitteln Sie die Gesamtarbeitszeit zur Zerlegung eines halben Schweines.

2 Einem Betrieb entstehen bei einem Commis Personalkosten von 22,00 DM/Std. Wieviel DM kostet die Zerlegung der Schweinehälfte?

3 Prüfen Sie, ob alle Teile, die zur Verwendung für Suppe genannt sind, unter üblichen Gegebenheiten zur Suppe verwendet werden.

4 Bestimmte Teile sind der Verwendung zu Wurst zugeordnet. Fragen Sie in der Klasse, wieviel Prozent der Betriebe selbst Wurst herstellen.

5 Berechnen Sie die Gesamtmenge der Teile, die zum Braten/Kurzbraten verwendet werden können. Wieviel Prozent des Tieres sind das?

6 Das halbe Schwein im vorliegenden Beispiel wiegt 42,100 kg. Wieviel Prozent des Tieres machen die nicht zum Braten verwendbaren Teile aus?

7 Die Schweinehälfte wiegt 42,100 kg und kostet 5,80 DM/kg. Wieviel Prozent des Fleischpreises machen die Zerlegungskosten aus?

Zusammenschau: Bezugsart — Kosten

Am Beispiel Roastbeef werden die unterschiedlichen Kosten bei den verschiedenen Bezugsarten dargestellt.

A: Das Roastbeef wird wie gewachsen, also mit Knochen und Fettauflage, bezogen.
B: Das Roastbeef wird bratfertig bezogen.
C: Das Roastbeef wird gebraten mit entsprechendem Preis angesetzt.

Richtwerte für Verluste (jeweils vom neuen Grundwert)

● Auslösen, Knochen und Parüren 20%   ● Bratverlust 20%

	A	B	C
Bezugsart	wie gewachsen	bratfertig	gebraten
Bezugspreis	18,00 DM/kg	29,00 DM/kg	39,00 DM/kg
Verluste	Bratverlust	Bratverlust	
	Parierverlust		
Ausbeute	640 g	800 g	1 000 g
Tatsächlicher Preis	? DM/kg	? DM/kg	? DM/kg

1 Berechnen Sie die in der Tabelle fehlenden Werte, und vergleichen Sie.

> Je weniger bearbeitet die Ware ist,
> ● desto geringer ist der Preis je kg im Einkauf,
> ● desto mehr Verluste sind zu berücksichtigen,
> ● desto mehr Arbeitsaufwand ist erforderlich.

Zum Vergleich ein Ausschnitt aus einer Preisliste für Kalbfleisch:

Kalbshälfte	11,70 DM/kg	Kalbskeule o. Kn.	21,80 DM/kg
Kalbshinterviertel	13,40 DM/kg	Oberschale	29,40 DM/kg
Kalbskeule	14,80 DM/kg	Kalbsschnitzel, port.	32,60 DM/kg

2 Berechnen Sie für jede Position die Mehrkosten in Prozent gegenüber dem Bezug einer Kalbshälfte.

3 Die Oberschale wird gebraten und als Kalbsbraten, kalt, angeboten; Bratverlust 26 Prozent. Wieviel DM sind für ein kg zu veranschlagen?

4 Wieviel Prozent sind portionierte Kalbsschnitzel teurer als die Oberschale? Nennen Sie Gründe.

Rezepturen

Umrechnen von Rezepturen mit der Umrechnungszahl

Für besondere Bestellungen, wie Festessen, Essen außer Haus, müssen Grund-
rezepte auf die erforderliche Anzahl von Portionen umgerechnet werden. Eine Hilfe
dabei ist die Umrechnungszahl.

1 **Beispiel**

Die Küche hat ein Rezept, das 50 Portionen Markklößchen ergibt. Berechnen Sie
die Umrechnungszahl
a) für 100 Portionen, b) für 30 Portionen.

Lösung a)

100 Portionen : 50 Portionen = **2**

Lösung b)

30 Portionen : 50 Portionen = **0,6**

Lösungshinweise

Man vergleicht die Herstellungsmenge mit der
Rezeptmenge und fragt:
Wie oft mal?
Man benötigt die Rezeptmenge so oft mal, wie
diese in der Herstellmenge enthalten ist.

Herstellmenge : Rezeptmenge = Umrechnungszahl

oder: $\dfrac{\text{Herstellmenge}}{\text{Rezeptmenge}}$ = Umrechnungszahl

2 Nach einem Grundrezept für 120 Grießklößchen sollen 180 (50) Stück hergestellt
(3) werden. Berechnen Sie die Umrechnungszahl.

4 Ein Rezept ergibt 40 Portionen

	a)	b)	c)	d)	e)	f)	g)	h)
Herzustellen sind:	80	20	50	60	150	70	120	90

5 Ein Rezept für 50 Portionen Markklößchen lautet: 400 g Rindermark, 400 g Weißbrot,
400 g Eier, Petersilie, Salz, Muskat.
a) Ermitteln Sie die Umrechnungszahl für 150 Portionen, und rechnen Sie das Rezept
um.
b) Ermitteln Sie die Umrechnungszahl für 40 Portionen, und rechnen Sie das Rezept
um.

6 Ein Grundrezept für Blätterteig lautet: 1 ¹/₂ kg Mehl, 1 ¹/₂ kg Butter, ³/₄ l Wasser. Man
kann daraus 100 Königinpastetchen herstellen.
a) Ermitteln Sie die Umrechnungszahl für 250 Pasteten, und berechnen Sie die
erforderlichen Zutaten.
b) Ermitteln Sie die Umrechnungszahl für 60 Pasteten, und berechnen Sie die
erforderlichen Zutaten.

7 Eine geschlossene Gesellschaft mit 20 (35) Personen wünscht Kalte Ente. Je Per-
(8) son wird mit drei Gläsern von 0,2 Litern Inhalt gerechnet. Das Grundrezept nennt:
2 Flaschen (0,75 l) leichter Mosel, 1 Flasche (0,75 l) Sekt, Zitronenschale, mit Eis
auf 2,5 Liter auffüllen.
a) Wieviel ganze Gläser ergibt das Grundrezept?
b) Ermitteln Sie die Umrechnungszahl.
c) Wieviel ganze Flaschen sind von jedem Grundstoff bereitzustellen?

Kostenberechnung bei Rezepturen

9 **Beispiel**

Zu einem Mürbeteig verwendet man 2 kg Zucker zu 1,60 DM/kg, 4 kg Butter zu 8,20 DM/kg, 6 kg Mehl zu 1,10 DM/kg und Gewürz für 1,20 DM.
Berechnen Sie die Kosten für 1 kg Mürbeteig.

Lösung

Menge	Ware	Einzel-preis	Preis der Ware
2,000 kg	Zucker	1,60 DM	3,20 DM
4,000 kg	Butter	8,20 DM	32,80 DM
6,000 kg	Mehl	1,10 DM	6,60 DM
–	Gewürze		1,20 DM
12,000 kg	Teig kosten		43,80 DM
1,000 kg	Teig kostet		3,65 DM

Antwort: Ein kg Mürbteig kostet 3,65 DM.

Lösungshinweis

Den Preis für jede einzelne Ware erhält man, wenn die Menge mit dem Einzelpreis malgenommen wird.
← Hier direkt einsetzen.

Von Gesamt**menge** und Gesamt**preis** auf Preis für die Einheit schließen.

Gesamtwert $\div$ Gesamtmenge $=$ Preis für Einheit

oder

$$\frac{\text{Gesamtwert}}{\text{Gesamtmenge}} = \text{gewogener Durchschnitt}$$

Anwendung des TR mit M-Tasten

Menge	Warenbe-zeichng.	Einzel-preis	Preis der Ware	
	x	$=$		M+
:	:	:	:	M+
:	:	:	:	↓

Summe ← MR
wird angezeigt

Achten Sie auf gleiche Größen, z. B. kg → Preis für 1 kg.

10 Für 15 Portionen Holländische Sauce werden benötigt: 900 Gramm Butter zu 8,80 DM/kg, 12 Eigelb ($^1/_2$ Eipreis) je Ei 0,22 DM, 100 Gramm Schalotten zu 3,40 DM/kg, 50 Gramm Weinessig zu 3,60 DM/l und Gewürze für 0,50 DM.
Berechnen Sie die Kosten für eine Portion.

Rezepte nach Menge und Preis berechnen

11 Für 7 Tassen Französische Zwiebelsuppe werden gerechnet:

1 l Consommé	je l 2,80 DM	70 g Weißbrot	je kg 1,40 DM
160 g Zwiebeln	je kg 1,40 DM	150 g Käse	je kg 7,20 DM
30 g Fett	je kg 3,20 DM		

Berechnen Sie den Materialwert für eine Tasse.

12 Ein Restaurant setzt Selleriecremesuppe auf die Tageskarte und rechnet mit 80 Portionen im Tellerservice,

Das Grundrezept für 10 l lautet:

2 kg Sellerie	je kg 2,35 DM	1 l Sahne	je l 4,60 DM
350 g Butter	je kg 8,60 DM	5 St. Eigelb (¹/₂ Eipreis)	je St. 0,22 DM
350 g Mehl	je kg 0,85 DM	Gewürze 0,70 DM	
7 l Brühe	je l 1,40 DM		

a) Berechnen Sie die erforderlichen Zutaten.
b) Wieviel DM beträgt der Materialwert für einen Teller Suppe mit je 200 ml?

13 Es sollen 45 (50) grillierte Tomaten für ein geschlossenes Essen zubereitet werden.
(14) Auf 1 kg rechnet man 15 Tomaten, 1 kg Tomaten kostet 1,80 DM.

Für 15 Tomaten werden an Zutaten benötigt:
20 g Speiseöl je kg 3,40 DM, 30 g Butter je kg 8,40 DM, Gewürze für 0,20 DM.

a) Berechnen Sie die Menge der Tomaten, die zu diesem Zweck erforderlich sind.
b) Berechnen Sie den Materialwert einer Portion.

15 Für Bouillonkartoffeln werden verarbeitet:

8 kg Kartoffeln	je kg 0,65 DM	150 g Fett	kg 3,40 DM
1 St. Sellerie	St. 0,55 DM	3,5 l Fleischbrühe	je l 0,45 DM
200 g Lauch	kg 2,10 DM	Salz 0,10 DM	
200 g Karotten	kg 0,90 DM	2 Bd. Petersilie	je 0,40 DM
350 g Zwiebeln	kg 0,80 DM		

Diese Menge ergibt 32 Portionen. Berechnen Sie den Preis für eine Portion.

16 Für Aufschnitt verwendet man:

600 g Roastbeef	je 125 g 2,80 DM
450 g Zungenwurst	je 125 g 2,25 DM
750 g Bierschinken	je 125 g 2,10 DM
400 g Salami	je kg 13,50 DM
200 g Kalbsroulade	je 500 g 9,80 DM

Berechnen Sie

a) den Preis für 100 g Aufschnitt,
b) den Materialpreis einer Aufschnitt-
   platte, wenn 150 g Aufschnitt gereicht werden.

Veränderung der Materialkosten durch Austausch der Zutaten

17 Ein Betrieb verwendet zu Wiener Schnitzel und zu Schweineschnitzel Wiener Art jeweils 150 g Fleisch. Kalbfleisch 26,00 DM/kg, Schweinefleisch 14,00 DM/kg.
a) Berechnen Sie den Fleischpreis für ein Wiener Schnitzel.
b) Berechnen Sie den Fleischpreis für ein Schweineschnitzel Wiener Art.
c) Um wieviel Prozent liegt der Fleischpreis bei einem Wiener Schnitzel höher?

18 Obiger Betrieb bietet auch Kalbsschnitzel und Schweineschnitzel natur an und rechnet dann mit einem Fleischgewicht von 170 g.
Berechnen Sie jeweils im Vergleich zu Aufgabe 17 den Preisunterschied in DM und die Mehrkosten in Prozent. Die Kosten für die Panierung werden mit 0,15 DM angesetzt.

19 In einer Holländischen Sauce werden verwendet: 1 kg Butter zu 8,80 DM/kg, 12 Eigelb je 0,15 DM, Zwiebeln und Gewürze für 1,20 DM. Das Rezept ergibt 1,3 l Sauce.
Berechnen Sie die Materialkosten für eine Portion mit 150 ml.

20 Buttersauce wird ebenfalls mit Butter nach obigem Rezept hergestellt. Unter die fertige Holländische Sauce zieht man eine „colle" („Verlängerung"), die aus folgenden Zutaten hergestellt wird: 80 g Butter zu 8,80 DM/kg, 100 g Mehl zu 0,90 DM/kg und 1 Liter Kalbsbrühe für 1,60 DM. Die fertige Sauce hat ein Volumen von 2,1 Litern.
Berechnen Sie
a) den Preis für 150 ml der Buttersauce,
b) die Mehrkosten bei Holländischer Sauce in DM und Prozent.

21 Zu einem Mürbeteig verwendet man 1,200 kg Zucker, 2,500 kg Fett, 3,500 kg Mehl, 3 Eier, Gewürze für 0,80 DM. Preise: Zucker 1,60 DM/kg, Butter 8,80 DM/kg, Margarine 3,80 DM/kg, Mehl 0,90 DM/kg, Eier 0,22 DM/Stück.
a) Berechnen Sie das Rezept für Buttermürbeteig.
b) Berechnen Sie das Rezept für Mürbeteig mit Margarine.
c) Wieviel DM kostet das Rezept mit Butter mehr?
d) Wieviel Prozent betragen die Mehrkosten?

22 Ein Betrieb der Gemeinschaftsverpflegung (Kantine, Mensa) bietet halbe Brathähnchen an. Bisher wurden Hähnchen der Gewichtsgruppe 1 000/1 100 g verwendet. Um Kosten aufzufangen, sollen künftig Tiere der Gewichtsgruppe 900/1 000 g verwendet werden.
Preise: 1 000/1 100 g 4,60 DM, 900/1 000 g 4,10 DM.
a) Berechnen Sie die bisherigen Materialkosten.
b) Auf wieviel DM belaufen sich die Materialkosten nach der Umstellung?
c) Wieviel Prozent beträgt die Einsparung?

23 Ein Spezialitätenrestaurant hat als Vorspeise Cantalupemelone mit Scheibe von frischem Hummer auf der Karte.
Lebender Hummer kostet im Einkauf 48,40 DM/kg. Die Ausbeute an gekochtem Fleisch beträgt 22 Prozent. Für eine Scheibe werden 30 Gramm gerechnet.
Berechnen Sie die Kosten für eine Portion Hummerfleisch.

24 Gefrostetes Hummerschwanzfleisch wird für 7,90 DM je 200 Gramm angeboten.
a) Wieviel DM sind für eine Portionsscheibe mit 30 Gramm zu rechnen?
b) Wieviel Prozent ist das Fleisch von frischem Hummer teurer (Aufgabe 23)?

Überprüfen von Rezepten auf Mindestanforderungen

In verschiedenen Richtlinien und in den Leitsätzen des Deutschen Lebensmittelbuches sind für bestimmte Lebensmittel Mindestanforderungen festgelegt. Werden diese unterschritten, kommt es zu Beanstandungen.

25 Eine „Rahmsuppe" oder „Sahnesuppe" muß in 1 l Suppe mindestens 10 Gramm Milchfett enthalten.
Für Spargelrahmsuppe werden zu einem Liter Spargelbrühe 100 (150) Gramm Sahne mit 30 Prozent Fettanteil gegeben.
Werden die Mindestanforderungen erfüllt?

26 Ein Fachbuch schreibt:

Grundrezept, Bedarf für 10 l Suppe:	
400 g Fett	400 g Weizenmehl oder Reismehl
100 g Sellerie	10 l Brühe (geschmacks-
300 g Lauch, weiß	bestimmender Grundstoff)
	2 l Rahm

Beachten Sie: Gesamtmenge 10 l; Sahne hat einen Mindestfettgehalt von 30 Prozent.

a) Wieviel Gramm Fett sind insgesamt in der Suppe enthalten?
b) Wieviel Gramm Milchfett müßten mindestens enthalten sein (Vgl. Aufg. 25)?
c) Wieviel Prozent mehr Fett enthält obiges Rezept?

> Die geforderten Mengen sind Mindestgehalte.
> Die gute Küche übertrifft die Anforderungen.

27 Wird eine Spinatzubereitung als „Rahmspinat" bezeichnet, müssen mindestens
(28) 1,5 Prozent Milchfett enthalten sein.

a) Wieviel Gramm reines Milchfett (Butterreinfett, Butterschmalz) sind das bei einer Gesamtmenge von 1 (7,3) Liter?
b) Das Milchfett darf auch in Form von Butter beigegeben werden. Wieviel Gramm Butter sind erforderlich, wenn von einem Fettgehalt von 80 Prozent ausgegangen wird?
c) Wieviel Gramm Sahne mit 30 Prozent Fettgehalt müssen zugefügt werden?

29 Wird „Fürst-Pückler-Eis" angeboten, so muß das in der Qualitätsstufe „Rahmeis (Sahneeis)" erfolgen, denn die SpeiseeisVO sagt: Rahmeis (Sahneeis) muß mindestens 60 Prozent Schlagsahne enthalten; Fürst-Pückler-Eis ist ein Rahmeis besonderer Art.
Überprüfen Sie folgendes Rezept:
0,25 l Läuterzucker, 6 Eier (je 50 g), 160 g Zucker, 1 l Sahne.

a) Wieviel Prozent Sahne sind im Rezept enthalten?
b) Wieviel Prozent ist der Sahneanteil, wenn nur 0,15 l Läuterzucker und dafür 200 g Zucker verwendet werden?

Ausschank von Getränken

Während bei der Zubereitung von Speisen die Verluste wesentlich von der Qualität der Rohstoffe und der Zubereitungsart beeinflußt werden, entstehen bei Getränken Verluste hauptsächlich beim Ausschank.

Schankverlust bei Faßbier

1
(2) Aus einem Faß mit 0,38 (0,42) hl sind 92 (102) Gläser mit 0,4 Liter ausgeschenkt worden.
Berechnen Sie den Schankverlust in Prozent.

3
(4) Ein Familienbetrieb führt bei einem Faß mit 82 (79) Litern eine Stichprobe über den Schankverlust durch. Es sind ausgeschenkt worden 248 (212) Gläser mit 0,25 l und 44 (59) Gläser mit 0,4 l.
Wieviel Prozent beträgt der Schankverlust?

5
(6) Bei „Pils" rechnet das Büfett für die vergangene Woche ab: gezapfte Fässer mit 54 l, 48 l, 52 l und 36 l. Letztes Faß leer. Bei der Bon-Kontrolle wurden gezählt 612 (607) Gläser mit 0,3 Liter.
Berechnen Sie den Schankverlust in Prozent.

7 Die Kartei für Betriebsprüfer des Finanzamtes nennt für normale Ausschank-bedingungen als Ausbeute aus einem hl:

Ausbeute aus 1 hl	bei	0,2-l-Gläser	0,25-l-Gläser	0,5-l-Gläser
		485 Gläser	388 Gläser	194 Gläser

Berechnen Sie jeweils den angenommenen Schankverlust.

8 Ein Gastronomiebetrieb überprüft den Ausschank.

Bezug: 270 l Hell   Abrechnung: 657 Gläser mit 0,4 l
        140 l Pils   453 Gläser mit 0,3 l
         60 l Alt   290 Gläser mit 0,2 l

   a) Berechnen Sie jeweils den Schankverlust in Prozent auf eine Stelle nach dem Komma.
   b) Formulieren Sie eine Aussage zum Zusammenhang zwischen Glasgröße und Schankverlust.

9
(10) Ein Faß ist mit 32,4 (37,2) l geeicht. Bisher wurden ausgeschenkt 72 (83) Gläser mit 0,4 l; der Schankverlust wird mit 3% angenommen.
Wieviel l Bier müssen sich rechnerisch noch im Faß befinden?

11
(12) Eine Brauerei liefert Bier in 35 (50)-Liter-Fässern. Es wird ein Schankverlust von 2,5 % angenommen.
   a) Wieviel Gläser mit 0,25 l sind zu erwarten?
   b) Wieviel Gläser mit 0,4 l sind aus dem Faß zu erwarten?

Schankverlust bei offenem Wein

Tischwein für Sonderessen muß getrennt vom Keller angefordert werden.

13
(14) Zu einer Veranstaltung sind 65 (84) Personen gemeldet. Es sind vereinbart je Gast 2 Gläser mit je 0,1 l Wein. Der Schankverlust wird mit 4 Prozent angenommen.
Wieviel ganze Literflaschen sind anzufordern?

15
(16) Zu einer Geburtstagsfeier sind 35 (42) Personen gemeldet. Es werden Gläser mit 0,15 l eingesetzt, die jedoch nur zu zwei Dritteln gefüllt werden. Je Person kalkuliert man drei Gläser; Schankverlust 6 Prozent.
Wieviel ganze Literflaschen sind anzufordern?

17
bis
20 Meldung Sonderveranstaltungen für 18. 4.

	17	18	19		20	
	Hochzeit Schulze	Geburtstag Müller	Firma ABC		Bus Darmstadt	
Wein Nr.	28	16	43	12	23	16
Personen	52	34	22	28	20	25
Glas je Person	2	2,5	2	2	2,5	2,5

Der Betrieb setzt Gläser mit 0,15 Liter Inhalt ein und schenkt das Glas zwei Drittel voll. Schankverlust 6 Prozent.
Wieviel ganze Literflaschen sind für jede Veranstaltung anzufordern?

Schankverlust bei Spirituosen

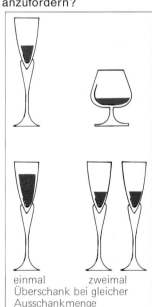

einmal   zweimal
Überschank bei gleicher
Ausschankmenge

Bei Spirituosen wird der Schankverlust hauptsächlich bestimmt von
- Glasform: Je größer die Oberfläche der Flüssigkeit, desto größer der Schankverlust;
- Anzahl der Gläser: Wird in „Doppelten" ausgeschenkt, ist der Schankverlust geringer;
- Art des Ausschenkens: „Großzügigkeit" führt zu großen Schankverlusten.

21 Ein Gastwirt schenkt aus 5 Flaschen Korn (1 Fl. ≙ 0,7 l) 166 Gläser zu 2 cl aus.
Berechnen Sie den Schankverlust in Prozent.

22
(23) Eine Flasche Whisky enthält 0,7 (0,74) Liter. Es wurden 14 (10) Einfache und 9 (12) Doppelte ausgeschenkt.
Berechnen Sie den Schankverlust in Prozent.

24 Für einen Empfang sind 240 (170) Glas Aperitif mit je 5 cl vorgesehen. Schankverlust
(25) 6 Prozent. Eine Flasche enthält 0,74 Liter.
Wieviel ganze Flaschen (aufrunden) sind bereitzustellen?

Aus der Betriebsprüferkartei:

> Bei Spirituosen kann von folgenden Ausbeuten ausgegangen werden:
> Flaschen mit   1 l Inhalt: 42 bis 45 Gläser je 2 cl,
> Flaschen mit 0,7 l Inhalt: 30 bis 33 Gläser je 2 cl.
> Während bei einfachen Spirituosensorten durch großzügiges Einschenken im
> Durchschnitt nur 42 bzw. 30 Gläser erzielt werden, liegt bei hochwertigen Waren
> die Ausbeute mit 45 bzw. 33 Gläsern an der oberen Grenze.

26 Berechnen Sie nach diesen Angaben:
a) für Flaschen mit 1 Liter den geringsten und den höchsten Schankverlust in Prozent,
b) für 0,7-l-Flaschen den geringsten und den höchsten Schankverlust in Prozent.

27 Ermitteln Sie aus den Ergebnissen bei obiger Aufgabe einen durchschnittlichen
Schankverlust in Prozent für a) Literflaschen, b) 0,7-l-Flaschen.

28 Bei einer Veranstaltung sollen 340 (165) Gläser Weinbrand mit 2 cl serviert werden.
(29) Man rechnet mit einem Schankverlust von 8 (4) Prozent.
Wieviel ganze Flaschen mit je 0,7 l sind bereitzustellen?

30 Aus einer Flasche Korn mit 0,7 l wurden 5 (9) Gläser je 4 cl und 13 (6) Gläser je 2 cl
(31) ausgeschenkt. Es wird von einem Schankverlust von 8% ausgegangen.
Wieviel Liter sind noch in der Flasche?

32 Die Abrechnung oder Ausschankkontrolle
bei Spirituosen läßt sich durch sogenannte
Dosierer vereinfachen. Der Schankverlust
wird verringert.
Ein Betrieb schenkt Weinbrand über einen
Dosierer aus und erzielt dadurch je 0,7-l-
Flasche zwei Einfache mehr als bei Ausschank von Hand. Ein einfacher Weinbrand
kostet 6,00 DM.
Nach wieviel Flaschen macht sich die Anschaffung bezahlt, wenn
a) das Gerät nur mit Metallhalter gekauft
wird,
b) das Gerät mit Metallhalter und Zähl-
werk gekauft wird?

33 Ein Hotel bietet Bananenmilch an.

Das Grundrezept für ein 0,2-l-Glas lautet:

15 cl Milch	1 l 1,20 DM
$^1/_2$ Banane	je St. 0,40 DM
15 g Zucker	je kg 1,80 DM

Ermitteln Sie den Materialwert.

34 Zu 1 l Kakao verwendet man 1 l Milch, 1 l zu 1,20 DM, 55 g Kakao, 1 kg zu 4,60 DM und 120 g Zucker, 1 kg zu 1,80 DM. Wieviel DM beträgt der Materialwert für eine Tasse mit $^1/_5$ l Inhalt?

35 Zu einer Aprikosenbowle verwendet man:

1,500 kg	Aprikosen	je kg	2,60 DM
250 g	Zucker	je kg	1,80 DM
50 g	Rum	Flasche mit 750 g	16,40 DM
100 g	Madeira	Flasche mit 750 g	9,40 DM
2 0,75-l-Fl.	Weißwein	je Fl.	4,90 DM
1 0,75-l-Fl.	Sekt	je Fl.	5,20 DM
1 St.	Zitrone	je St.	0,25 DM

Berechnen Sie den Materialwert für ein Glas mit 0,2 l Inhalt.

36 Zu Sekt mit Orangensaft werden Schaumwein und Orangensaft im Verhältnis 1:1 gemischt.

a) Berechnen Sie die Materialkosten für ein 0,1-l-Glas, wenn die 0,75-l-Flasche Sekt im Einkauf 5,70 DM kostet und 1 l Orangensaft mit 1,80 DM berechnet wird.

b) Wieviel 0,75-l-Flaschen Sekt sind bereitzustellen, und wieviel kg Orangen sind bei einer Saftausbeute von 35% auszupressen, wenn für einen Empfang mit 65 Personen je 2 Glas mit 0,1 l gereicht werden?

37 Zur Bereitung einer Kalten Ente mischt man zu je einer 1-l-Flasche Riesling, die Flasche zu 5,40 DM, eine 0,75-l-Flasche Sekt, die Flasche zu 4,50 DM. Auf 1 l Wein rechnet man die Schale von 2 Zitronen, Gesamtwert 0,30 DM.

a) Wieviel DM beträgt der Materialwert für ein Glas mit 20 cl Inhalt?

b) Welche Mengen sind für 75 Glas Kalte Ente bereitzustellen?

38 Auf einer Barkarte ist zu lesen:

Wählen Sie nach Ihrem Geschmack		
Martini dry:	englische Art	$^3/_4$ Gin, $^1/_4$ Vermouth
50 ml	französische Art	$^1/_2$ Gin, $^1/_2$ Vermouth
	deutsche Art	$^2/_3$ Gin, $^1/_3$ Vermouth

Berechnen Sie den jeweiligen Materialpreis, wenn eine Flasche Gin mit 750 g 19,40 DM und eine Flasche Vermouth mit 750 g Inhalt 5,60 DM kostet.

39 Zur Herstellung von frischem Orangensaft wird eine Kiste Orangen, bfn 35 kg, für 39,00
(40) (42,50) DM gekauft. Die leere Kiste wiegt 2,7 (3,150) kg. Beim Auspressen von Orangen
mit der Saftzentrifuge rechnet man mit einer Ausbeute von 35 (33)%.
Berechnen Sie den Materialpreis für ein Glas Orangensaft mit 0,2 l Inhalt.

41 Es wird Grapefruitsaft aus frischen Früchten hergestellt. Eine Kiste wiegt brutto
(42) 35,500 kg, die leere Kiste 2,700 kg. Der Einkaufspreis beträgt 1,85 (2,10) DM/kg bfn.
Man rechnet mit einer Saftausbeute von 35 (42) Prozent.
Berechnen Sie die Materialkosten für ein Glas Grapefruitsaft mit 0,2 l.

Alkoholgehalt bei Getränken

Mischgetränke: Der Alkoholgehalt wird nach der Durchschnittsrechnung ermittelt.

Der Alkoholgehalt wird entsprechend der LMKVO in „% vol" angegeben (sprich:
Prozent des Volumens). Wir werden das genauer auf Seite 115 kennenlernen.

43   **Beispiel**

Zu Schorle-Morle verwendet man 5 l leichten Weißwein mit 6% vol und die
gleiche Menge Mineralwasser. Berechnen Sie den Alkoholgehalt in % vol.

Lösung   **Lösungshinweise**

Wein: 6% von 5 l ≙ 0,3 l Alkohol ←— Alkoholmenge berechnen
Mineralw.:   0% von 5 l ≙ 0,0 l Alkohol

Schorle   10 l ≙ 0,3 l Alkohol ←— Gesamtflüssigkeit und Alkoholmenge
                                                addieren
                     10 l ≙ 100% ←————— Gesamtflüssigkeit ist das Ganze = 100%
                    0,3 l ≙   x%

$$\frac{100 \cdot 0,3}{10} = 3\%$$

Antwort: Der Alkoholgehalt beträgt 3% vol.

44 Bei Cola mit Schuß reicht man 0,33 l Cola und 2 cl Weinbrand mit 38% vol.
Berechnen Sie den Alkoholgehalt des Getränks in Prozent.

45 Eine Pfirsichbowle wird aus folgenden Zutaten hergestellt: 8 l Moselwein mit 8% vol,
2 Flaschen (0,75 l) Sekt mit 10% vol, 0,2 l Weinbrand mit 38% vol und 1,5 kg Pfirsichen.
Wie hoch ist der Alkoholgehalt der Bowle?

46 3 (8) Liter Überseearrak mit 60 (56)% vol werden mit 2 (4) Liter Wasser verdünnt.
(47) Berechnen Sie den Alkoholgehalt in % vol.

48 Zu Whisky Sour verwendet man 40 Gramm Canadian Whisky mit 42% vol und
20 Gramm Zitronensaft und 20 Gramm Orangensaft.
Berechnen Sie den Alkoholgehalt in % vol.

114

Maßangaben beim Alkoholgehalt

Stoffe haben unterschiedliche Dichte. Alkohol hat eine Dichte von 0,8, Fett hat eine Dichte von 0,9. Fett kann sich nicht mit Wasser mischen und schwimmt obenauf. Darum wissen wir alle: Fett ist leichter als Wasser. Alkohol ist dagegen mit Wasser mischbar, man kann die unterschiedliche Dichte nicht erkennen. Darum müssen wir uns bewußt machen:

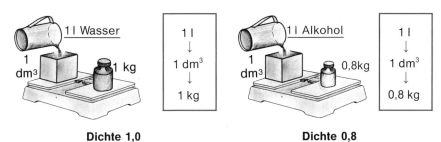

Dichte 1,0   **Dichte 0,8**

Dichte von Alkohol:	$1\ dm^3 \hat{=} 0,8\ kg \hat{=} \rho\ 0,8\ \dfrac{kg}{dm^3}$ oder $\dfrac{g}{cm^3}$

Der Blutalkoholgehalt wird in ‰ des Gewichtes gemessen, Alkoholangaben bei Getränken in % vol. Fachleute müssen umrechnen können.

49 **Beispiel**

Ein Glas Bier enthält 0,4 l mit 5 % vol Alkohol. Wieviel Gramm Alkohol sind enthalten, wenn Alkohol eine Dichte von 0,8 hat?

①   0,4 l $\hat{=}$ 400 ml   ① In ml umwandeln.
②   100% $\hat{=}$ 400 ml   ② Prozentrechnung.
       5% $\hat{=}$ 20 ml

③   20 ml $\cdot$ 0,8 $\dfrac{g}{cm^3}$ = 16 g Alkohol   ③ Gewicht berechnen.

Antwort: Es sind 16 Gramm Alkohol enthalten.

50 Der Mindestalkoholgehalt bei Weinbrand ist auf 36% vol festgesetzt. Ein Gast trinkt zwei Doppelte mit je 4 cl.
a) Wieviel cm^3 (Volumen) Alkohol nimmt er zu sich?
b) Wieviel Gramm Alkohol sind das, wenn 1 cm^3 Alkohol etwa 0,8 Gramm wiegt?

51 Bei Wein liegt der Alkoholgehalt zwischen 6 und 12% vol; Dichte 0,8.
a) Wieviel Gramm Alkohol sind bei einem leichten Weißwein in einem Glas mit 0,2 Litern enthalten?
b) Wieviel Gramm Alkohol sind bei einem schweren Wein in einem Glas mit 0,2 Litern enthalten?

Verschneiden von Getränken

Bisweilen werden Spirituosen mit unterschiedlichem Alkoholgehalt untereinander oder mit Wasser gemischt, um sie auf den verkaufsüblichen Alkoholgehalt einzustellen.

52 **Beispiel**

2,5 l Original-Rum mit 76% vol Alkohol sollen durch Verdünnung mit Wasser zu einer Trinkstärke von 40% vol herabgesetzt werden.
Wieviel Wasser muß zugesetzt werden?

Lösung

Original-Rum 76%   40%   10 Teile $\triangleq$ ① 2,5 l

Verschnitt   40%

Wasser   0%   36%   9 Teile $\triangleq$ ② 2,25 l

Lösungshinweis

Der Unterschied der % vol wird wie bei der Mischungsrechnung ermittelt.
Die angegebene Menge ① (2,5 l) wird eingesetzt; nun kann man auf die fehlende Menge ② schließen.

Antwort: Um Rum mit 40% vol zu erhalten, müssen 2,25 l Wasser zugesetzt werden.

53
(54) Für eine Feuerzangenbowle werden 3 (2,5) l Rum mit einem Alkoholgehalt von 55 (50)% vol benötigt.
Wieviel l Import-Rum mit 75% vol und wieviel l Wasser sind erforderlich?

55
(56) Ein anderer Betrieb verwendet für die Feuerzangenbowle zwei 0,7-l-Flaschen Rumverschnitt mit einem Alkoholgehalt von 38% vol. Um eine gute Flammenbildung zu gewährleisten, setzt man diesem soviel 96%igen Alkohol zu, daß ebenfalls ein Verschnitt mit 55 (50)% vol entsteht.
Wieviel l 96%iger Alkohol sind notwendig?

Merke: Sind die Mengen gegeben $\longrightarrow$ Durchschnittsrechnung
       Wird die Menge gesucht $\longrightarrow$ Mischungsrechnung

---

57
(58) Eine Spirituosengroßhandlung bezieht 3 Fässer mit abgelagertem Weindestillat, um daraus einen Weinbrand-Verschnitt herzustellen.
Faß A: 185 (193) l − 68% vol; Faß B: 205 (227) l − 65% vol; Faß C: 158 (164) l − 59% vol.

a) Welchen durchschnittlichen Alkoholgehalt hat der Weinbrand aus den 3 Fässern?
b) Der Verschnitt wird auf 38% vol eingestellt.
   Wieviel l Wasser sind erforderlich?

59 Nach den gesetzlichen Vorschriften hat Sahne mindestens 30% Fett, Vollmilch 3,5% Fett und Kaffee-Sahne 10% Fett.
In einem Hotel wurde Kaffee-Sahne nicht rechtzeitig geliefert. Darum mischte man Sahne und Vollmilch.
Berechnen Sie die jeweils notwendigen Mengen für

a) 1 l Kaffee-Sahne, b) 2,2 l Kaffee-Sahne, c) 5,5 l Kaffee-Sahne.

116

60 bis 61

60

Berechnen Sie bei jedem Getränk den Alkoholgehalt in Gramm.

Vergleichen Sie die Werte.

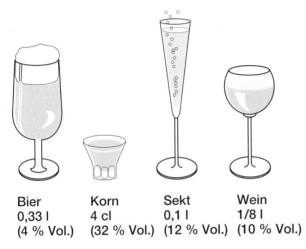

Bier	Korn	Sekt	Wein
0,33 l	4 cl	0,1 l	1/8 l
(4 % Vol.)	(32 % Vol.)	(12 % Vol.)	(10 % Vol.)

61

Ermitteln Sie bei untenstehender Grafik, welcher Alkoholgehalt in % vol bei den einzelnen Getränken zugrunde gelegt worden ist.

Alkohol ist gleich
Alkohol ...
... nur die Menge macht
den Unterschied.

62 Sprechen Sie über die Blutalkoholkonzentration nebenstehender Grafik.

Die Toleranzgrenze des Alkoholkonsums haben Wissenschaftler weltweit bei 80 Gramm reinem Alkohol pro Tag festgesetzt. Das sind bis zu zweieinhalb Liter Bier oder ein Liter Wein oder 11 bis 17 Schnäpse — je nach Alkoholgehalt. Der berühmte Arzt und Philosoph Paracelsus sagte allerdings schon im sechzehnten Jahrhundert: „Die Menge macht das Gift." Beim Genießen alkoholhaltiger Getränke sollte man deshalb stets die persönliche Verträglichkeit berücksichtigen, damit der Alkohol bleibt, was er von jeher war — ein Genußmittel.

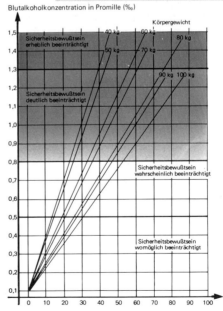

Prüfungsaufgaben

1
(2)
Aus einer Flasche mit 0,7 (0,74) Liter Branntwein wurden 5 (7) Gläser mit je 4 cl und 13 (11) Gläser mit je 2 cl ausgeschenkt. Man rechnet mit einem Schankverlust von 8 (6) Prozent.
Wieviel cl müssen noch in der Flasche sein?

3
(4)
Es soll Jägertee mit 15% vol Alkohol zubereitet werden. Man verwendet dazu Rum mit 40 (75)% vol Alkohol. Insgesamt sind 12 (20) l des Getränks herzustellen.
Wieviel Liter Rum und wieviel Liter Tee sind erforderlich?

5
(6)
Aus Weinbrand mit 42 (38)% vol Alkohol und 90 (86)%igem Weingeist soll zum Flambieren eine Mischung mit 52 (54)% vol hergestellt werden. Es sind insgesamt 4,8 (3,5) Liter erforderlich.
Wieviel Liter jeder Sorte sind zu verwenden?

Gehobener Schwierigkeitsgrad

Faustregel bei Bier: Alkoholgehalt $\hat{=}$ $^1/_4$ bis $^1/_3$ des Gehaltes an Stammwürze

1
(2)
Ein Vollbier hat 12 (14) Prozent Stammwürze
a) Wieviel Gramm Alkohol sind in einem Liter, in einem Glas mit 0,4 Litern mindestens enthalten?
b) Wieviel Gramm Alkohol sind in einem Liter, in einem Glas mit 0,4 Litern höchstens enthalten?
c) Mit wieviel % vol wird das Bier beim geringen Alkoholgehalt gekennzeichnet sein?
d) Mit wieviel % vol wird das Bier höchstens gekennzeichnet sein?

3 Ein Bier ist wie nebenstehend gekennzeichnet.
12,4° Stammwürze bedeutet 12,4% des Gewichts der Würze. Diese Angabe ist nicht vorgeschrieben, erlaubt uns aber eine Berechnung zum Alkoholgehalt. Alkohol hat die Dichte 0,8.

a) Berechnen Sie, wieviel Prozent der Stammwürze zu Alkohol vergoren worden sind (Gewichtsprozente).
b) Bier kann auch so vergoren werden, daß nur 25% der Stammwürze zu Alkohol werden. Wieviel % vol hätte dann ein Bier mit 12° Stammwürze?

4 Zu einem Sektcocktail verwendet man je Glas:

    4 cl Spirituosen mit 40% vol
    2 cl Likör mit 20% vol
    4 cl Saft
  10 cl Sekt mit 10% vol

Wieviel Volumenprozent enthält der fertige Cocktail?

Abrechnung mit dem Gast

Erstellen der Gastrechnung

„Herr Ober, bitte zahlen!" „Fräulein, bitte zahlen!" lauten die Aufforderungen, wenn dem Gast eine Rechnung erstellt werden soll.

Dazu sind notwendig

● Kenntnis der Kartenpreise,
● Sicherheit im Rechnen, denn Bedienungspersonal, das sich verrechnet, macht einen schlechten Eindruck.

Lassen Sie sich nicht drängen!

● Wenn Sie sich zu Ihren Gunsten verrechnen, reklamiert der Gast — peinliche Situation!
● Wenn Sie sich zu Ihren Ungunsten verrechnen, geht die Differenz aus Ihrer privaten Kasse.
● Wenn Sie üben, erhöhen Sie Ihre Sicherheit, darum diese Seite ohne Taschenrechner.

Sicherheit erhält man durch Selbstkontrolle.

Beim **Erstellen von Gastrechnungen** kommen nur vor die

Rechenverfahren ⟶ Malnehmen   Zusammenzählen

Kontrolle durch ⟶ Überschlagsrechnung   Gegenrechnung

1

Beispiel		
3 Bier je 1,90 DM	1,90 DM · 3 ⟶	⟶ 5,70 DM
2 Wein je 6,10 DM	6,10 DM · 2 ⟶	⟶ 12,20 DM
		17,90 DM

Überschlagsrechnung
2 · 3 = 6 ⟶
6 · 2 = 12 ⟶

Rechnen Sie
1. von unten nach oben
2. von oben nach unten

2 Erstellen Sie die Rechnungen:
3 Aperitifs je 3,20 DM, 3 Menüs je 16,90 DM, eine Flasche Weißwein zu 34,60 DM, zwei Tassen Kaffee je 1,90 DM.
Berichten Sie mündlich über Kontrollmöglichkeiten beim Malnehmen.

3 Eine Gesellschaft verzehrte je fünfmal:

Königinsuppe	3,80 DM	ferner:	
Omelett mit Spargel	4,20 DM	2 Flaschen Moselwein	je 16,20 DM
Paprikahuhn-Risotto	9,60 DM	2 Tassen Kaffee	je 2,40 DM
Fruchtsalat, geeist	2,90 DM	3 Weinbrand	je 4,00 DM

4 Bei einer Betriebsfeier wurden verzehrt:

53 Gedecke	je 22,50 DM	24 Glas Weißwein	je 4,60 DM
3 Königinpastetchen	je 8,40 DM	19 Glas Sekt	je 5,30 DM
2 Champign. auf Toast	je 6,70 DM	21 Fl. Sekt	je 19,50 DM
32 Glas Bier	je 1,90 DM	8 Fl. Mineralwasser	je 2,80 DM

Ausweisen der Mehrwertsteuer

Das Gastgewerbe gibt Leistungen an Endverbraucher ab und hat deshalb die Preise einschließlich (inklusive) der Mehrwertsteuer zu nennen. Man spricht darum auch vom **Inklusivpreis.**

Nach den gesetzlichen Bestimmungen

- ist auf jeder Rechnung die enthaltene **Mehrwertsteuer getrennt auszuweisen** und der entsprechende Steuersatz zu nennen (Regelfall),
- kann bei sogenannten **Kleinrechnungen** − bis 200,00 DM − darauf verzichtet werden. Es genügt dann, den Steuersatz zu nennen. Dieser ist meist auf dem Rechnungsformular vorgedruckt.
- ist auf Wunsch des Gastes immer die Mehrwertsteuer herauszurechnen. Das kommt vor allem bei Rechnungen für Firmen vor.

Es gibt mehrere Wege, die im Inklusivpreis enthaltene MWSt zu ermitteln.

Rückrechnung

5 Bei der Kalkulation werden auf den Nettoverkaufspreis ≙ 100% 15% Mehrwertsteuer aufgeschlagen. Über die Rückrechnung kann sie wieder ermittelt werden.

6 Berechnen Sie die enthaltene MWSt von 15%:
a) 79,10 DM   c) 28,25 DM
b) 50,85 DM   d) 361,60 DM

Beispiel Rechenweg Kalkulation

Nettoverkaufspreis 200,00 DM   100%
+ MWSt   30,00 DM   15%

= Inklusivpreis   230,00 DM   115%

Rechenweg zur MWSt

$115\% = 230,00$ DM $\dfrac{115 \cdot 15}{115} = 30,00$ DM
$15\% = $ x DM

Der Faktor

- nennt den prozentualen Anteil der MWSt im **Endpreis**
- führt über **eine** Multiplikation zu der im Inklusivpreis enthaltenen Mehrwertsteuer.

---

7 **Beispiel**

Im Rechnungsbetrag von 115,00 DM sind 15,00 DM MWSt enthalten. Wieviel Prozent des Rechnungsbetrages sind das? = Faktor

115,00 DM = 100%
 15,00 DM =   x%

$\dfrac{15 \cdot 100}{115} = 13,04\%$

Beispiel

115,00 DM · 13,04% = 15,00 DM

```
TR-HINWEISE

115 ⊠ 13,04 %
oder

115 ⊠ 0,1304 =
```

8 Bei einem Mehrwertsteuersatz von 15% ist mit dem Faktor 13,04% zu rechnen. Ermitteln Sie mit Hilfe des Faktors die in den Rechnungsbeträgen enthaltene Mehrwertsteuer.

a) 234,50 DM   c) 34,70 DM   e) 89,10 DM   g) 453,00 DM
b) 814,60 DM   d) 12,60 DM   f) 28,30 DM   h) 628,20 DM

9 Nehmen wir an, der Prozentsatz für die Mehrwertsteuer ändert sich. Dann ist der Faktor neu zu ermitteln. Rechnen Sie nach dem Beispiel Seite 120 auf eine Stelle nach dem Komma.

a) 13%   b) 14%   c) 16%   d) 18%

10 In bestimmten Fällen wird nur der halbe Steuersatz angewendet, derzeit 7,5%. Ermitteln Sie den Faktor.

11 Wie ist der Faktor bei   a) 6%   b) 7%   c) 8%   d) 8,5%?

Arbeit mit der Mehrwertsteuertabelle

Weil im Inklusivpreis die Mehrwertsteuer bereits enthalten ist, wird er auch Bruttopreis genannt. Die Tabelle für Bruttoabrechnungen ordnet dem Inklusivpreis die enthaltene Mehrwertsteuer zu.

12 **Beispiel**

Wieviel DM Mehrwertsteuer sind in einem Rechnungsbetrag von 51,00 DM enthalten?

Hinweise für das Ablesen

1. **Zehnerspalte aufsuchen;** verläuft waagerecht: 0 10 20 … 50
2. **Einer aufsuchen;** sind untereinander angeordnet.
3. **Ablesen** beim nächstgrößeren Wert; hier **51**,01

bis DM * (0)	bis DM * (10)	bis DM * (20)	bis DM * (30)	bis DM * (40)	bis DM * (50)	bis DM * (60)	bis DM * (70)	bis DM * (80)	bis DM * (90)
03 = 0,00	04 = 1,30	04 = 2,61	01 = 3,91	05 = 5,22	02 = 6,52	06 = 7,83	03 = 9,13	07 = 10,44	04 = 11,74
11 = 0,01	07 = 1,31	12 = 2,62	08 = 3,92	13 = 5,23	09 = 6,53	14 = 7,84	10 = 9,14	15 = 10,45	11 = 11,75
18 = 0,02	15 = 1,32	19 = 2,63	16 = 3,93	20 = 5,24	17 = 6,54	21 = 7,85	18 = 9,15	22 = 10,46	19 = 11,76
26 = 0,03	23 = 1,33	27 = 2,64	24 = 3,94	28 = 5,25	25 = 6,55	29 = 7,86	26 = 9,16	30 = 10,47	27 = 11,77
34 = 0,04	30 = 1,34	35 = 2,65	31 = 3,95	36 = 5,26	32 = 6,56	37 = 7,87	33 = 9,17	38 = 10,48	34 = 11,78
41 = 0,05	38 = 1,35	42 = 2,66	39 = 3,96	43 = 5,27	40 = 6,57	44 = 7,88	41 = 9,18	45 = 10,49	42 = 11,79
49 = 0,06	46 = 1,36	50 = 2,67	47 = 3,97	51 = 5,28	48 = 6,58	52 = 7,89	49 = 9,19	53 = 10,50	50 = 11,80
57 = 0,07	53 = 1,37	58 = 2,68	54 = 3,98	59 = 5,29	55 = 6,59	60 = 7,90	56 = 9,20	61 = 10,51	57 = 11,81
64 = 0,08	61 = 1,38	65 = 2,69	62 = 3,99	66 = 5,30	63 = 6,60	67 = 7,91	64 = 9,21	68 = 10,52	65 = 11,82
72 = 0,09	69 = 1,39	73 = 2,70	70 = 4,00	74 = 5,31	71 = 6,61	75 = 7,92	72 = 9,22	76 = 10,53	73 = 11,83
80 = 0,10	76 = 1,40	81 = 2,71	77 = 4,01	82 = 5,32	78 = 6,62	83 = 7,93	79 = 9,23	84 = 10,54	80 = 11,84
87 = 0,11	84 = 1,41	88 = 2,72	85 = 4,02	89 = 5,33	86 = 6,63	90 = 7,94	87 = 9,24	91 = 10,55	88 = 11,85
95 = 0,12	92 = 1,42	96 = 2,73	93 = 4,03	97 = 5,34	94 = 6,64	98 = 7,95	95 = 9,25	99 = 10,56	96 = 11,86
	99 = 1,43								

bis DM * (1)	bis DM * (11)	bis DM * (21)	bis DM * (31)	bis DM * (41)	bis DM * (51)	bis DM * (61)	bis DM * (71)	bis DM * (81)	bis DM * (91)
03 = 0,13	07 = 1,44	04 = 2,74	00 = 4,04	01 = 5,35	01 = 6,65	06 = 7,96	02 = 9,26	07 = 10,57	03 = 11,87
10 = 0,14	15 = 1,45	11 = 2,75	08 = 4,05	12 = 5,36	09 = 6,66	13 = 7,97	10 = 9,27	14 = 10,58	10 = 11,88
18 = 0,15	22 = 1,46	19 = 2,76	16 = 4,06	20 = 5,37	17 = 6,67	21 = 7,98	18 = 9,28	22 = 10,59	19 = 11,89
26 = 0,16	30 = 1,47	27 = 2,77	23 = 4,07	28 = 5,38	24 = 6,68	29 = 7,99	25 = 9,29	30 = 10,60	26 = 11,90
33 = 0,17	38 = 1,48	34 = 2,78	31 = 4,08	35 = 5,39	32 = 6,69	36 = 8,00	33 = 9,30	37 = 10,61	34 = 11,91
41 = 0,18	45 = 1,49	42 = 2,79	39 = 4,09	43 = 5,40	40 = 6,70	44 = 8,01	41 = 9,31	45 = 10,62	42 = 11,92
49 = 0,19	53 = 1,50	50 = 2,80	46 = 4,10	51 = 5,41	47 = 6,71	52 = 8,02	48 = 9,32	53 = 10,63	49 = 11,93
56 = 0,20	61 = 1,51	57 = 2,81	54 = 4,11	58 = 5,42	55 = 6,72	59 = 8,03	56 = 9,33	60 = 10,64	57 = 11,94
64 = 0,21	68 = 1,52	65 = 2,82	62 = 4,12	66 = 5,43	63 = 6,73	67 = 8,04	64 = 9,34	68 = 10,65	65 = 11,95
72 = 0,22	76 = 1,53	73 = 2,83	69 = 4,13	74 = 5,44	70 = 6,74	75 = 8,05	71 = 9,35	76 = 10,66	72 = 11,96
79 = 0,23	84 = 1,54	80 = 2,84	77 = 4,14	81 = 5,45	78 = 6,75	82 = 8,06	79 = 9,36	83 = 10,67	80 = 11,97
87 = 0,24	91 = 1,55	88 = 2,85	85 = 4,15	89 = 5,46	86 = 6,76	90 = 8,07	87 = 9,37	91 = 10,68	88 = 11,97
95 = 0,25	99 = 1,56	96 = 2,86	92 = 4,16	97 = 5,47	93 = 6,77	98 = 8,08	94 = 9,38	99 = 10,69	95 = 11,98

13 Lesen Sie aus der Tabelle die Mehrwertsteuer bei folgenden Rechnungsbeträgen ab:

a) 21,30 DM   c) 31,60 DM   e) 82,40 DM   g) 61,50 DM
b) 91,70 DM   d) 13,20 DM   f) 3,70 DM   h) 49,10 DM

Übersteigt der Rechnungsbetrag 100,00 DM, gilt

1. **Rechnungsbetrag zerlegen,** z. B. 200,00 DM + 23,00 DM
2. **Werte aufsuchen;** 200,00 DM siehe unterer Tabellenrand, 23,00 DM wie oben
3. **Werte zusammenzählen.**

14 Ermitteln Sie die Mehrwertsteuer von 15% bei folgenden Rechnungsbeträgen:

a) 223,00 DM   c) 411,80 DM   e) 123,65 DM   g) 312,90 DM
b) 532,10 DM   d) 132,65 DM   f) 614,45 DM   h) 912,35 DM

15% Mehrwertsteuer-Tabelle für Bruttorechnungen (gültig ab 1. 1. 1993) 15%

* Im Rechnungsbetrag enthaltene Mehrwertsteuer

bis DM *	bis DM *	bis DM *	bis DM *	bis DM *	bis DM *	bis DM *	bis DM *	bis DM *	bis DM *
0 03 = 0,00 11 = 0,01 18 = 0,02 26 = 0,03 34 = 0,04 41 = 0,05 49 = 0,06 57 = 0,07 64 = 0,08 72 = 0,09 80 = 0,10 87 = 0,11 95 = 0,12	**10** 00 = 1,30 07 = 1,31 15 = 1,32 23 = 1,33 30 = 1,34 38 = 1,35 46 = 1,36 53 = 1,37 61 = 1,38 69 = 1,39 76 = 1,40 84 = 1,41 92 = 1,42 99 = 1,43	**20** 04 = 2,61 12 = 2,62 19 = 2,63 27 = 2,64 35 = 2,65 42 = 2,66 50 = 2,67 58 = 2,68 65 = 2,69 73 = 2,70 81 = 2,71 88 = 2,72 96 = 2,73	**30** 01 = 3,91 08 = 3,92 16 = 3,93 24 = 3,94 31 = 3,95 39 = 3,96 47 = 3,97 54 = 3,98 62 = 3,99 70 = 4,00 77 = 4,01 85 = 4,02 93 = 4,03	**40** 05 = 5,22 13 = 5,23 20 = 5,24 28 = 5,25 36 = 5,26 43 = 5,27 51 = 5,28 59 = 5,29 66 = 5,30 74 = 5,31 82 = 5,32 89 = 5,33 97 = 5,34	**50** 02 = 6,52 09 = 6,53 17 = 6,54 25 = 6,55 32 = 6,56 40 = 6,57 48 = 6,58 55 = 6,59 63 = 6,60 71 = 6,61 78 = 6,62 86 = 6,63 94 = 6,64	**60** 06 = 7,83 14 = 7,84 21 = 7,85 29 = 7,86 37 = 7,87 44 = 7,88 52 = 7,89 60 = 7,90 67 = 7,91 75 = 7,92 83 = 7,93 90 = 7,94 98 = 7,95	**70** 03 = 9,13 10 = 9,14 18 = 9,15 26 = 9,16 33 = 9,17 41 = 9,18 49 = 9,19 56 = 9,20 64 = 9,21 72 = 9,22 79 = 9,23 87 = 9,24 95 = 9,25	**80** 07 = 10,44 15 = 10,45 22 = 10,46 30 = 10,47 38 = 10,48 45 = 10,49 53 = 10,50 61 = 10,51 68 = 10,52 76 = 10,53 84 = 10,54 91 = 10,55 99 = 10,56	**90** 04 = 11,74 11 = 11,75 19 = 11,76 27 = 11,77 34 = 11,78 42 = 11,79 50 = 11,80 57 = 11,81 65 = 11,82 73 = 11,83 80 = 11,84 88 = 11,85 96 = 11,86
1 03 = 0,13 10 = 0,14 18 = 0,15 26 = 0,16 33 = 0,17 41 = 0,18 49 = 0,19 56 = 0,20 64 = 0,21 72 = 0,22 79 = 0,23 87 = 0,24 95 = 0,25	**11** 07 = 1,44 15 = 1,45 22 = 1,46 30 = 1,47 38 = 1,48 45 = 1,49 53 = 1,50 61 = 1,51 68 = 1,52 76 = 1,53 84 = 1,54 91 = 1,55 99 = 1,56	**21** 04 = 2,74 11 = 2,75 19 = 2,76 27 = 2,77 34 = 2,78 42 = 2,79 50 = 2,80 57 = 2,81 65 = 2,82 73 = 2,83 80 = 2,84 88 = 2,85 96 = 2,86	**31** 00 = 4,04 08 = 4,05 16 = 4,06 23 = 4,07 31 = 4,08 39 = 4,09 46 = 4,10 54 = 4,11 62 = 4,12 69 = 4,13 77 = 4,14 85 = 4,15 92 = 4,16	**41** 05 = 5,35 12 = 5,36 20 = 5,37 28 = 5,38 35 = 5,39 43 = 5,40 51 = 5,41 58 = 5,42 66 = 5,43 74 = 5,44 81 = 5,45 89 = 5,46 97 = 5,47	**51** 01 = 6,65 09 = 6,66 17 = 6,67 24 = 6,68 32 = 6,69 40 = 6,70 47 = 6,71 55 = 6,72 63 = 6,73 70 = 6,74 78 = 6,75 86 = 6,76 93 = 6,77	**61** 06 = 7,96 13 = 7,97 21 = 7,98 29 = 7,99 36 = 8,00 44 = 8,01 52 = 8,02 59 = 8,03 67 = 8,04 75 = 8,05 82 = 8,06 90 = 8,07 98 = 8,08	**71** 02 = 9,26 10 = 9,27 18 = 9,28 25 = 9,29 33 = 9,30 41 = 9,31 48 = 9,32 56 = 9,33 64 = 9,34 71 = 9,35 79 = 9,36 87 = 9,37 94 = 9,38	**81** 07 = 10,57 14 = 10,58 22 = 10,59 30 = 10,60 37 = 10,61 45 = 10,62 53 = 10,63 60 = 10,64 68 = 10,65 76 = 10,66 83 = 10,67 91 = 10,68 99 = 10,69	**91** 03 = 11,87 11 = 11,88 19 = 11,89 26 = 11,90 34 = 11,91 42 = 11,92 49 = 11,93 57 = 11,94 65 = 11,95 72 = 11,96 80 = 11,97 88 = 11,98 95 = 11,99
2 02 = 0,26 10 = 0,27 18 = 0,28 25 = 0,29 33 = 0,30 41 = 0,31 48 = 0,32 56 = 0,33 64 = 0,34 71 = 0,35 79 = 0,36 87 = 0,37 94 = 0,38	**12** 07 = 1,57 14 = 1,58 22 = 1,59 30 = 1,60 37 = 1,61 45 = 1,62 53 = 1,63 60 = 1,64 68 = 1,65 76 = 1,66 83 = 1,67 91 = 1,68 99 = 1,69	**22** 03 = 2,87 11 = 2,88 19 = 2,89 26 = 2,90 34 = 2,91 42 = 2,92 49 = 2,93 57 = 2,94 65 = 2,95 72 = 2,96 80 = 2,97 88 = 2,98 95 = 2,99	**32** 00 = 4,17 08 = 4,18 15 = 4,19 23 = 4,20 31 = 4,21 38 = 4,22 46 = 4,23 54 = 4,24 61 = 4,25 69 = 4,26 77 = 4,27 84 = 4,28 92 = 4,29	**42** 04 = 5,48 12 = 5,49 20 = 5,50 27 = 5,51 35 = 5,52 43 = 5,53 50 = 5,54 58 = 5,55 66 = 5,56 73 = 5,57 81 = 5,58 89 = 5,59 96 = 5,60	**52** 01 = 6,78 09 = 6,79 16 = 6,80 24 = 6,81 32 = 6,82 39 = 6,83 47 = 6,84 55 = 6,85 62 = 6,86 70 = 6,87 78 = 6,88 85 = 6,89 93 = 6,90	**62** 05 = 8,09 13 = 8,10 21 = 8,11 28 = 8,12 36 = 8,13 44 = 8,14 51 = 8,15 59 = 8,16 67 = 8,17 74 = 8,18 82 = 8,19 90 = 8,20 97 = 8,21	**72** 02 = 9,39 10 = 9,40 17 = 9,41 25 = 9,42 33 = 9,43 40 = 9,44 48 = 9,45 56 = 9,46 63 = 9,47 71 = 9,48 79 = 9,49 86 = 9,50 94 = 9,51	**82** 06 = 10,70 14 = 10,71 22 = 10,72 29 = 10,73 37 = 10,74 45 = 10,75 52 = 10,76 60 = 10,77 68 = 10,78 75 = 10,79 83 = 10,80 91 = 10,81 98 = 10,82	**92** 03 = 12,00 11 = 12,01 18 = 12,02 26 = 12,03 34 = 12,04 41 = 12,05 49 = 12,06 57 = 12,07 64 = 12,08 72 = 12,09 80 = 12,10 87 = 12,11 95 = 12,12
3 02 = 0,39 10 = 0,40 17 = 0,41 25 = 0,42 33 = 0,43 40 = 0,44 48 = 0,45 56 = 0,46 63 = 0,47 71 = 0,48 79 = 0,49 86 = 0,50 94 = 0,51	**13** 06 = 1,70 14 = 1,71 22 = 1,72 29 = 1,73 37 = 1,74 45 = 1,75 52 = 1,76 60 = 1,77 68 = 1,78 75 = 1,79 83 = 1,80 91 = 1,81 98 = 1,82	**23** 03 = 3,00 11 = 3,01 18 = 3,02 26 = 3,03 34 = 3,04 41 = 3,05 49 = 3,06 57 = 3,07 64 = 3,08 72 = 3,09 80 = 3,10 87 = 3,11 95 = 3,12	**33** 00 = 4,30 07 = 4,31 15 = 4,32 23 = 4,33 30 = 4,34 38 = 4,35 46 = 4,36 53 = 4,37 61 = 4,38 69 = 4,39 76 = 4,40 84 = 4,41 92 = 4,42 99 = 4,43	**43** 04 = 5,61 12 = 5,62 19 = 5,63 27 = 5,64 35 = 5,65 42 = 5,66 50 = 5,67 58 = 5,68 65 = 5,69 73 = 5,70 81 = 5,71 88 = 5,72 96 = 5,73	**53** 01 = 6,91 08 = 6,92 16 = 6,93 24 = 6,94 31 = 6,95 39 = 6,96 47 = 6,97 54 = 6,98 62 = 6,99 70 = 7,00 77 = 7,01 85 = 7,02 93 = 7,03	**63** 05 = 8,22 13 = 8,23 20 = 8,24 28 = 8,25 36 = 8,26 43 = 8,27 51 = 8,28 59 = 8,29 66 = 8,30 74 = 8,31 82 = 8,32 89 = 8,33 97 = 8,34	**73** 02 = 9,52 09 = 9,53 17 = 9,54 25 = 9,55 32 = 9,56 40 = 9,57 48 = 9,58 55 = 9,59 63 = 9,60 71 = 9,61 78 = 9,62 86 = 9,63 94 = 9,64	**83** 06 = 10,83 14 = 10,84 21 = 10,85 29 = 10,86 37 = 10,87 44 = 10,88 52 = 10,89 60 = 10,90 67 = 10,91 75 = 10,92 83 = 10,93 90 = 10,94 98 = 10,95	**93** 03 = 12,13 10 = 12,14 18 = 12,15 26 = 12,16 33 = 12,17 41 = 12,18 49 = 12,19 56 = 12,20 64 = 12,21 72 = 12,22 79 = 12,23 87 = 12,24 95 = 12,25
4 02 = 0,52 09 = 0,53 17 = 0,54 25 = 0,55 32 = 0,56 40 = 0,57 48 = 0,58 55 = 0,59 63 = 0,60 71 = 0,61 78 = 0,62 86 = 0,63 94 = 0,64	**14** 06 = 1,83 14 = 1,84 21 = 1,85 29 = 1,86 37 = 1,87 44 = 1,88 52 = 1,89 60 = 1,90 67 = 1,91 75 = 1,92 83 = 1,93 90 = 1,94 98 = 1,95	**24** 03 = 3,13 10 = 3,14 18 = 3,15 26 = 3,16 33 = 3,17 41 = 3,18 49 = 3,19 56 = 3,20 64 = 3,21 72 = 3,22 79 = 3,23 87 = 3,24 95 = 3,25	**34** 07 = 4,44 15 = 4,45 22 = 4,46 30 = 4,47 38 = 4,48 45 = 4,49 53 = 4,50 61 = 4,51 68 = 4,52 76 = 4,53 84 = 4,54 91 = 4,55 99 = 4,56	**44** 04 = 5,74 11 = 5,75 19 = 5,76 27 = 5,77 34 = 5,78 42 = 5,79 50 = 5,80 57 = 5,81 65 = 5,82 73 = 5,83 80 = 5,84 88 = 5,85 96 = 5,86	**54** 00 = 7,04 08 = 7,05 16 = 7,06 23 = 7,07 31 = 7,08 39 = 7,09 46 = 7,10 54 = 7,11 62 = 7,12 69 = 7,13 77 = 7,14 85 = 7,15 92 = 7,16	**64** 05 = 8,35 12 = 8,36 20 = 8,37 28 = 8,38 35 = 8,39 43 = 8,40 51 = 8,41 58 = 8,42 66 = 8,43 74 = 8,44 81 = 8,45 89 = 8,46 97 = 8,47	**74** 01 = 9,65 09 = 9,66 17 = 9,67 24 = 9,68 32 = 9,69 40 = 9,70 47 = 9,71 55 = 9,72 63 = 9,73 70 = 9,74 78 = 9,75 86 = 9,76 93 = 9,77	**84** 06 = 10,96 13 = 10,97 21 = 10,98 29 = 10,99 36 = 11,00 44 = 11,01 52 = 11,02 59 = 11,03 67 = 11,04 75 = 11,05 82 = 11,06 90 = 11,07 98 = 11,08	**94** 02 = 12,26 10 = 12,27 18 = 12,28 25 = 12,29 33 = 12,30 41 = 12,31 48 = 12,32 56 = 12,33 64 = 12,34 71 = 12,35 79 = 12,36 87 = 12,37 94 = 12,38
5 01 = 0,65 09 = 0,66 17 = 0,67 24 = 0,68 32 = 0,69 40 = 0,70 47 = 0,71 55 = 0,72 63 = 0,73 70 = 0,74 78 = 0,75 86 = 0,76 93 = 0,77	**15** 06 = 1,96 13 = 1,97 21 = 1,98 29 = 1,99 36 = 2,00 44 = 2,01 52 = 2,02 59 = 2,03 67 = 2,04 75 = 2,05 82 = 2,06 90 = 2,07 98 = 2,08	**25** 02 = 3,26 10 = 3,27 18 = 3,28 25 = 3,29 33 = 3,30 41 = 3,31 48 = 3,32 56 = 3,33 64 = 3,34 71 = 3,35 79 = 3,36 87 = 3,37 94 = 3,38	**35** 07 = 4,57 14 = 4,58 22 = 4,59 30 = 4,60 37 = 4,61 45 = 4,62 53 = 4,63 60 = 4,64 68 = 4,65 76 = 4,66 83 = 4,67 91 = 4,68 99 = 4,69	**45** 03 = 5,87 11 = 5,88 19 = 5,89 26 = 5,90 34 = 5,91 42 = 5,92 49 = 5,93 57 = 5,94 65 = 5,95 72 = 5,96 80 = 5,97 88 = 5,98 95 = 5,99	**55** 00 = 7,17 08 = 7,18 15 = 7,19 23 = 7,20 31 = 7,21 38 = 7,22 46 = 7,23 54 = 7,24 61 = 7,25 69 = 7,26 77 = 7,27 84 = 7,28 92 = 7,29	**65** 04 = 8,48 12 = 8,49 20 = 8,50 27 = 8,51 35 = 8,52 43 = 8,53 50 = 8,54 58 = 8,55 66 = 8,56 73 = 8,57 81 = 8,58 89 = 8,59 96 = 8,60	**75** 01 = 9,78 09 = 9,79 16 = 9,80 24 = 9,81 32 = 9,82 39 = 9,83 47 = 9,84 55 = 9,85 62 = 9,86 70 = 9,87 78 = 9,88 85 = 9,89 93 = 9,90	**85** 05 = 11,09 13 = 11,10 21 = 11,11 28 = 11,12 36 = 11,13 44 = 11,14 51 = 11,15 59 = 11,16 67 = 11,17 74 = 11,18 82 = 11,19 90 = 11,20 97 = 11,21	**95** 02 = 12,39 10 = 12,40 17 = 12,41 25 = 12,42 33 = 12,43 40 = 12,44 48 = 12,45 56 = 12,46 63 = 12,47 71 = 12,48 79 = 12,49 86 = 12,50 94 = 12,51
6 01 = 0,78 09 = 0,79 16 = 0,80 24 = 0,81 32 = 0,82 39 = 0,83 47 = 0,84 55 = 0,85 62 = 0,86 70 = 0,87 78 = 0,88 85 = 0,89 93 = 0,90	**16** 05 = 2,09 13 = 2,10 21 = 2,11 28 = 2,12 36 = 2,13 44 = 2,14 51 = 2,15 59 = 2,16 67 = 2,17 74 = 2,18 82 = 2,19 90 = 2,20 97 = 2,21	**26** 02 = 3,39 10 = 3,40 17 = 3,41 25 = 3,42 33 = 3,43 40 = 3,44 48 = 3,45 56 = 3,46 63 = 3,47 71 = 3,48 79 = 3,49 86 = 3,50 94 = 3,51	**36** 06 = 4,70 14 = 4,71 22 = 4,72 29 = 4,73 37 = 4,74 45 = 4,75 52 = 4,76 60 = 4,77 68 = 4,78 75 = 4,79 83 = 4,80 91 = 4,81 98 = 4,82	**46** 03 = 6,00 11 = 6,01 18 = 6,02 26 = 6,03 34 = 6,04 41 = 6,05 49 = 6,06 57 = 6,07 64 = 6,08 72 = 6,09 80 = 6,10 87 = 6,11 95 = 6,12	**56** 00 = 7,30 07 = 7,31 15 = 7,32 23 = 7,33 30 = 7,34 38 = 7,35 46 = 7,36 53 = 7,37 61 = 7,38 69 = 7,39 76 = 7,40 84 = 7,41 92 = 7,42 99 = 7,43	**66** 04 = 8,61 12 = 8,62 19 = 8,63 27 = 8,64 35 = 8,65 42 = 8,66 50 = 8,67 58 = 8,68 65 = 8,69 73 = 8,70 81 = 8,71 88 = 8,72 96 = 8,73	**76** 01 = 9.91 08 = 9.92 16 = 9.93 24 = 9.94 31 = 9.95 39 = 9.96 47 = 9.97 54 = 9.98 62 = 9.99 70 = 10.00 77 = 10.01 85 = 10.02 93 = 10.03	**86** 05 = 11,22 13 = 11,23 20 = 11,24 28 = 11,25 36 = 11,26 43 = 11,27 51 = 11,28 59 = 11,29 66 = 11,30 74 = 11,31 82 = 11,32 89 = 11,33 97 = 11,34	**96** 02 = 12,52 09 = 12,53 17 = 12,54 25 = 12,55 32 = 12,56 40 = 12,57 48 = 12,58 55 = 12,59 63 = 12,60 71 = 12,61 78 = 12,62 86 = 12,63 94 = 12,64
7 01 = 0,91 08 = 0,92 16 = 0,93 24 = 0,94 31 = 0,95 39 = 0,96 47 = 0,97 54 = 0,98 62 = 0,99 70 = 1,00 77 = 1,01 85 = 1,02 93 = 1,03	**17** 05 = 2,22 13 = 2,23 20 = 2,24 28 = 2,25 36 = 2,26 43 = 2,27 51 = 2,28 59 = 2,29 66 = 2,30 74 = 2,31 82 = 2,32 89 = 2,33 97 = 2,34	**27** 02 = 3,52 09 = 3,53 17 = 3,54 25 = 3,55 32 = 3,56 40 = 3,57 48 = 3,58 55 = 3,59 63 = 3,60 71 = 3,61 78 = 3,62 86 = 3,63 94 = 3,64	**37** 06 = 4,83 14 = 4,84 21 = 4,85 29 = 4,86 37 = 4,87 44 = 4,88 52 = 4,89 60 = 4,90 67 = 4,91 75 = 4,92 83 = 4,93 90 = 4,94 98 = 4,95	**47** 03 = 6.13 10 = 6.14 18 = 6.15 26 = 6.16 33 = 6,17 41 = 6,18 49 = 6,19 56 = 6,20 64 = 6,21 72 = 6,22 79 = 6,23 87 = 6,24 95 = 6,25	**57** 07 = 7,44 15 = 7,45 22 = 7,46 30 = 7,47 38 = 7,48 45 = 7,49 53 = 7,50 61 = 7,51 68 = 7,52 76 = 7,53 84 = 7,54 91 = 7,55 99 = 7,56	**67** 04 = 8,74 11 = 8,75 19 = 8,76 27 = 8,77 34 = 8,78 42 = 8,79 50 = 8,80 57 = 8,81 65 = 8,82 73 = 8,83 80 = 8,84 88 = 8,85 96 = 8,86	**77** 00 = 10.04 08 = 10.05 16 = 10.06 23 = 10.07 31 = 10.08 39 = 10.09 46 = 10.10 54 = 10.11 62 = 10.12 69 = 10.13 77 = 10.14 85 = 10.15 92 = 10.16	**87** 05 = 11,35 12 = 11,36 20 = 11,37 28 = 11,38 35 = 11,39 43 = 11,40 51 = 11,41 58 = 11,42 66 = 11,43 74 = 11,44 81 = 11,45 89 = 11,46 97 = 11,47	**97** 01 = 12,65 09 = 12,66 17 = 12,67 24 = 12,68 32 = 12,69 40 = 12,70 47 = 12,71 55 = 12,72 63 = 12,73 70 = 12,74 78 = 12,75 86 = 12,76 93 = 12,77
8 00 = 1,04 08 = 1,05 16 = 1,06 23 = 1,07 31 = 1,08 39 = 1,09 46 = 1,10 54 = 1,11 62 = 1,12 69 = 1,13 77 = 1,14 85 = 1,15 92 = 1,16	**18** 05 = 2,35 12 = 2,36 20 = 2,37 28 = 2,38 35 = 2,39 43 = 2,40 51 = 2,41 58 = 2,42 66 = 2,43 74 = 2,44 81 = 2,45 89 = 2,46 97 = 2,47	**28** 01 = 3,65 09 = 3,66 17 = 3,67 24 = 3,68 32 = 3,69 40 = 3,70 47 = 3,71 55 = 3,72 63 = 3,73 70 = 3,74 78 = 3,75 86 = 3,76 93 = 3,77	**38** 06 = 4,96 13 = 4,97 21 = 4,98 29 = 4,99 36 = 5,00 44 = 5,01 52 = 5,02 59 = 5,03 67 = 5,04 75 = 5,05 82 = 5,06 90 = 5,07 98 = 5,08	**48** 02 = 6,26 10 = 6,27 18 = 6,28 25 = 6,29 33 = 6,30 41 = 6,31 48 = 6,32 56 = 6,33 64 = 6,34 71 = 6,35 79 = 6,36 87 = 6,37 94 = 6,38	**58** 07 = 7,57 14 = 7,58 22 = 7,59 30 = 7,60 37 = 7,61 45 = 7,62 53 = 7,63 60 = 7,64 68 = 7,65 76 = 7,66 83 = 7,67 91 = 7,68 99 = 7,69	**68** 03 = 8,87 11 = 8,88 19 = 8,89 26 = 8,90 34 = 8,91 42 = 8,92 49 = 8,93 57 = 8,94 65 = 8,95 72 = 8,96 80 = 8,97 88 = 8,98 95 = 8,99	**78** 00 = 10.17 08 = 10.18 15 = 10.19 23 = 10.20 31 = 10.21 38 = 10.22 46 = 10.23 54 = 10.24 61 = 10.25 69 = 10.26 77 = 10.27 84 = 10.28 92 = 10.29	**88** 04 = 11,48 12 = 11,49 20 = 11,50 27 = 11,51 35 = 11,52 43 = 11,53 50 = 11,54 58 = 11,55 66 = 11,56 73 = 11,57 81 = 11,58 89 = 11,59 96 = 11,60	**98** 01 = 12,78 09 = 12,79 16 = 12,80 24 = 12,81 32 = 12,82 39 = 12,83 47 = 12,84 55 = 12,85 62 = 12,86 70 = 12,87 78 = 12,88 85 = 12,89 93 = 12,90
9 00 = 1,17 08 = 1,18 15 = 1,19 23 = 1,20 31 = 1,21 38 = 1,22 46 = 1,23 54 = 1,24 61 = 1,25 69 = 1,26 77 = 1,27 84 = 1,28 92 = 1,29	**19** 04 = 2,48 12 = 2,49 20 = 2,50 27 = 2,51 35 = 2,52 43 = 2,53 50 = 2,54 58 = 2,55 66 = 2,56 73 = 2,57 81 = 2,58 89 = 2,59 96 = 2,60	**29** 01 = 3,78 09 = 3,79 16 = 3,80 24 = 3,81 32 = 3,82 39 = 3,83 47 = 3,84 55 = 3,85 62 = 3,86 70 = 3,87 78 = 3,88 85 = 3,89 93 = 3,90	**39** 05 = 5,09 13 = 5,10 21 = 5,11 28 = 5,12 36 = 5,13 44 = 5,14 51 = 5,15 59 = 5,16 67 = 5,17 74 = 5,18 82 = 5,19 90 = 5,20 97 = 5,21	**49** 02 = 6,39 10 = 6,40 17 = 6,41 25 = 6,42 33 = 6,43 40 = 6,44 48 = 6,45 56 = 6,46 63 = 6,47 71 = 6,48 79 = 6,49 86 = 6,50 94 = 6,51	**59** 06 = 7,70 14 = 7,71 22 = 7,72 29 = 7,73 37 = 7,74 45 = 7,75 52 = 7,76 60 = 7,77 68 = 7,78 75 = 7,79 83 = 7,80 91 = 7,81 98 = 7,82	**69** 03 = 9,00 11 = 9,01 18 = 9,02 26 = 9,03 34 = 9,04 41 = 9,05 49 = 9,06 57 = 9,07 64 = 9,08 72 = 9,09 80 = 9,10 87 = 9,11 95 = 9,12	**79** 00 = 10.30 07 = 10.31 15 = 10.32 23 = 10.33 30 = 10.34 38 = 10.35 46 = 10.36 53 = 10.37 61 = 10.38 69 = 10.39 76 = 10.40 84 = 10.41 92 = 10.42 99 = 10.43	**89** 04 = 11,61 12 = 11,62 19 = 11,63 27 = 11,64 35 = 11,65 42 = 11,66 50 = 11,67 58 = 11,68 65 = 11,69 73 = 11,70 81 = 11,71 88 = 11,72 96 = 11,73	**99** 01 = 12,91 08 = 12,92 16 = 12,93 24 = 12,94 31 = 12,95 39 = 12,96 47 = 12,97 54 = 12,98 62 = 12,99 70 = 13,00 77 = 13,01 85 = 13,02 93 = 13,03 100 = 13,04

100,00 DM = 13,04
200,00 DM = 29,09
300,00 DM = 39,13
400,00 DM = 52,17

500,00 DM = 62,22
600,00 DM = 78,26
700,00 DM = 91,30
800,00 DM = 104,35

900,00 DM = 117,39
1000,00 DM = 130,43
2000,00 DM = 260,87
3000,00 DM = 391,30

4000,00 DM = 521,74
5000,00 DM = 652,17
6000,00 DM = 782,61
7000,00 DM = 913,04

8000,00 DM = 1043,48
9000,00 DM = 1173,91
10000,00 DM = 1304,35
100000,00 DM = 13043,48

1 Million DM = 130434,78
10 Millionen DM = 1304347,83
100 Millionen DM = 13043478,26
1 Milliarde DM = 130434782,60

Entlohnung im Gastgewerbe

Entlohnungsarten

Lohn oder Gehalt sind Gegenleistungen für erbrachte Arbeit. Unterschiedlich ist die Bemessungsgrundlage. Dazu können die Arbeitszeit oder die -leistung dienen.

● Ist die **Arbeitszeit** Grundlage der Entlohnung, spricht man von **Zeitlohn.** Für die tariflich festgelegte Arbeitszeit erhält man den **Grundlohn**; ist über dieses Zeitmaß hinaus zu arbeiten, fallen getrennt zu verrechnende **Überstunden** an.

● Ist die **Leistung** Berechnungsgrundlage, spricht man von **Leistungslohn.** Dabei ist im Gastgewerbe der **Umsatz** die Bemessungsgrundlage. In anderen Gewerben wird z. B. nach Stückzahl, nach Quadratmetern usw. abgerechnet. Man nennt diese Art der Abrechnung Akkordlohn.
  − Um **Einzelleistungslohn** handelt es sich, wenn der Umsatz eines Angestellten Bemessungsgrundlage ist.
  − Vom **Gruppenleistungslohn** spricht man, wenn z. B. alle im Service Beschäftigten als Gruppe betrachtet werden und deren Gesamtumsatz Bemessungsgrundlage ist. Der Gruppenleistungslohn (Tronc, Stock) wird dann nach bestimmten Regeln an die einzelnen Mitarbeiter **verteilt.**

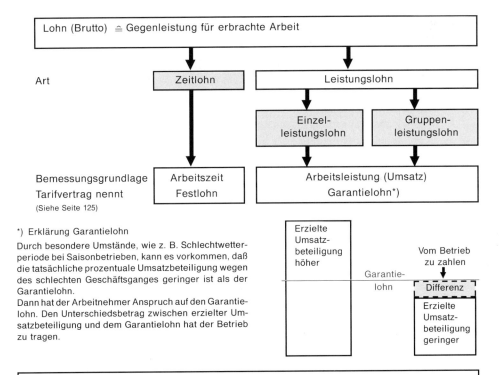

Lohn (Brutto) ≙ Gegenleistung für erbrachte Arbeit

Art — Zeitlohn — Leistungslohn — Einzelleistungslohn — Gruppenleistungslohn

Bemessungsgrundlage — Arbeitszeit / Festlohn — Arbeitsleistung (Umsatz) / Garantielohn*)

Tarifvertrag nennt
(Siehe Seite 125)

*) Erklärung Garantielohn

Durch besondere Umstände, wie z. B. Schlechtwetterperiode bei Saisonbetrieben, kann es vorkommen, daß die tatsächliche prozentuale Umsatzbeteiligung wegen des schlechten Geschäftsganges geringer ist als der Garantielohn.
Dann hat der Arbeitnehmer Anspruch auf den Garantielohn. Den Unterschiedsbetrag zwischen erzielter Umsatzbeteiligung und dem Garantielohn hat der Betrieb zu tragen.

Erzielte Umsatzbeteiligung höher — Garantielohn — Vom Betrieb zu zahlen — Differenz — Erzielte Umsatzbeteiligung geringer

Der Garantielohn ist ein unabhängig vom Umsatz garantierter Minimalverdienst.
Der Garantielohn ist nicht ein Festbetrag (Fixum), auf den die prozentuale Umsatzbeteiligung aufgestockt wird.

Einzelleistungslohn

Bei Festangestellten ist die monatliche Abrechnung üblich. Mit Arbeitskräften, die aushilfsweise beschäftigt sind, wird am Ende der Arbeitszeit abgerechnet.
Der vereinbarte Prozentanteil basiert auf dem kalkulierten Preis. Der Umsatz des einzelnen ist die Summe aller vereinnahmten Inklusivpreise. Darum

Rückrechnung vom Umsatz zur Umsatzbeteiligung.

1

Beispiel

Eine Aushilfskraft erhält 12% des kalkulierten Preises als Entgelt; MWSt 15%.
Sie rechnet mit 901,60 DM ab.
Wieviel DM Umsatzbeteiligung sind auszuzahlen?

Lösung

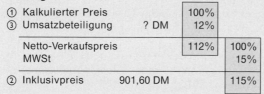

① Kalkulierter Preis		100%	
③ Umsatzbeteiligung	? DM	12%	
Netto-Verkaufspreis		112%	100%
MWSt			15%
② Inklusivpreis	901,60 DM		115%

$115\% \triangleq 901,60\ \text{DM}$
$100\% \triangleq\ \ \ \ \text{x DM}$ $\qquad x = \dfrac{901,60 \cdot 100}{115} = 784,00\ \text{DM}$

$112\% \triangleq 784,00\ \text{DM}$
$12\% \triangleq\ \ \ \ \text{x DM}$ $\qquad x = \dfrac{784,00 \cdot 12}{112} = 84,00\ \text{DM}$

Antwort: Die Umsatzbeteiligung beträgt 84,00 DM.

Lösungshinweise

① Eine Übersicht gibt die Aufstellung der Stufen drei und vier der Kalkulation.

② Der erste Schritt der Rückrechnung führt vom Inklusivpreis (115%) zum Netto-Verkaufspreis (100%).

③ Beim zweiten Schritt der Rückrechnung ist der Netto-Verkaufspreis $100 + 12 = 112\%$.

> Hinweis: Beim Rechenweg besteht kein Unterschied zwischen täglicher Abrechnung (Aushilfe) und monatlicher Abrechnung (Festangestellte). Nur die Höhe der Beträge ist unterschiedlich.

2
(3)
Eine Aushilfskraft erhält 12% des kalkulierten Preises als Lohn; MWSt 15%. Sie rechnet mit 752,58 (627,15) DM ab.
Wieviel DM Umsatzbeteiligung sind auszuzahlen?

4
(5)
Eine Vertretung im Service erhält 15% Umsatzbeteiligung. Sie rechnet mit 519,80 (779,70) DM ab.
Berechnen Sie unter Berücksichtigung der 15prozentigen Mehrwertsteuer die Auszahlung.

6
(7)
Mit einer Tagesvertretung wurden „15%" vereinbart. Die Registrierkasse druckt als Tagesumsatz 823,00 (618,40) DM aus.
a) Worauf bezieht sich die Angabe „15%"?
b) Welche Angabe fehlt in der Rechnung? Setzen Sie den gültigen Wert ein.
c) Auf wieviel DM beläuft sich die Umsatzbeteiligung?

8
Im Lohnbüro ist die monatliche Abrechnung vorzunehmen. Vereinbart sind 12% Umsatzbeteiligung, die Mehrwertsteuer ist mit 15% enthalten.
Berechnen Sie die Umsatzbeteiligung für jeden Angestellten in DM:
a) 12538,60   b) 9654,80   c) 14593,50   d) 14216,20   e) 3956,20.

Gruppenleistungslohn — Tronc

Bei betrieblich erforderlichen Regelungen kann der Einzelleistungslohn zu ungerechten Verschiebungen führen, z. B. bei

- **Schichtdienst;** die Gästezahlen und die Verzehrsgewohnheiten sind zu den einzelnen Tageszeiten unterschiedlich, damit auch der Umsatz.
- **gleichbleibendem Revier;** Stammgäste werden durch diese Regelung stets vom gleichen Personal bedient. Innerhalb des Personals gibt es aber keinen Ausgleich zwischen umsatzstarken und umsatzschwachen Revieren. Unterschiede können auch durch die Witterung bedingt sein.

Einen Ausgleich schafft der Gruppenleistungslohn oder Tronc. Dabei fließt die Umsatzbeteiligung des gesamten Bedienungspersonals in den Tronc (gemeinsame Prozentkasse) und wird nach einem festgelegten Verteilungssystem auf die einzelnen Mitglieder der Gruppe verteilt.

> Der Tronc enthält die Umsatzbeteiligung aus dem Gesamtumsatz.
> Die Aufteilung des Troncs ist eine Verteilungsrechnung.

Die **Höhe des Troncs** wird vom Umsatz bestimmt.

Der **Anteil des einzelnen** wird durch tarifliche Bestimmungen geregelt.

Hinweis:

Wenn Sie die Verteilungsrechnung nicht sicher beherrschen, wiederholen Sie zunächst auf Seite 62 Beispiel 1 und Aufgabe 2.

Ausschnitt aus einem Tarifvertrag	Garantie-löhne DM
Restaurantdirektor	freie Vereinbarung
Serviermeister, Oberkellner	2 900,00
Chef de rang	2 300,00
Restaurantfachmann	2 100,00
Commis im 1. Gehilfenjahr	1 800,00
Angelernte	1 600,00

Aus dem Tronc darf nur Personal entlohnt werden, das im Tarifvertrag unter den Prozentempfängern genannt ist. — Nicht aus dem Tronc dürfen entnommen werden Ausbildungsvergütungen, Urlaubsgelder und die Entlohnung für Personen, die geschäftsführend tätig sind.

Zunächst sind dem Tronc die Garantielöhne zu entnehmen. Ein Überschuß ist im Verhältnis der Garantielöhne zu verteilen. Rechnerisch kann die Verteilung des Garantielohnes und des Überschusses (Übertronc) zusammengefaßt werden.

Mit Zustimmung des Betriebsrates oder, wo dieser nicht besteht, durch Mehrheitsbeschluß der Arbeitnehmer kann im Einvernehmen mit dem Arbeitgeber der **Übertronc** auch nach anderen Verhältnissen, z. B. Punktesystem, verteilt werden.

Verteilung des Troncs nach Garantielöhnen

9 **Beispiel**

Ein Betrieb beschäftigt einen Oberkellner mit 2 900,00 DM Garantielohn und fünf Restaurantfachleute mit je 2 100,00 DM Garantielohn. Tronc 20 100,00 DM

a) Berechnen Sie den Verteilungsschlüssel, wenn im Verhältnis der Garantielöhne verteilt wird.

b) Wieviel DM Bruttolohn erhält jeder Angestellte?

c) Führen Sie eine Kontrollrechnung durch.

Lösung

1 Oberkellner   2 900,00 DM · 1 =   2 900,00 DM
5 Restaurantfachl. 2 100,00 DM · 5 = 10 500,00 DM

Summe der Garantielöhne   13 400,00 DM

$$\frac{\text{Tronc}}{\text{Garantielöhne}} = \text{Verteilungsschlüssel} \qquad \frac{20\,100,00 \text{ DM}}{13\,400,00 \text{ DM}} = 1,5$$

Es erhalten an Bruttolohn   Kontrolle
Oberkellner   2 900,00 DM · 1,5 = 4 350,00 DM · 1 =   4 350,00 DM
Restaurantfachl. 2 100,00 DM · 1,5 = 3 150,00 DM · 5 = 15 750,00 DM

Summe der auszuzahlenden Bruttolöhne   20 100,00 DM

Lösungshinweise

1. Beträge mit der Zahl der Empfänger vervielfachen und zusammenzählen.

2. Den Verteilungsschlüssel erhält man, wenn der Tronc durch die Garantielöhne geteilt wird.

3. Das Ergebnis 1,5 besagt, daß man für jede DM Garantielohn das 1,5fache erhält.

Antwort

a) Der Verteilungsschlüssel ist 1,5.

b) Der Oberkellner erhält 4 350,00 DM, jede Restaurantfachkraft 3 150,00 DM Bruttolohn.

---

1. Summe der Garantielöhne berechnen
2. Tronc : Garantielöhne = Verteilungsschlüssel
3. Garantielohn · Verteilungsschlüssel = Bruttolohn

---

10 Zum Service-Personal des Hotels „Vier Jahreszeiten" zählen 1 Oberkellner, 1 (2) Chef
(11) de rang, 4 (6) Restaurantfachleute. Der Tronc enthält 22 440,00 (34 575,00) DM. Garantielöhne siehe Tarifvertrag Seite 125.

a) Berechnen Sie den Bruttolohn jedes Angestellten.

b) Überprüfen Sie die Berechnung, indem Sie die Summe der auszuzahlenden Bruttolöhne ermitteln.

12 Das Hotel „Schwarzer Adler" hat im Service beschäftigt: 2 (3) Oberkellner, 4 (6) Chefs
(13) de rang, 8 (11) Restaurantfachleute. Der Tronc umfaßt 26 800,00 (76 608,30) DM.

a) Wieviel DM Bruttolohn erhält jeder Angestellte?

b) Überprüfen Sie die Berechnung, indem Sie die Summe der auszuzahlenden Bruttolöhne ermitteln.

Bei der Berechnung des Verteilungsschlüssels wird nur auf zwei Stellen nach dem Komma gerechnet.
Der bei der Verteilung verbleibende Rest kommt als Vortrag zum Tronc des folgenden Monats.

Verteilung des Troncs nach Garantielöhnen und Punkten

Nach den Bestimmungen des Tarifvertrages kann der nach der Verteilung der Garantielöhne verbleibende Übertronc nach einem Punktesystem verteilt werden, wenn die Arbeitnehmer dem zustimmen. Mit dem Punktesystem können die besonderen Fähigkeiten einzelner berücksichtigt werden. Es kann aber auch dazu führen, daß die „alten Hasen" gegenüber den Neuen in einer Brigade bevorzugt werden.

14   Beispiel

Im Restaurant „Sonne" wird der Tronc in Höhe von 20 500,00 DM nach den tariflichen Garantielöhnen verteilt, der Übertronc nach dem Punktesystem. Es sind beschäftigt ein Oberkellner mit 2 900,00 DM Garantielohn und 16 Punkten, fünf Restaurantfachleute mit je 2 300,00 DM Garantielohn und 9 Punkten.
Berechnen Sie den Bruttolohn jedes Angestellten.

Lösung   **Lösungshinweise**

1 Oberkellner   2 900,00 DM · 1 = 2 900,00 DM   16 P · 1 = 16 P   ① Die Summe der
5 Restaurantfachl. 2 300,00 DM · 5 = 11 500,00 DM   9 P · 5 = 45 P   Garantielöhne und
                                                                                                            Punkte errechnen.
Summen   ① 14 400,00 DM   ① 61 P   ② Übertronc ermit-
                                                                                                            teln, indem man
        Tronc   20 500,00 DM   ③ 61 P ≙ 6 100,00 DM   vom Tronc die Sum-
        Garantielöhne 14 400,00 DM   1 P ≙   100,00 DM   me der Garantie-
                                                                                                            löhne abzieht.
② Übertronc   6 100,00 DM

        Oberkellner   ③ Wert für einen Punkt berechnen.
④ Punktwert 100,00 DM · 16 = 1 600,00 DM   ④ Punktwert mal Einzelpunkte ergibt Punktzu-
        Garantielohn   2 900,00 DM   schlag.
                                                                           ⑤ Garantielohn und Punktzuschlag entspricht
⑤ Bruttolohn   4 500,00 DM   Bruttolohn.

Tronc	= gemeinsame Prozentkasse bei Gruppenleistungslohn
Übertronc	= Teil des Troncs, der die Summe der Garantielöhne übersteigt
Resttronc	= Rest, der bei der Verteilung des Troncs bleibt und zum folgenden Monat vorgetragen wird

15 Im Hotel „Weißes Lamm" ist vereinbart: Nach Entnahme der tariflichen Garantielöhne
(16) (Seite 125) wird der Übertronc nach Punkten verteilt. Es erhalten 1 (2) Oberkellner 15 Punkte, 2 (3) Chefs de rang je 12 Punkte, 5 (7) Restaurantfachleute je 9 Punkte. Der Tronc enthält 27 752,60 (45 333,70) DM.

Berechnen Sie den Bruttolohn jedes Angestellten.

17 Das Personal des Saisonhotels „Strandbad" hat folgender Vereinbarung zugestimmt:
(18) Nach Abzug der tariflichen Garantielöhne erhalten Serviermeister 14 Punkte, Chefs de rang 12 Punkte, Restaurantfachleute 10 Punkte, Commis 8 Punkte. Der Service-Brigade gehören an: 1 (2) Serviermeister, 4 (5) Chefs de rang, 8 (9) Restaurantfachleute, 4 (6) Commis. Der Tronc enthält 54 546,08 (62 526,35) DM.

Berechnen Sie den Bruttolohn jedes Angestellten.

Prüfungsaufgaben

Weil Aufgaben zur Verteilung des Troncs sehr umfassend sind, werden bei Prüfungen vielfach Teilberechnungen herausgegriffen. Daß diese dennoch Verständnis für das ganze Abrechnungssystem verlangen, zeigen die folgenden Beispiele:

1 Der Tronc eines Restaurants enthält 21 920,00 (18 495,00) DM. Es gelten folgende
(2) Garantielöhne: 1 Oberkellner 2 500,00 DM, 2 Chefs de rang je 2 000,00 DM, 4 Restaurantfachleute je 1 800,00 DM.
Berechnen Sie den Verteilungsschlüssel.

3 Ein Hotel zahlt an Garantielöhnen 2 300,00 DM an einen Seviermeister, je 1 900,00 DM
(4) an drei Chefs de rang, je 1 700,00 DM an fünf Restauranthelfer, je 1 550,00 DM an vier Commis. Der Tronc von 39 725,00 (30 418,00) DM soll entsprechend den Garantielöhnen verteilt werden.
Berechnen Sie den Verteilungsschlüssel.

5 Die Summe der Garantielöhne eines Hauses beläuft sich auf 14 860,00 (28 730,00) DM.
(6) Der Tronc enthält 21 101,20 (45 106,10) DM.
    a) Berechnen Sie den Verteilungsschlüssel.
    b) Wieviel DM Bruttolohn erhält ein Commis, wenn sein Garantielohn 1 800,00 (1 650,00) DM beträgt?

7 Das Service-Personal eines Betriebes wird nach folgenden Garantielöhnen abgerechnet:
    1 Serviermeister   Garantielohn   2 500,00 DM
    2 Chefs de rang   Garantielohn je 2 150,00 DM
    5 Restaurantfachleute Garantielohn je 1 700,00 DM
    a) Wieviel DM beträgt die Summe der Garantielöhne?
    b) Der Tronc enthält 24 174,00 DM. Berechnen Sie den Verteilungsschlüssel.

8 Im Monat Februar enthält der Tronc eines Spezialitätenrestaurants 30 525,00 DM. Er ist an folgendes Personal im Verhältnis der Garantielöhne zu verteilen:
    1 Oberkellner   Garantielohn   2 600,00 DM
    3 Chefs de rang   Garantielohn je 2 100,00 DM
    2 Restaurantfachleute Garantielohn je 1 800,00 DM
    4 Commis   Garantielohn je 1 500,00 DM
    Wieviel DM erhält ein Restaurantfachmann?

9 Das Lohnbüro hat einen Verteilungsschlüssel von 84,80 DM je Punkt ermittelt. Eine
(10) Restaurantfachfrau dieses Betriebes erhält neben dem Garantielohn von 1 850,00 (1 750,00) DM 9 (8) Punkte.
Berechnen Sie den Bruttolohn.

11 Ein Commis erhält neben dem Garantielohn aus dem Übertronc 8 (9) Punkte; das
(12) waren in diesem Monat 738,40 (653,40) DM. Ihm ist bekannt, daß einem Chef de rang 11 (13) Punkte verrechnet werden.
Nun will er wissen, wieviel DM einem Chef de rang aus dem Übertronc ausbezahlt wird.

13 Das Lohnbüro des Berghotels „Fernblick" hat eine Summe der Garantielöhne von 12 450,00 DM errechnet; im Tronc sind 10 845,00 DM.
    a) Berechnen Sie den Verteilungsschlüssel.
    b) Welche tarifrechtlichen Konsequenzen ergeben sich?

Lohn- und Gehaltsabrechnung

Auf die Frage: „Wieviel verdienst du?" kann bei gleichem Lohn die Antwort sehr unterschiedlich ausfallen. Die einen nennen den Bruttolohn, andere den Nettolohn und ein dritter den ausbezahlten Betrag.

← Bruttolohn →		
← Nettolohn →	Steuern	Sozial-Versich.
	← Abzüge →	

- **Bruttolohn** wird fest vereinbart oder nach Leistung (Umsatz) berechnet.
- **Nettolohn:** nach Abzug von Steuern und Beiträgen zur Sozialversicherung.
- **Auszuzahlender Betrag:** Zulagen wie Fahrtkosten, vermögenswirksame Leistungen und Abzüge, z. B. für Kost und Wohnung, sind berücksichtigt.

Steuern

Bei der Berechnung der Lohn- und Kirchensteuer wird neben der Höhe des Verdienstes der Familienstand berücksichtigt. Damit wird ein sozialer Ausgleich angestrebt. Denn es macht einen großen Unterschied, ob z. B. ein Lediger nur für sich selbst zu sorgen hat oder ein Verheirateter bei gleichem Verdienst eine Familie zu unterhalten hat.

Steuerklassen (Vereinfachte Erläuterung)

I Alleinlebende (ledig, geschieden, verwitwet) ohne Kinderfreibetrag; also Alleinversorger. Sie zahlen verhältnismäßig am meisten.

II Alleinlebende mit Kind, das bei ihnen lebt, also mit Kinderfreibetrag.

III Verheiratete Alleinverdiener. Von einem Verdienst muß die ganze Familie leben. Der Steueranteil ist darum wesentlich geringer.

IV und IV Verheiratete, wenn beide berufstätig und ungefähr gleich viel verdienen.

III und V bei sehr unterschiedlichen Verdiensten

Die Abzüge an Lohnsteuer

Lohn Gehalt bis	Steuer-klasse	Lohn-steuer
2 000,00	I	208,08
	III	97,50
	IV	208,08
3 000,00	I	454,25
	III	260,66
	IV	454,25

III/1 arabische Ziffer: Zahl der Kinderfreibeträge

Wer Steuerabzüge überprüfen will, muß

- seine Lohnsteuerklasse kennen,
- die Lohnsteuertabelle ablesen können.

1 bis 8 Welche Lohnsteuerklasse? (Mündliche Übung)

	1	2	3	4	5	6	7	8
Familienstand	ledig	verh.	verh.	verh.	verh.	verh.	verh.	ledig
Kinderfreibeträge	keine	1	keine	1	2	keine	2	0,5
Ehepartner arbeitet	—	nein	ja	nein	nein	ja	ja	—

Sozialabgaben

Die Beiträge zu den Sozialversicherungen muß der Arbeitgeber vom Lohn einbehalten und an die Versicherungen abführen.

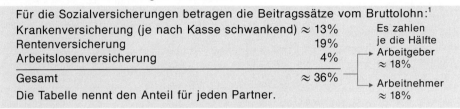

Für die Sozialversicherungen betragen die Beitragssätze vom Bruttolohn:[1]

Krankenversicherung (je nach Kasse schwankend) ≈ 13%
Rentenversicherung 19%
Arbeitslosenversicherung 4%

Gesamt ≈ 36%

Die Tabelle nennt den Anteil für jeden Partner.

Es zahlen je die Hälfte
Arbeitgeber ≈ 18%
Arbeitnehmer ≈ 18%

Umgang mit Lohnsteuer- und Sozialversicherungstabellen

Hinweis: Im Kopf der Tabellen steht „bis ...", also muß die Summe gesucht werden, die dem Bruttolohn gleich oder etwas höher ist.

Monat   Die Abzüge an Lohnsteuer, Kirchensteuer und Sozialversicherung betragen bei 13% Krankenkassenbeitrag

Lohn/ Gehalt bis		Steuerklassen I, III-VI ohne Kinderfreibetrag				mit 0,5 Kinderfreibetrag			mit 1,0 Kinderfreibetrag			mit 1,5 Kinderfreibeträgen			mit 2,0 Kinderfreibeträgen			Krankenkasse	
		Lohn-steuer	Kirchensteuer 8%	9%		Lohn-steuer	Kirchensteuer 8%	9%	Lohn-steuer	Kirchensteuer 8%	9%	Lohn-steuer	Kirchensteuer 8%	9%	Lohn-steuer	Kirchensteuer 8%	9%	...	13% ...
1971,15	I,IV	202,16	16,17	18,19	I	165,25	12,22	13,74	129,41	8,35	9,39	94,58	4,56	5,13	60,91	0,87	0,98		354,40
	III	94,00	7,52	8,46	II	69,66	4,57	5,14	36,75	0,94	1,05	4,25							
	V	415,83	33,26	37,42	III	61,50	3,92	4,41	29,00	0,32	0,36								
	VI	466,33	37,30	41,96	IV	183,58	14,18	15,95	165,25	12,22	13,74	147,25	10,28	11,56	129,41	8,35	9,39		
2002,65	I,IV	208,08	16,64	18,72	I	171,00	12,68	14,26	135,00	8,80	9,90	100,08	5,00	5,63	66,16	1,29	1,45		360,08
	III	97,50	7,80	8,77	II	75,00	5,00	5,62	41,83	1,34	1,51	9,33							
	V	425,16	34,01	38,26	III	64,83	4,18	4,70	32,33	0,58	0,65								
	VI	476,16	38,09	42,85	IV	189,41	14,65	16,48	171,00	12,68	14,26	152,91	10,73	12,07	135,00	8,80	9,90		
2007,15	I,IV	209,08	16,72	18,81	I	172,00	12,76	14,35	135,91	8,87	9,98	100,91	5,07	5,70	67,00	1,36	1,53		360,89
	III	99,16	7,93	8,92	II	75,83	5,06	5,69	42,75	1,42	1,59	10,25							
	V	426,50	34,12	38,38	III	66,66	4,33	4,87	34,16	0,73	0,82	1,66							
	VI	477,50	38,20	42,97	IV	190,41	14,73	16,57	172,00	12,76	14,35	153,83	10,80	12,15	135,91	8,87	9,98		
2052,15	I,IV	219,08	17,52	19,71	I	181,66	13,53	15,22	145,33	9,62	10,82	110,08	5,80	6,53	75,83	2,06	2,32		368,98
	III	106,16	8,49	9,55	II	84,75	5,78	6,50	51,33	2,10	2,36	18,75							
	V	440,16	35,21	39,61	III	73,50	4,88	5,49	41,00	1,28	1,44	8,50							
	VI	491,50	39,32	44,23	IV	200,25	15,52	17,46	181,66	13,53	15,22	163,33	11,56	13,01	145,33	9,62	10,82		
2502,15	I,IV	322,58	25,80	29,03	I	282,33	21,58	24,28	243,25	17,46	19,64	205,16	13,41	15,08	168,16	9,45	10,63		449,98
	III	178,50	14,28	16,06	II	177,75	13,22	14,87	141,58	9,32	10,49	106,41	5,51	6,20	72,33	1,78	2,00		
	V	583,50	46,68	52,51	III	144,66	10,57	11,89	111,33	6,90	7,76	78,66	3,29	3,70	46,16				
	VI	640,50	51,24	57,64	IV	302,33	23,68	26,64	282,33	21,58	24,28	262,66	19,51	21,95	243,25	17,46	19,64		
2506,65	I,IV	323,66	25,89	29,12	I	283,41	21,67	24,38	244,25	17,54	19,73	206,16	13,49	15,17	169,08	9,52	10,71		450,79
	III	178,50	14,28	16,06	II	178,75	13,30	14,96	142,50	9,40	10,57	107,33	5,58	6,28	73,16	1,85	2,08		
	V	585,16	46,81	52,66	III	144,66	10,57	11,89	111,33	6,90	7,76	78,66	3,29	3,70	46,16				
	VI	642,00	51,36	57,78	IV	303,41	23,77	26,74	283,41	21,67	24,38	263,66	19,59	22,04	244,25	17,54	19,73		
2551,65	I,IV	335,50	26,84	30,19	I	294,91	22,59	25,41	255,50	18,44	20,74	217,08	14,36	16,16	179,75	10,38	11,67		458,89
	III	185,66	14,85	16,70	II	189,41	14,15	15,92	152,91	10,23	11,51	117,41	6,39	7,19	83,00	2,64	2,97		
	V	600,33	48,02	54,02	III	151,66	11,13	12,52	118,33	7,46	8,39	85,50	3,84	4,32	53,00	0,24	0,27		
	VI	657,66	52,61	59,18	IV	315,08	24,70	27,79	294,91	22,59	25,41	275,08	20,50	23,06	255,50	18,44	20,74		

9 Herr Frisch verdient 1970,00 (2000,00) DM monatlich. Lesen Sie aus der Tabelle ab:
(10) a) Lohnsteuer bei Lohnsteuerklasse I, b) Kirchensteuer bei 8% Kirchensteuer, c) Sozialversicherungsbeiträge bei einem Beitragssatz zur Krankenkasse von 13%.

11
bis Berechnen Sie jeweils die Abzüge für Steuern und Sozialversicherungen unter Verwendung der Tabelle (Kirchensteuer 8%. Sozialversicherungen Spalte 13%).
17

	11	12	13	14	15	16	17
Brutto DM	2050,00	2500,00	2505,00	2550,00	2050,00	2000,00	2505,00
Familienstand	ledig	ledig	verh.	verh.	verh.	verh.	verh.
Kinderfreibeträge	keine	1	keine	2	keine	2	1
Ehepartner arbeitet	–	–	nein	nein	ja	ja	nein

---

[1] Kurzfristige Änderungen der Beitragssätze bleiben hier unberücksichtigt.

Gesamtabrechnung

Der Arbeitgeber ist verpflichtet, eine Lohn- oder Gehaltsabrechnung durchzuführen. Dabei sind zu berücksichtigen:

- Lohn- und Kirchensteuer (s. Seite 130); diese werden vom Arbeitgeber an das Finanzamt abgeführt.
- Sozialversicherungsbeiträge (s. Seite 130); sie werden vom Arbeitgeber überwiesen.
- Vermögenswirksame Leistungen; sie werden vom Arbeitgeber auf das vom Arbeitnehmer benannte Konto eingezahlt.
- Eventuelle Zuschüsse (z. B. Essenszuschuß) oder Erstattungen (z. B. Fahrgeld).

Der **Lohn** ist entweder
- fest vereinbart oder
- wird über den Stundenlohn errechnet.

Die vermögenswirksamen Leistungen des Arbeitgebers zählen zu den Einnahmen.

Vom **Bruttolohn** werden **abgezogen**
- Lohn- und Kirchensteuer
- Sozialversicherungsbeiträge
- vermögenswirksame Leistungen, die der Arbeitnehmer aufbringt.

Der ermittelten Zwischensumme werden **zugerechnet** z. B.
- Fahrgelderstattung
- Essengeldzuschuß.

Lohn/Gehalt		*1975*	00
_____ Std. . . . . . à DM _____			
_____ Über-Std. . à DM _____			
Über-Std.-Zuschläge _____			
VWL AG		26	00
Steuerfreie Bezüge siehe unten **Brutto-Verdienst =**		*2001*	00
Abzüge Lohnsteuer *I/0*	*208* 0*8*		
Kirchensteuer ev./kath.	*16* 6*4*		
Sozialvers.-Beiträge	*360* 0*8*		
Vorschuß/Abschlag **VWL AN**	26 00	− *610*	80
=		*1390*	20
Steuerfrei Steuerfreie Zuschläge . . . . +			
Auslagen-/Fahrgeld-Erstattung . . . +		56	00
Erstattung an Ersatzkassen-Mitglieder +			
VWL an Bauspar − *1*		52	00
Kost u. Wohnung − *1*		460	00
		934	20
Auszuzahlender Betrag =			

18 Irmgard hat einen Monatslohn von 1 975,00 (2 025,00) DM. Ihr stehen laut Tarifvertrag
(19) 26,00 DM vermögenswirksame Leistungen des Arbeitgebers zu, die gleiche Summe läßt sie als Arbeitnehmeranteil überweisen. Irmgard ist in Lohnsteuerklasse I, Kirchensteuer 8 %.

a) Ermitteln Sie den Bruttoverdienst.
b) Lesen Sie Steuern und Versicherungsbeiträge ab, und tragen Sie ein.
c) Errechnen Sie den auszuzahlenden Betrag.

20 Frau Brandstetter verdient monatlich 2 490,00 (1 957,00) DM. Sie ist in Lohnsteuer-
(21) klasse IV/0, Kirchensteuer 8 %, SV beachten. Vermögenswirksame Leistungen: tariflich 13,00 DM, Eigenleistung 39,00 DM. Ihre Monatskarte über 52,60 DM erhält sie erstattet.
Berechnen Sie den auszuzahlenden Betrag.

22 In nebenstehende Lohnabrechnung sind bereits
alle für die Abrechnung
erforderlichen Werte
eingetragen.

   a) Ermitteln Sie die Abzüge aus der Tabelle
(Kirchensteuer 8%.)

   b) Wie hoch ist der auszuzahlende Betrag?

23 Wieviel Prozent des
Bruttoverdienstes be-
trägt die Lohnsteuer?

24 Warum sind die Beiträge
zu den Krankenkassen
unterschiedlich hoch?
Welchen Prozentsatz
zahlen Sie?

Lohn/Gehalt	*1994*	*00*
_____ Std. . . . . . à DM _____		
_____ Über-Std. . à DM _____		
Über-Std.-Zuschläge _____		
VWL AG	*13*	*00*
Steuerfreie Bezüge siehe unten **Brutto-Verdienst** =		
Abzüge Lohnsteuer *I/0*		
Kirchensteuer ev./kath.		
Sozialvers.-Beiträge		
Vorschuß/Abschlag		
VWL AN	*39*	*00* –
		=
Steuerfrei Steuerfreie Zuschläge . . . . +		
Auslagen-/Fahrgeld-Erstattung . . . +	*56*	*00*
Erstattung an Ersatzkassen-Mitglieder +		
Kost u. Wohnung — ∕	*420*	*00*
+		
Auszuzahlender Betrag	=	

25 Der Arbeitnehmer, dessen Lohnabrechnung Sie bei Aufgabe 22 fertiggestellt haben,
(26) erhält eine Lohnerhöhung von 8 (10) Prozent. Die Lohnsteuer beträgt dann
244,25 (253,41) DM; die Kirchensteuer 8 Prozent der Lohnsteuer; die Abzüge zur
Sozialversicherung 343,17 (349,87) DM. Die übrigen Werte bleiben gleich.

   a) Berechnen Sie den auszuzahlenden Betrag.

   b) Hat sich der Nettolohn auch um 8 (10) Prozent erhöht?

   c) Begründen Sie den Unterschied.

Prüfungsaufgaben

Bei Prüfungsaufgaben zur Lohnabrechnung wird nicht auf die Abzugstabellen
zurückgegriffen. Darum sind die Formulierungen der Aufgaben anders.

1 Bei einem Bruttolohn von 2 200,00 (2 400,00) DM werden einem unverheirateten
(2) Angestellten abgezogen: Lohnsteuer 251,41 (297,08) DM, Kirchensteuer 20,11
23,76) DM, Sozialversicherungen 348,49 (394,10) DM.

   a) Berechnen Sie den Nettolohn.

   b) Wieviel Prozent des Bruttolohnes betragen die Abzüge?

3 Bei einem Bruttogehalt von 2 260,00 (3 210,00) DM betragen die Abzüge für Lohnsteuer
(4) 11,71 (15,86) Prozent, die Kirchensteuer wird mit 8 Prozent der Lohnsteuer berechnet,
für Sozialversicherungen werden 14,9 (17,5) Prozent abgezogen.

   a) Berechnen Sie die einzelnen Werte in DM.

   b) Wie hoch ist der auszuzahlende Betrag?

   c) Wieviel Prozent des Bruttolohnes betragen die Abzüge?

5 Einem Angestellten werden vom Bruttolohn in Höhe von 2 500,00 (2 350,00) DM
(6) folgende Abzüge berechnet: Lohnsteuer 15 Prozent, Kirchensteuer 8 (9) Prozent,
Rentenversicherung 9 Prozent, Krankenversicherung 6 (6,7) Prozent und Arbeitslosenversicherung 2 Prozent. Berechnen Sie den Nettolohn.

Gehobener Schwierigkeitsgrad

1
(2) Bei einem Bruttolohn von 1 860,00 (2 145,00) DM betragen die Abzüge für Lohnsteuer 178,75 (218,08) DM, die Kirchensteuer wird mit 8 Prozent gerechnet, für Sozialversicherungen werden insgesamt 291,40 (364,95) DM einbehalten.

a) Berechnen Sie den Nettolohn.
b) Wieviel Prozent des Bruttogehaltes betragen die Abzüge?

3 Ein Koch verdient 2 300,00 DM brutto. An Abzügen fallen an: 12,8% Lohnsteuer, 8% Kirchensteuer, 17,8% Sozialversicherungsbeiträge (Arbeitnehmeranteil).

Berechnen Sie den Nettolohn.

4
(5) Ein Commis verdient im Monat 1 645,00 (1 871,00) DM netto. Die Lohnsteuer beträgt 14,3%; die Arbeitnehmeranteile betragen: Rentenversicherung 9,4%, Krankenversicherung 6,0%, Arbeitslosenversicherung 2,3%.

Wieviel DM verdient der Commis brutto?

6 Einem Hotelangestellten werden vom Bruttogehalt 17,4% für Sozialversicherungen, 18% Lohnsteuer und 8% Kirchensteuer abgezogen. Er erhält netto 1 964,00 DM.

Berechnen Sie das Bruttogehalt des Angestellten.

7 Ein Angestellter erhält 1 728,00 DM netto. Ihm werden abgezogen 17 Prozent Sozialversicherung, 9 Prozent Lohnsteuer, 9 Prozent Kirchensteuer.

Auf wieviel DM beläuft sich der Bruttolohn?

8 Ein 28jähriger Hotelangestellter ist verheiratet, hat ein Kind, die Ehefrau arbeitet nicht. Bruttolohn 2 569,00 DM, Kirchensteuer 8%. Ermitteln Sie Lohnsteuer und Kirchensteuer mit Hilfe der Tabelle; für Sozialversicherungen sind insgesamt 17,55% Arbeitnehmeranteil zu berechnen.

Ermitteln Sie den Nettolohn.

Monat bis 2 650,65 — Die Abzüge an Lohnsteuer, Kirchensteuer und Sozialversicherung betragen bei 13% Krankenkassenbeitrag

Lohn/ Gehalt bis		Steuerklassen I, III-VI ohne Kinderfreibetrag			Steuerklassen I, II, III und IV mit Kinderfreibeträgen															
						mit 0,5 Kinderfreibetrag			mit 1,0 Kinderfreibetrag			mit 1,5 Kinderfreibeträgen			mit 2,0 Kinderfreibeträgen			mit 2,5 Kinderfreibeträgen	
		Lohn-steuer	Kirchensteuer			Lohn-steuer	Kirchensteuer		Lohn-steuer	Kirchensteuer		Lohn-steuer	Kirchensteuer		Lohn-steuer	Kirchensteuer		Lohn-steuer	Kirchensteuer	
			8%	9%			8%	9%		8%	9%		8%	9%		8%	9%		8%	9%
	I, IV	340,91	27,27	30,68	I	300,25	23,02	25,89	260,58	18,84	21,20	222,08	14,76	16,61	184,58	10,76	12,11	148,16	6,85	7,70
2 569,65	III	189,16	15,13	17,02	II	194,33	14,54	16,36	157,66	10,61	11,93	122,00	6,76	7,60	87,41	2,99	3,36	53,91		
	V	606,50	48,52	54,58	III	155,33	11,42	12,85	121,83	7,74	8,71	88,83	4,10	4,61	56,33	0,50	0,56	23,83		
	VI	664,16	53,13	59,77	IV	320,41	25,13	28,27	300,25	23,02	25,89	280,25	20,92	23,53	260,58	18,84	21,20	241,16	16,79	18,89

9
(10) Brigitte möchte als Aushilfsbedienung an einem Abend 80,00 (100,00) DM erzielen. Es sind zu berücksichtigen: 12% Umsatzbeteiligung und 15% Mehrwertsteuer.

Welchen Umsatz muß sie erreichen?

11
(12) Einem Hotelangestellten sind 2 240,00 (1 980,00) DM Bruttolohn zugesichert. Es ist mit 13,4 (12,9)% Lohnsteuer, 8% Kirchensteuer von der Lohnsteuer und 17 (17,6)% Sozialabgaben zu rechnen.

Ermitteln Sie den Nettolohn.

Personalkosten

Von dem bisher bekannten Bruttolohn sind die Personalkosten zu unterscheiden, die Grundlage für die Kalkulation sind.
Der Betrieb hat dem Bruttolohn hinzuzurechnen

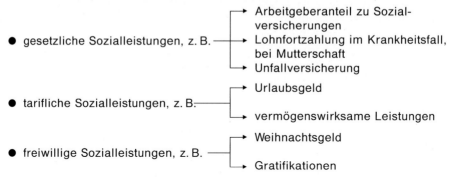

- gesetzliche Sozialleistungen, z. B.
  → Arbeitgeberanteil zu Sozial-
    versicherungen
  → Lohnfortzahlung im Krankheitsfall,
    bei Mutterschaft
  → Unfallversicherung

- tarifliche Sozialleistungen, z. B.
  → Urlaubsgeld
  → vermögenswirksame Leistungen

- freiwillige Sozialleistungen, z. B.
  → Weihnachtsgeld
  → Gratifikationen

Diese über den Bruttolohn hinausgehenden Kosten werden auch **Lohnnebenkosten** genannt.

Bruttolohn + Lohnnebenkosten = Personalkosten

Berechnungen zu diesem Gebiet sind äußerst schwierig. Sie können nur auf der Grundlage konkreter Situationen ermittelt werden. So ist z. B. eine Lohnfortzahlung im Krankheitsfall oder bei Mutterschaft nicht im voraus zu erfassen.
Aus Durchschnittswerten ergibt sich folgende Übersicht zur Orientierung.

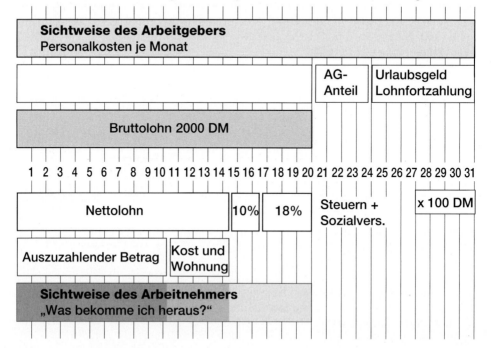

Neben den Kosten für eine Arbeitskraft ist die tatsächliche Arbeitszeit zu berücksichtigen, denn der Arbeitnehmer steht dem Betrieb nur einen Teil der Arbeitstage tatsächlich zur Verfügung. Man nennt diese Zeit die **tatsächliche Arbeitszeit**:

Von den Arbeitstagen sind abzurechnen

● Mindesturlaub: 18 Werktage,
● Zahl der Feiertage: 12 Tage,
● durchschnittliche Krankheitszeit: 15 Tage.

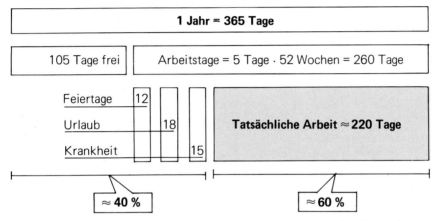

1 Jahr = 365 Tage

| 105 Tage frei | Arbeitstage = 5 Tage · 52 Wochen = 260 Tage |

Feiertage 12
Urlaub 18
Krankheit 15

Tatsächliche Arbeit ≈ 220 Tage

≈ **40 %** ≈ **60 %**

Die tatsächliche Arbeitszeit beträgt dann etwa 60 Prozent der Tage eines Jahres.

Werden die Personalkosten und die tatsächliche Arbeitszeit in Verbindung gebracht, erhält man die Stundenkosten = Kosten für eine Stunde tatsächliche Arbeitszeit.

Kostenwaage

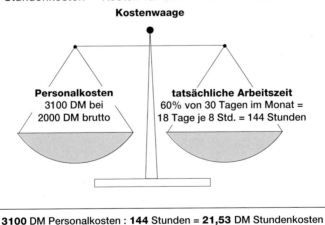

Personalkosten
3100 DM bei
2000 DM brutto

tatsächliche Arbeitszeit
60% von 30 Tagen im Monat =
18 Tage je 8 Std. = 144 Stunden

3100 DM Personalkosten : **144** Stunden = **21,53** DM Stundenkosten

● Berechnen Sie die Stundenkosten unter Berücksichtigung oben errechneter Arbeitszeit von 144 Stunden je Monat:
  a) Bruttolohn 2200,00 DM, Lohnnebenkosten 45 Prozent,
  b) Bruttolohn 1950,00 DM, Lohnnebenkosten 55 Prozent,
  c) Bruttolohn 2350,00 DM, Lohnnebenkosten 68 Prozent.

Einführung in die Kostenrechnung – Kalkulation

Bei der Kostenrechnung werden kaufmännische Fachbegriffe verwendet, die es zunächst zu klären gilt.

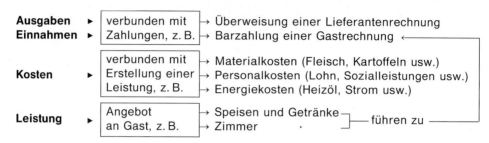

Ausgaben ▸ | verbunden mit | → Überweisung einer Lieferantenrechnung
Einnahmen ▸ | Zahlungen, z. B. | → Barzahlung einer Gastrechnung ←

Kosten ▸ | verbunden mit Erstellung einer Leistung, z. B. | → Materialkosten (Fleisch, Kartoffeln usw.)
→ Personalkosten (Lohn, Sozialleistungen usw.)
→ Energiekosten (Heizöl, Strom usw.)

Leistung ▸ | Angebot an Gast, z. B. | → Speisen und Getränke
→ Zimmer — führen zu

1 Beantworten Sie unter Verwendung der Fachbegriffe aus der ersten Spalte mündlich:

a) Stromrechnung wird bezahlt.
b) Verein überweist Saalmiete.
c) Magazin gibt Waren an Küche ab.
d) Schnitzel wird zubereitet.

e) Kaltes Büfett wird ins Haus geliefert.
f) Zimmer ist zur Vermietung fertig.
g) Rechnung für kaltes Büfett wird überwiesen.

Innerbetrieblich entstehen ──────────→ Kosten, z. B. Materialkosten, Personalkosten

Nach außen, dem Gast gegenüber ──────→ Preis, z. B. für ein Menü, für ein Zimmer

2 Notieren Sie in Ihr Heft je zwei Beispiele für:

a) Ausgaben
b) Einnahmen

c) Kosten
d) Leistungen

Buchführung

In der Buchführung werden alle Ausgaben und Einnahmen geordnet und festgehalten. Diese Werte decken sich aber nicht immer mit den Kosten. So führt z. B. eine Ausgabe für Heizöl erst dann zu Energiekosten, wenn es verbraucht wird; die Ausgaben für Fleisch werden erst dann zu Materialkosten, wenn Speisen daraus zubereitet werden.

Betriebsabrechnungsbogen – BAB

In den Betriebsabrechnungsbogen werden aus der Buchführung nur die Kosten übernommen. Ausgaben, die noch keine Kosten sind, bleiben unberücksichtigt.

Der Betriebsabrechnungsbogen

● **gliedert in Kostenarten,** z. B. Kosten für Material, Personal, Energie, Räume,
● **ordnet** die Kostenarten **den Kostenstellen zu,** wo sie entstanden sind, z. B. Küche, Beherbergung,
● **verteilt** die Kosten **auf die Kostenträger,** z. B. einzelne Speisen, Getränke, Zimmer.

Nach der Art, wie die Kosten auf die Kostenträger verteilt werden, unterscheidet man unterschiedliche **Kalkulationsverfahren.**

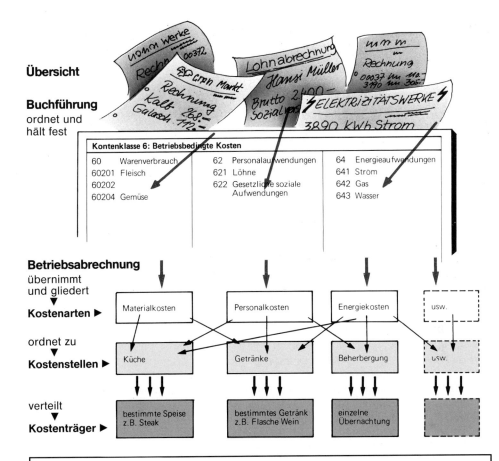

Übersicht

Buchführung
ordnet und
hält fest

Kontenklasse 6: Betriebsbedingte Kosten

60	Warenverbrauch	62	Personalaufwendungen	64	Energieaufwendungen
60201	Fleisch	621	Löhne	641	Strom
60202		622	Gesetzliche soziale	642	Gas
60204	Gemüse		Aufwendungen	643	Wasser

Betriebsabrechnung
übernimmt
und gliedert
▼
Kostenarten ▶

ordnet zu
▼
Kostenstellen ▶

verteilt
▼
Kostenträger ▶

Materialkosten — Personalkosten — Energiekosten — usw.

Küche — Getränke — Beherbergung — usw.

bestimmte Speise z.B. Steak — bestimmtes Getränk z.B. Flasche Wein — einzelne Übernachtung

Die Kalkulation
- ist die rechnerische Verteilung der Kosten auf die einzelnen Kostenträger,
- arbeitet mit Werten, die von der Betriebsleitung vorgegeben werden.

Kalkulationsverfahren

Die Kalkulationsverfahren unterscheiden sich durch die Art, wie die Kosten auf die Kostenträger verteilt werden.
Erbringt ein Betrieb oder eine Abteilung eines Betriebes nur eine einzige Leistungsart, z. B. nur gebratene Hähnchen oder nur Zimmer (Hotel garni), können die anfallenden Kosten einfach durch die Anzahl der Leistungen geteilt werden.
*Die Kostenverteilung durch Division nennt man **Divisionskalkulation**. Dieses Verfahren wendet man bei der Berechnung der Zimmerpreise an (siehe Seite 148).*

*Bei Speisen und Getränken ist dieser einfache Weg der Kostenverteilung nicht möglich, denn Arbeitszeit, Energieverbrauch usw. können dem einzelnen Gericht nicht eindeutig zugeordnet werden. Sie werden darum den Materialkosten prozentual zugeschlagen. Aus diesem Grund spricht man von der **Zuschlagskalkulation**.*

Kalkulation von Speisen und Getränken

Zuschlagskalkulation

Faktoren der Preisbildung

Materialkosten

- werden über Rezeptur und Einkaufspreise ermittelt (Stoff der 11. Jahrgangsstufe),
- werden direkt dem Kostenträger, z. B. Steak mit Beilagen, zugeordnet.

Gemeinkosten

- sind die **allgemein** anfallenden Kosten für Energie, Personal, Reparaturen usw.
- werden dem Betriebsabrechnungsbogen entnommen,
- können wegen der Vielfalt der Zubereitungen nicht direkt einem Kostenträger zugeordnet werden,
- werden als Durchschnittswert prozentual den Materialkosten zugeschlagen.

> Materialkosten + Gemeinkosten = Selbstkosten

Selbstkosten sind die Kosten, die dem Unternehmer selbst entstehen und die er zu verrechnen hätte, wenn er die Leistung selbst in Anspruch nähme.

Den Selbstkosten wird der **Gewinn** zugerechnet. Die weitverbreitete Meinung, der Gewinn sei das, „was der Chef in seine Tasche steckt", ist falsch. Der Unternehmer investiert Kapital, für das er bei der Bank Zinsen erhalten würde. Ihm steht darum eine entsprechende **Kapitalverzinsung** zu. Ferner zählt zum Gewinn das **Entgelt für die Leistungen des Unternehmers,** denn seine Arbeit kann nicht bei den Personalkosten berücksichtigt werden. Schließlich ist jedes Unternehmen mit einem **Risiko** behaftet, darum muß eine Rücklage gebildet werden (z. B. bei allgemein schlechterer Wirtschaftslage geht man weniger oft aus, spart am Urlaub).

Gewinn

- ist die Verzinsung des investierten Kapitals,
- ist Entgelt für die Leistung des Unternehmers,
- enthält einen Risikoanteil für Rücklagen.

> Selbstkosten + Gewinn = kalkulierter Preis

In den meisten Betrieben erhält das Servicepersonal eine **Umsatzbeteiligung,** die prozentual vom kalkulierten Preis errechnet wird. Nach den tariflichen Bestimmungen beträgt diese mindestens 12 Prozent des kalkulierten Preises.

> Kalkulierter Preis + Umsatzbeteiligung = Nettoverkaufspreis

Nach den gesetzlichen Bestimmungen ist diesem Betrag die Mehrwertsteuer zuzurechnen. Bei „Verzehr an Ort und Stelle", also im Gastgewerbe, ist der volle Steuersatz zu rechnen, derzeit 15 Prozent.

> Nettoverkaufspreis + Mehrwertsteuer = Inklusivpreis

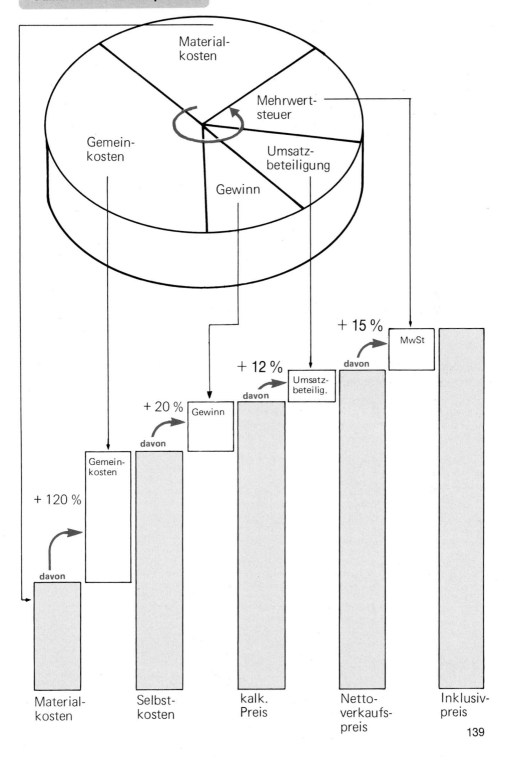

Material-kosten	Selbst-kosten	kalk. Preis	Netto-verkaufs-preis	Inklusiv-preis

139

Kalkulationsschema

1	**Beispiel**					Abkürzungen sparen Schreibarbeit

Materialkosten	10,00 DM	100%			MK
+ Gemeinkosten	12,00 DM	120%			+ GK
= Selbstkosten	22,00 DM	220%	→	100%	= SK
+ Gewinn	4,40 DM			20%	+ G
= Kalkulierter Preis	26,40 DM	100%	←	120%	= KP
+ Umsatzbeteiligung	3,17 DM	12%			+ UB
= Nettoverkaufspreis	29,57 DM	112%	→	100%	= NV
+ Mehrwertsteuer	4,44 DM			15%	+ MWSt
= Inklusivpreis	34,01 DM			115%	= IP

Anwendung des Kalkulationsschemas

2 Ein Betrieb kalkuliert mit folgenden Werten: Gemeinkosten 125%, Gewinn 22%, Umsatzbeteiligung 12%, Mehrwertsteuer 15%. Berechnen Sie den Inklusivpreis bei
a) 6,85 DM Materialkosten,
b) 7,20 DM Materialkosten.

3 Einem Küchenleiter sind vorgegeben: 118% Gemeinkosten, 24% Gewinn, 12,5% Umsatzbeteiligung, 15% Mehrwertsteuer. Berechnen Sie den Inklusivpreis, wenn
a) die Materialkosten 2,40 DM betragen,
b) die Materialkosten 8,25 DM betragen.

1. Wenn der Inklusivpreis gefragt ist, müssen die Zwischenergebnisse nicht berechnet werden. Also 6,85 ⨯ 225 % 15,4125

2. Gerundeter Wert = 15,41 in das Schema, volle Zahl bleibt im Rechner. Wer nicht neu eintippt, kann dabei keinen Fehler machen. Möglicher Unterschied im Endergebnis 0,01 DM.

Berechnen der Aufschläge für Gemeinkosten und Gewinn in Prozent

4
(5) Ein Betrieb entnimmt dem BAB folgende Werte: 100 000,00 (76 000,00) DM Materialkosten, 120 000,00 (95 000,00) DM Gemeinkosten.
Berechnen Sie den Aufschlag für Gemeinkosten in Prozent.

6
bis
11 Für den Abrechnungszeitraum werden dem BAB folgende Werte entnommen:

	6	7	8	9	10	11
Materialkosten DM	84 600,00	144 300,00	216 700,00	64 800,00	71 870,00	612 300,00
Gemeinkosten DM	95 200,00	173 900,00	280 800,00	71 900,00	92 620,00	784 600,00

Berechnen Sie den Aufschlag für Gemeinkosten in Prozent.

Die Höhe der **Gemeinkosten** ist abhängig
● von den Leistungen der Küche,
● von der Ausstattung des Restaurants.

Für die Berechnung des Prozentaufschlages für Gewinn sind die Selbstkosten das Ganze = 100%.

12 Im Abrechnungszeitraum beliefen sich die Selbstkosten auf 75 000,00 (84 500,00) DM;
(13) es wurden 15 000,00 (18 950,00) DM Gewinn erwirtschaftet.
Berechnen Sie den Aufschlag für Gewinn in Prozent.

14 Für den Abrechnungszeitraum werden dem BAB folgende Werte entnommen:
bis
19

	14	15	16	17	18	19
Materialkosten DM	90 000,00	84 500,00	144 500,00	214 900,00	67 500,00	418 000,00
Gemeinkosten DM	120 000,00	105 625,00	176 290,00	253 582,00	83 700,00	551 760,00
Gewinn DM	21 600,00	1 828,00	86 613,00	112 436,00	34 776,00	252 138,00

Mit welchen Aufschlägen in Prozent müssen Gemeinkosten und Gewinn kalkuliert werden?

20 Die Materialkosten für ein Gericht betragen 6,20 (8,40) DM. Man kalkuliert mit
(21) 125 (130)% Gemeinkosten und ermittelt einen kalkulierten Preis von 19,53 (24,15) DM.
Wieviel DM beträgt der Gewinn?

Die Betriebsstruktur beeinflußt die Kosten und damit den Inklusivpreis

22 Je nach Betriebsart sind die Kosten unterschiedlich hoch. Wie sich das auf den
bis Verkaufspreis auswirkt, zeigt folgendes Beispiel, das von gleichen Materialkosten
25 ausgeht.

		22	23	24	25
		Cafeteria	Gasthaus	Restaurant	gehobenes Restaurant
Materialkosten	DM	4,80	4,80	4,80	4,80
Gemeinkosten	%	65	115	125	165
Gewinn	%	20	22	24	27
Umsatzbeteiligung	%	0	12	12,5	15
Mehrwertsteuer	%	15	15	15	15

26 Wie verändert sich der Prozentsatz für Gemeinkosten, wenn zunehmend vorgefertigte Produkte verwendet werden?

27 Verwendet man für ein Gericht mehr vorgefertigte Produkte, erhöhen sich die „Materialkosten".
a) Warum ist das Wort Materialkosten in Anführungszeichen gesetzt (vgl. S. 87)?
b) Muß bei der genannten Situation der Kartenpreis heraufgesetzt werden?

28 Der Einkaufspreis für Fisch vergleichbarer Qualität steigt erheblich. Überlegen Sie, ob bei konsequenter Denkweise Kalkulationszuschläge geändert werden müssen. Wenn ja, welche in welche Richtung?

Gesamtaufschlag und Kalkulationsfaktor

Die Zuschlagskalkulation für Speisen und Getränke erfordert vier Rechenschritte. Dieses aufwendige Verfahren kann abgekürzt werden, wenn von einem beliebigen Materialpreis (z. B. 10,00 DM) ausgehend wie bisher berechnet wird und dann Materialkosten und Verkaufspreis in bezug gesetzt werden. Der dabei ermittelte Prozentwert kann dann auf die Kalkulation vergleichbarer Gerichte angewendet werden.

Gesamtaufschlag[1]

29 **Beispiel der Berechnung**

Die Materialkosten für ein Gericht betragen 10,00 DM; der Betrieb rechnet mit 120% Gemeinkosten, 25% Gewinn, 12% Umsatzbeteiligung und 15% Mehrwertsteuer.
Wieviel Prozent beträgt der Gesamtaufschlag?

Lösung

1. Schritt: Ausführliche Kalkulation, Weg s. S. 140
Ergebnis: 35,10 DM

2. Schritt: Gesamtaufschlag in DM

Inklusivpreis   35,42 DM
− Materialkosten   10,00 DM
_____
= Gesamtaufschlag 25,42 DM

3. Schritt: Gesamtaufschlag in Prozent

Materialkosten   10,00 DM $\;\hat{=}\;$ 100%
Gesamtaufschlag   25,42 DM $\;\hat{=}\;$ x %

$$\frac{100 \cdot 25,42}{10,00} = 254\%$$

Antwort: Der GA beträgt 254%.

Der Gesamtaufschlag

● faßt die einzelnen Aufschläge zu einem Gesamtwert zusammen,
● erlaubt eine einstufige Zuschlagskalkulation,
● darf nicht über die Addition der einzelnen Prozentwerte ermittelt werden.

30 Berechnen Sie den Gesamtaufschlag: Materialkosten 4,50 (6,80) DM, Gemeinkosten
(31) 130%, Gewinn 24%, Umsatzbeteiligung 12%, Mehrwertsteuer 15%.

32 Berechnen Sie den Gesamtaufschlag: Materialkosten 4,50 DM, Gemeinkosten
(33) 120 (140)%, Gewinn 22 (26)%, Umsatzbeteiligung 12 (15)%, Mehrwertsteuer 15%.

34 Es gibt einen mathematischen Weg, ohne gegebene Materialkosten zum Gesamtaufschlag zu gelangen. Wer findet ihn?

_____
[1] Im Steuerrecht auch Rohaufschlag genannt.

142

35 **Beispiel für Kalkulation**

Die Materialkosten für ein Gericht betragen 10,00 DM. Man kalkuliert mit 220%
Gesamtaufschlag. Inklusivpreis?

Lösung

Materialkosten	10,00 DM	100%	← Die Materialkosten sind die Grundlage ≙ 100%
Gesamtaufschlag	22,00 DM	220%	← Der Gesamtaufschlag wird hinzugerechnet,

Inklusivpreis	32,00 DM	320%	**aufgeschlagen.**

Antwort: Der Inklusivpreis beträgt 32,00 DM.

36 Die Materialkosten für ein Gericht betragen 8,10 (7,20) DM. Man kalkuliert mit einem
(37) Gesamtaufschlag von 230 (210)%. Inklusivpreis.

Kalkulationsfaktor

Der Kalkulationsfaktor gibt an, wie oftmal höher der Inklusivpreis als die Materialkosten ist.

Anwendung des KF: | MK · KF = IP |

Beispiel: 10,00 DM · 3,3 = 33,00 DM

Berechnung des KF

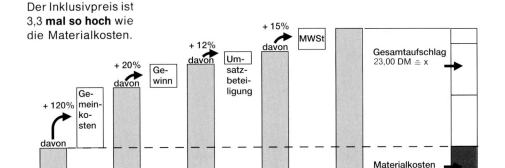

Der Inklusivpreis ist
3,3 **mal so hoch** wie
die Materialkosten.

1. Vierstufige Kalkulation mit gegebenen
   Werten des Betriebes. Das führt zum
   Inklusivpreis.

2. | IP : MK = KF |

   33,00 DM : 10,00 DM = 3,3

38 Berechnen Sie den Kalkulationsfaktor für folgende Betriebe:

a) Cafeteria, Werte bei Aufgabe 22
b) Gasthaus, Werte bei Aufgabe 23
c) Restaurant, Werte bei Aufgabe 24
d) gehobenes Restaurant, s. Aufgabe 25

39 bis 44 Zusammenhänge. Ergänzen Sie!

	39	40	41	42	43	44
Materialkosten DM	5,00	?	?	?	11,50	?
Gesamtaufschlag %	?	?	210	?	?	200
Kalkulationsfaktor	?	3	?	3,25	?	3
Inklusivpreis DM	16,00	30,00	15,50	15,60	35,00	?

45 bis 50 Welcher Betrieb arbeitet mit dem geringsten KF, welcher mit dem höchsten KF?

	45	46	47	48	49	50
Materialkosten DM	3,20	4,70	8,25	9,80	4,10	8,80
Inklusivpreis DM	10,40	14,80	27,80	28,80	14,40	31,80

51 Ein Betrieb rechnet mit einem Kalkulationsfaktor von 3,2.
Ermitteln Sie den Gesamtaufschlag in Prozent.

52 Es wird mit einem Gesamtaufschlag von 240 Prozent kalkuliert.
Wie lautet der Kalkulationsfaktor?

53 Die Materialkosten für ein Gericht betragen 8,20 DM. Der Betrieb kalkuliert mit einem Gesamtaufschlag von 260 Prozent.
Wieviel DM beträgt der Inklusivpreis?

54 Die Materialkosten für ein Menü wurden mit 14,30 DM ermittelt. Man rechnet mit einem Kalkulationsfaktor von 3,3.
Zu welchem Preis wird das Menü angeboten?

55 Ein Restaurant kalkuliert mit 150 Prozent Gemeinkosten, 25 Prozent Gewinn, 15 Prozent Umsatzbeteiligung und 15 Prozent Mehrwertsteuer.
Wieviel Prozent beträgt der Gesamtaufschlag?

56 Der kalkulierte Preis für ein Gericht beträgt 8,61 DM. Man hat den Gewinn mit 25 Prozent kalkuliert.
Wieviel DM beträgt der Gewinn?

57 Für eine Sonderveranstaltung hat die Küche 1750,00 DM Selbstkosten ermittelt. Diesem Betrag sind 18 Prozent Gewinn und 15 Prozent Umsatzbeteiligung hinzuzurechnen.
Auf wieviel DM beläuft sich der Nettoverkaufspreis?

Rückkalkulation

Für Extraessen und bei der Zusammenarbeit mit Reiseunternehmen wird sehr oft ein fester Inklusivpreis vereinbart. Die Küche muß dann zum Wareneinsatz zurückrechnen.

58 **Beispiel**

Es wurde ein Menüpreis von 50,00 DM fest vereinbart. Der Betrieb kalkuliert mit 120% Gemeinkosten, 20% Gewinn, 11% Umsatzbeteiligung und 15% Mehrwertsteuer.
Wieviel DM dürfen die Materialkosten betragen?

Lösung

Materialkosten	14,70 DM	100%		
+ Gemeinkosten		120%		
= Selbstkosten	32,35 DM	220%	←	100%
+ Gewinn				20%
= Kalkulierter Preis	38,82 DM	100%	←	120%
+ Umsatzbeteiligung		12%		
= Nettoverkaufspreis	43,48 DM	112%	←	100%
+ Mehrwertsteuer				15%
= Inklusivpreis	50,00 DM	115%		

Lösungshinweis

Die Berechnung geht viermal vom erhöhten Grundwert aus.

TR-HINWEIS

50 $\boxed{:}$ 115 $\boxed{\%}$ 43.48

Die Prozenttaste führt direkt zum Grundwert.

59 Eine Reisegesellschaft wünscht die Zusammenarbeit mit unserem Hause und bittet
(60) um verbindliche Menüvorschläge zu 16,50 (19,00) DM. Der Betrieb kalkuliert mit 130% Gemeinkosten, 25 Prozent Gewinn, 12% Umsatzbeteiligung und 15% Mehrwertsteuer. − Mit welchem Wareneinsatz darf die Küche rechnen?

61 Für ein Festessen wurde als Menüpreis 45,00 (65,00) DM vereinbart. Rechnen Sie mit
(62) den Werten von obiger Aufgabe.
Auf wieviel DM dürfen sich die Materialkosten belaufen?

63 Um den Gästen entgegenzukommen, sollen zwei Kindermenüs auf die Karte gesetzt werden.
Der Hoteldirektor schlägt vor:
a) Schneewittchen zu 12,80 DM (Reisrand, Ragout fin, gedünstetes Gemüse)
b) Rotkäppchen zu 14,30 DM (Kartoffelpüree, Deutsches Beefsteak, gedünstete Tomaten)
Berechnen Sie die Materialkosten bei 130% Gemeinkosten, 15% Gewinn, 12% Umsatzbeteiligung, 15% Mehrwertsteuer, und beurteilen Sie, ob die genannten Gedecke zu diesem Preis herzustellen sind.

64 Für ein Sonderessen wurde der Inklusivpreis auf 45,00 (62,00) DM vereinbart. Der
(65) Betrieb rechnet mit einem Gesamtaufschlag von 230 Prozent.
Berechnen Sie die Materialkosten.

66 Ein Betrieb rechnet mit einem Kalkulationsfaktor von 3,2.
(67) Berechnen Sie den möglichen Materialeinsatz, wenn der Gedeckpreis 35,00 (45,00) DM betragen darf.

Prüfungsaufgaben

Prüfungen greifen aus dem Gebiet der Kalkulation meist Teilbereiche heraus. Diese umfassen mit den vielfältigen Möglichkeiten der Fragestellung jedoch den gesamten Bereich.

1
(2) Für den Abrechnungszeitraum ermittelte ein Restaurant aus der Buchführung 18 760,00 (28 720,00) DM Warenkosten und 24 130,00 (38 500,00) DM Gemeinkosten. Welchen Prozentsatz für Gemeinkosten wird die Betriebsleitung der Küche vorgeben?

3
(4) Die Selbstkosten für ein Gericht wurden mit 8,20 (9,65) DM ermittelt. Der Betrieb will 24% Gewinn erzielen, zahlt 12% Umsatzbeteiligung und hat 15% Mehrwertsteuer zu berücksichtigen.
a) Wieviel DM beträgt die Berechnungsgrundlage für die Umsatzbeteiligung?
b) Wieviel DM Mehrwertsteuer sind anzusetzen?
c) Auf wieviel DM beläuft sich der Inklusivpreis?

5
(6) Die Küche eines Betriebes hat für ein Gericht 7,60 (9,15) DM Warenkosten ermittelt. Man rechnet mit einem Gesamtaufschlag von 230 (245)%.
Wieviel DM beträgt der Inklusivpreis?

7
(8) Ein Betrieb hat für ein Gedeck 6,24 (8,16) DM Selbstkosten ermittelt und rechnet mit 130 (115) Prozent Gemeinkosten.
Wieviel DM dürfen die Warenkosten betragen?

9
(10) Eine Flasche Korn kostet im Einkauf 14,80 (16,20) DM und ergibt 28 Gläser. Der Betrieb rechnet bei Spirituosen mit einem Gesamtaufschlag von 340 Prozent.
Wieviel DM beträgt der Verkaufspreis für ein Glas?

11
(12) Der Einkaufspreis für eine Flasche Wein beträgt 6,80 (7,34) DM. Man rechnet mit einem Gesamtaufschlag von 280 Prozent.
Berechnen Sie den Inklusivpreis.

13
(14) Für ein Gericht sind 8,35 (7,80) DM Selbstkosten ermittelt worden. Der Betrieb setzt 22% Gewinn an, vereinbart 12% Umsatzbeteiligung und hat 15% Mehrwertsteuer zu berücksichtigen.
a) Berechnen Sie den kalkulierten Preis.
b) Wie hoch ist der Netto-Verkaufspreis?
c) Auf wieviel DM beläuft sich der Inklusivpreis?

15
(16) Bei einem Essen für ein Firmenjubiläum beläuft sich die Gesamtrechnung auf 1 253,70 (978,20) DM.
Weisen Sie die Mehrwertsteuer von 15% aus.

17
(18) Ein Betrieb rechnete bisher mit einem Gesamtaufschlag von 290 (265) Prozent. Der neue Küchenchef will die Werte auf den Kalkulationsfaktor umstellen.
Mit welchem Kalkulationsfaktor hat er zu rechnen?

19
(20) Herr Schulze hat einen Betrieb übernommen, aus dessen Buchführung ihm für den letzten Abrechnungszeitraum bekannt ist: Warenkosten 245 000,00 (87 950,00) DM, Gemeinkosten 392 800,00 (102 700,00) DM, Gewinn 153 200,00 (49 570,00) DM.
a) Auf wieviel Prozent beliefen sich bei dem Vorgänger die Gemeinkosten?
b) Wieviel Prozent Gewinn wurden erwirtschaftet?

146

Gehobener Schwierigkeitsgrad

1 Ein Spezialitätenrestaurant bietet ein Menü zum Preis von 65,00 (85,00) DM an. Der
(2) Materialaufwand beläuft sich auf 20,05 (22,85) DM. Die Geschäftsleitung gibt folgende
Kalkulationswerte:
Gemeinkosten 110 (135)%
Umsatzbeteiligung für Service (Bedienungsgeld) 12%
Mehrwertsteuer 15%
a) Ermitteln Sie den Gewinn in DM je Menü.
b) Ermitteln Sie den Prozentsatz, mit dem künftig der Gewinnaufschlag zu berücksichtigen ist.

3 Einem Küchenchef sind von der Betriebsleitung folgende Werte vorgegeben: Gemein-
(4) kosten 115 (124) Prozent, Gewinn 24 (23) Prozent, Umsatzbeteiligung 12 Prozent,
Mehrwertsteuer 15 Prozent.
Nun erhält er vom Betriebsinhaber folgenden Auftrag: „Einer meiner Freunde
heiratet; ich habe den Menüpreis von 45,00 (52,00) DM zugesagt, wobei ich auf den
Gewinn bewußt verzichte."
Ermitteln Sie die unter den genannten Voraussetzungen zur Verfügung stehenden
Materialkosten.

5 Das Hotel Roter Hahn hat eine Reservierung für 24 (44) Personen angenommen und
(6) einen Menüpreis von 35,00 (42,00) DM vereinbart. Der Betrieb kalkuliert mit 125 (132)
Prozent Gemeinkosten und 15 Prozent Mehrwertsteuer.
a) Wieviel DM beträgt die im Gesamtpreis enthaltene Mehrwertsteuer?
b) Wieviel DM betragen die gesamten Selbstkosten, wenn die Küche einen Materialverbrauch von 286,40 (577,50) DM meldet?

7 Eine Flasche Qualitätswein mit Prädikat wird auf der Weinkarte für 45,00 (57,00) DM
(8) angeboten. Der Betrieb rechnet mit folgenden Kalkulationszuschlägen:
Gemeinkosten 250 (270) Prozent
Gewinn 50 (35) Prozent
Umsatzbeteiligung für Service (Bedienungsgeld) 15 (12,5) Prozent
Mehrwertsteuer 15 Prozent
Welcher Materialpreis durfte im Einkauf höchstens bezahlt werden?

9 Ein Hotel rechnet mit 145 (180)% Gemeinkosten, 22 (25)% Gewinn, 15% Umsatzbeteili-
(10) gung und 15% Mehrwertsteuer.
Wieviel Prozent beträgt der Gesamtaufschlag?

11 Ein Betrieb arbeitet mit 130 (142)% Gemeinkosten; es sind 12% Umsatzbeteiligung
(12) vereinbart und 15% Mehrwertsteuer anzusetzen. Bei einem Festessen, das zu 85,00
(110,00) DM je Gedeck verkauft wurde, ermittelt die Küche einen Materialverbrauch
von 23,20 (27,80) DM.
a) Berechnen Sie den Gewinn in DM und Prozent.
b) Zu welchem „Werbepreis" kann das Gedeck verkauft werden, wenn in diesem
Zusammenhang bewußt auf einen Gewinn verzichtet wird?

Grenzen der Zuschlagskalkulation: Bei den aufgezeigten Verfahren wird der Inklusivpreis von
den Materialkosten ausgehend mit Hilfe von Zuschlägen ermittelt — Zuschlagskalkulation.
Der wesentliche Nachteil dieses Verfahrens ist, daß unterschiedliche Stufen der Vorbereitung
(z. B. frische Bohnen — Tiefkühlware) und damit unterschiedliche Lohnkosten nicht berücksichtigt werden. Im Gegenteil: Auf den höheren kg-Preis der Tiefkühlware werden entsprechend
höhere Gemeinkosten gerechnet, die im konkreten Fall nicht entstehen. Bei der Gehilfenprüfung
gilt die Zuschlagskalkulation als Standardverfahren.

Kalkulation von Zimmern

Divisionskalkulation

Die gesamten **Kosten der Beherbergungsabteilung** werden aus dem BAB ermittelt. Es sind dies anteilige Raumkosten, Kosten für Wäsche und Einrichtung. Diese Kosten fallen immer mit einem festen Betrag an, ob das Haus voll besetzt ist oder leer steht. Auch die Personalkosten verändern sich bei unterschiedlicher Belegung nur wenig. Weil die anfallenden Kosten unabhängig von der Anzahl der Übernachtungen feststehen, bezeichnet man sie als **feste Kosten.**

Die Selbstkosten je Übernachtung erhält man, wenn die Gesamtkosten auf die Zahl der Übernachtungen **verteilt** werden → **Divisionskalkulation.**

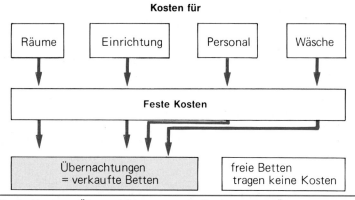

Feste Kosten : Übernachtungen = Selbstkosten je Übernachtung

Je mehr Übernachtungen also ein Hotel hat, desto niedriger sind die Selbstkosten je Übernachtung, weil die anfallenden Kosten auf eine höhere Zahl verteilt werden können.

Auslastung oder Frequenz

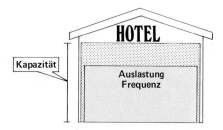

Die **theoretisch mögliche Belegung** eines Hauses (alle Betten jeden Tag verkauft) nennt man die **Kapazität,** man ist 100% ausgebucht.

Die **tatsächliche Belegung** wird **Auslastung** oder **Frequenz** genannt und in Prozent ausgedrückt.

1 Beispiel

Ein Hotel garni hat 40 Betten. Im letzten Jahr (365 Tage) wurden 11 680 Übernachtungen gezählt. Wie hoch ist die Frequenz?

Kapazität: 40 Betten · 365 = 14 600 Übernachtungen möglich.

$14\,600 \,\hat{=}\, 100\%$
$11\,680 \,\hat{=}\, x\%$

$$\frac{100 \cdot 11\,680}{14\,600}\,80\%$$

Antwort: Die Auslastung oder Frequenz beträgt 80 Prozent.

Betten · Öffnungstage = Kapazität ≙ 100%

Kapazität/volle Auslastung	≙ 100%
Frequenz/tatsächliche Auslastung ≙	x%

2 bis 6 Ergänzen Sie die fehlenden Werte, und formulieren Sie einen Antwortsatz.

	2	3	4	5	6
Bettenzahl	120	135	?	184	?
Öffnungstage	365	?	150	185	365
Kapazität	?	49 275	14 100	?	?

7 (8) Das Hotel „Zur Post" hat 34 (42) Einzelzimmer und 22 (28) Doppelzimmer. Im vergangenen Jahr wurden insgesamt 14 601 (22 226) Übernachtungen festgestellt. Berechnen Sie die Frequenz.

9 (10) Das Hotel „Imperial" verfügt über 82 (86) Einzel- und 34 (46) Doppelzimmer. Letztes Jahr waren es 37 260 (46 778) Übernachtungen. Berechnen Sie die Frequenz.

11 (12) Das Schweizer Hotel „Matterhorn" ist mit 46 (54) Einzelzimmern und 32 (39) Doppelzimmern ausgestattet. Während der 95 Tage zählenden Wintersaison wurden 6 690 (8 650) Übernachtungen registriert. Berechnen Sie die Frequenz.

13 bis 17 Zusammenhänge erkennen.
Berechnen Sie die fehlenden Werte, und formulieren Sie einen Antwortsatz.

	13	14	15	16	17
Bettenzahl	264	138	94	410	?
Öffnungstage	365	262	?	365	365
Kapazität	?	?	34 310	?	150 000
Tats. Übern.	71 306	?	?	100 265	100 000
Frequenz	?	68	72	?	?

Veränderung der Selbstkosten bei unterschiedlicher Frequenz

18 **Beispiel**

Ein Betrieb mit 50 Betten hat für ein Jahr (365 Tage) aus dem BAB 700 800,00 DM Kosten für Beherbergung ermittelt. Der Betrieb arbeitet mit einer Frequenz von 80%. Berechnen Sie die Selbstkosten je Übernachtung.

Lösung

Kapazität:	50 Betten · 365 = 18 250 mögliche Übernachtungen
Frequenz 80:	80% von 18 250 = 14 600 tatsächliche Übernachtungen
Selbstkosten:	700 800,00 : 14 600 = **48,00 DM**

19 Berechnen Sie für den in Beispielaufgabe 18 genannten Betrieb die Selbstkosten je Übernachtung bei a) Frequenz 75 Prozent, b) Frequenz 85 Prozent.

> Bei hoher Frequenz ⟶ geringere Selbstkosten je Übernachtung
> Bei geringerer Frequenz ⟶ höhere Selbstkosten je Übernachtung

20 Die Beherbergungsabteilung eines Hauses hat 185 (210) Betten. Aus dem BAB wurden
(21) 1 300 000,00 (2 253 510,00) DM Selbstkosten ermittelt. Das Haus hat 365 Tage geöffnet.
a) Berechnen Sie die Selbstkosten je Bett bei einer Frequenz von 55 Prozent.
b) Berechnen Sie die Selbstkosten je Bett bei einer Frequenz von 70 Prozent.

22 Aus Konkurrenzgründen dürfen die Selbstkosten je Bett nicht über 27,00 (32,50) DM
(23) liegen. Das Haus hat 86 (127) Betten. Es ist mit Selbstkosten in Höhe von 457 666,00 (934 050,00) DM zu rechnen.
Welche Frequenz muß angestrebt werden, damit die Kosten gedeckt sind?

Von den Selbstkosten zum Zimmerpreis

Im Bereich Beherbergung sind die meisten Kosten fix, also unabhängig vom Grad der Auslastung des Hauses. Auch die auf der Etage beschäftigten Personen sind nicht unmittelbar von der Belegung abhängig. Die Löhne werden darum nicht über eine Umsatzbeteiligung ermittelt, sondern zählen zu den **Selbstkosten.** Siehe Übersicht. Der Zuschlag für **Gewinn** liegt höher als bei der Speisenkalkulation, weil ein hoher Kapitalanteil verzinst werden muß.

24   **Beispiel**
Die durchschnittlichen Selbstkosten für ein Einzelzimmer sind mit 48,00 DM ermittelt worden. Der Betrieb rechnet mit 35 Prozent Gewinn und hat die 15prozentige MWSt zu berücksichtigen. Berechnen Sie den Zimmerpreis.

Lösung

Selbstkosten	48,00 DM	100%	
+ Gewinn	16,80 DM	35%	
= Nettoverkaufspreis	64,80 DM	135%	100%
+ Mehrwertsteuer	9,72 DM		15%
= Inklusivpreis	74,52 DM		115%

Lösungshinweis

Auch bei der Zimmerkalkulation werden Gewinn und Mehrwertsteuer prozentual zugerechnet.

Antwort: Der Zimmerpreis beträgt 74,52 DM.

25 Die durchschnittlichen Selbstkosten für ein Zimmer betragen 64,00 (82,00) DM. Man
(26) rechnet mit 32 (34) Prozent Gewinn und hat die 15prozentige Mehrwertsteuer zu berücksichtigen. Berechnen Sie den Zimmerpreis (auf ganze DM aufrunden).

27 Ein Hotel verfügt über 72 (124) Zimmer. Im abgelaufenen Jahr (365 Tage) zählte man
(28) 21 550 (33 492) Übernachtungen. Die Selbstkosten belaufen sich nach dem BAB auf 1 288 690,00 (2 381 128,00) DM. Man kalkuliert mit 32 Prozent Gewinn und 15 Prozent Mehrwertsteuer.
a) Mit welcher Frequenz hat der Betrieb im vergangenen Jahr gearbeitet?
b) Wie hoch waren die Selbstkosten je Übernachtung?
c) Berechnen Sie den Inklusivpreis.

In den bisherigen Berechnungen wurde nicht berücksichtigt, daß Zimmer unterschiedlich groß und nicht gleichmäßig ausgestattet sind. Das geschah der Übersicht wegen.

Der **Wertfaktor** berücksichtigt Größe, Lage und Einrichtung der Zimmer. Er ist in jedem Betrieb individuell zu bestimmen.

Beispiel: Für ein einfaches Einzelzimmer wird der Wertfaktor 1 festgesetzt; ein gut ausgestattetes Einzelzimmer hat dann z. B. den Wertfaktor 1,4. Durchschnittliche Doppelzimmer erhalten den Wertfaktor 1,8 und gut ausgestattete 2,6.

Frequenz bezieht sich auf Übernachtungen ≙ Anzahl der Personen
Wertfaktor bezieht sich auf Belegungen ≙ Anzahl der belegten Zimmer

29 **Beispiel**

Ein Betrieb hat für die Zimmer Wertfaktoren festgesetzt (siehe Tabelle unten). Die Kosten für die Beherbergung werden mit 51 393,60 DM monatlich ermittelt. Wie hoch sind die jeweiligen Selbstkosten für die Zimmerbelegung?

	Kate-gorie	Wert-faktor	Bel. je Monat im Durchschn.	Belegungen × Wertfaktor	Selbstkosten je Zimmerbelegung
10 1-Bett-Zi.	A	1,4	200	① 280	③ 37,35 DM · 1,4 = 52,29 DM
15 1-Bett-Zi.	B	1	250	250	37,35 DM · 1 = 37,35 DM
10 2-Bett-Zi.	A	2,6	180	468	37,35 DM · 2,6 = 97,11 DM
15 2-Bett-Zi.	B	1,8	210	378	37,35 DM · 1,8 = 67,23 DM

50 Zimmer ≙ 75 Betten   1 376

② 51 393,60 DM : 1376 = 37,35 DM

Lösungshinweis

① Die durchschnittliche Belegung wird mit dem Wertfaktor malgenommen, dann ermittelt man die Summe dieser Zahlen.

② Die Gesamtkosten werden durch die Summe aus Wertfaktor · Belegung (1376) geteilt.

③ Der so ermittelte Betrag wird mit dem Wertfaktor malgenommen und ergibt die jeweiligen Selbstkosten des Zimmers.

30 Führen Sie zu der Beispielaufgabe die Probe durch, indem Sie die jeweiligen Selbstkosten für ein Zimmer mit der durchschnittlichen Belegung malnehmen und die Ergebnisse zusammenzählen.

31 Ein Betrieb hat folgende Zimmer mit den genannten Wertfaktoren:
(32)

		Kategorie	Wertfaktor	Durchschn. Belegung je Monat
Einzelzimmer	18 (26)	A	1,6	300 (380)
	22 (24)	B	1	270 (290)
Doppelzimmer	16 (18)	A	2,8	260 (290)
	17 (20)	B	2,4	230 (250)
	3 (5)	C	1,8	40 (65)

Ermitteln Sie die Selbstkosten für jedes Zimmer, wenn monatlich 64 803,60 (59 949,18) DM Kosten anfallen.

Prüfungsaufgaben

1 Ein Hotel verfügt über 160 Betten. Im letzten Jahr (365 Tage) wurden 36208
(2) (33288) Übernachtungen verzeichnet.
Mit welcher Frequenz arbeitet das Haus?

3 Ein Saisonbetrieb hatte im vergangenen Jahr 240 (260) Tage geöffnet. Es wurden
(4) 16932 (17355) Übernachtungen verzeichnet. Das Haus verfügt über 85 (75) Betten.
Berechnen Sie die Frequenz.

5 Ein Hotel hatte im September 2754 (1814) Übernachtungen. Der Betrieb verfügt über
(6) 135 (84) Betten.
Wieviel Prozent betrug die Belegung?

7 Eine Pension hat 8 (12) Doppelzimmer und 5 (8) Einzelzimmer. Im Monat August
(8) (31 Tage) war der Betrieb zu 82 (87) Prozent ausgebucht.
Wie viele Übernachtungen hatte die Pension?

9 Ein Hotel mit 45 (75) Betten hat in der Beherbergungsabteilung Selbstkosten in Höhe
(10) von 256230,00 (462637,50) DM. Die Frequenz beträgt 65 Prozent.
a) Wie viele Übernachtungen hatte das Haus bei einer Öffnungszeit von 365 Tagen?
b) Auf wieviel DM belaufen sich die Selbstkosten für eine Übernachtung?

11 Ein Hotel hatte bei einer Frequenz von 85 Prozent je Übernachtung Selbstkosten in
(12) Höhe von 28,00 (32,00) DM.
Wieviel DM betragen die Selbstkosten je Übernachtung, wenn die Frequenz auf 65 (58)
Prozent zurückgeht?

13 Ein Hotel verfügt über 42 (54) Doppelzimmer und 18 (22) Einzelzimmer. Im abgelaufe-
(14) nen Jahr zählte man 20850 (34164) Übernachtungen. Nach dem BAB beliefen sich die
Selbstkosten auf 399750,00 (966840,00) DM.
a) Mit welcher Frequenz hat der Betrieb im vergangenen Jahr gearbeitet?
b) Wie hoch waren die Selbstkosten je Übernachtung?

15 Für eine Übernachtung wurden die Selbstkosten mit 34,60 (48,40) DM ermittelt. Der
(16) Betrieb rechnet mit 27 Prozent Gewinn und muß 15 Prozent Mehrwertsteuer
berücksichtigen.
a) Auf wieviel DM beläuft sich der Nettoverkaufspreis?
b) Auf wieviel DM beläuft sich der Inklusivpreis?
c) Wieviel DM Mehrwertsteuer sind im Inklusivpreis enthalten?

17 Ein Saisonbetrieb hat 84 (105) Betten. Im vergangenen Jahr konnte bei 230
(18) Öffnungstagen eine Frequenz von 87 (92) Prozent erreicht werden. In diesem Jahr
liegen die Feiertage anders. Darum rechnet man mit 210 Öffnungstagen.
Wie viele Übernachtungen können erwartet werden?

19 Die Selbstkosten eines Zimmers liegen bei einer Frequenz von 63 (68) Prozent bei
(20) 42,00 (45,00) DM.
Wieviel DM betragen die Selbstkosten, wenn die Frequenz auf 72 (82) Prozent steigt?

Gehobener Schwierigkeitsgrad

1 Ein Hotel mit 68 (72) Betten: Für das erste Vierteljahr liegen folgende Übernachtungs-
(2) zahlen vor:

Januar − 31 Tage: 1823 (1162) Übernachtungen
Februar − 28 Tage: 1548 (2020) Übernachtungen
März   − 31 Tage: 1897 (2139) Übernachtungen

a) Um wieviel Übernachtungen liegen die tatsächlichen Übernachtungen unter der Gesamtzahl der möglichen Übernachtungen?
b) Wie hoch war der Tagesdurchschnitt der Übernachtungen?
c) Mit welcher Frequenz arbeitet das Haus?

3 Aus Konkurrenzgründen sollen die Selbstkosten je Übernachtung 40,00 (35,00) DM
(4) nicht überschreiten. Es handelt sich um ein 80- (90)-Betten-Hotel mit 250 (210) Öffnungstagen, das mit 65 (72) Prozent ausgelastet ist.
Wie hoch dürfen die gesamten Selbstkosten höchstens sein?

5 Ein Hotel hat bei Auslastung von 85 (78) Prozent die Selbstkosten je Übernachtung
(6) mit 23,15 (29,40) DM ermittelt. Nun fällt die Frequenz auf 64 (62) Prozent.
Berechnen Sie die Selbstkosten je Übernachtung bei verschlechtertem Geschäftsgang.

7 Ein Saisonhotel mit 64 (148) Betten war im vergangenen Jahr 250 (210) Tage geöffnet;
(8) man zählte 10880 (23951) Übernachtungen.
Berechnen Sie die Frequenz während der Öffnungstage.

9 Ein Hotel hat je Tag durchschnittlich 78 (72) Betten belegt. Das entspricht einer
(10) Frequenz von 65 (72) Prozent.
Über wie viele Betten verfügt das Haus?

11 Ein Saisonbetrieb hat 95 (78) Betten. Im letzten Jahr konnte bei 225 (210) Öffnungs-
(12) tagen eine Auslastung von 87 (84) Prozent erreicht werden. Wegen der Verschiebung der Feiertage rechnet man für dieses Jahr mit 210 (205) Öffnungstagen.
Wie viele Übernachtungen können bei gleicher Auslastung erwartet werden?

13 Ein Hotel mit 60 (85) Betten erreichte im Jahr (365 Tage) eine Frequenz von 75
(14) (68) Prozent. Die gesamten Selbstkosten für die Beherbergung beliefen sich auf 328320,00 (460000,00) DM. Die Summe der kalkulierten Preise betrug 492570,00 (628776,00) DM.
Berechnen Sie den Gewinn je Übernachtung.

15 Ein Hotel, das über 210 (260) Betten verfügt, war im letzten Jahr (365 Tage) wegen
(16) Umbauten an 62 (38) Tagen geschlossen. Auf die Öffnungstage bezogen, hatte es eine Frequenz von 72 (64) Prozent.
Mit wieviel Übernachtungen kann im kommenden Geschäftsjahr gerechnet werden, wenn das ganze Jahr über geöffnet ist?

17 Ein Hotelbetrieb mit 78 (124) Betten erreichte im letzten Jahr (365 Tage) eine Frequenz
(18) von 68 (74) Prozent. Die auf die Beherbergungsabteilung entfallenden Kosten betrugen 542080,00 (1490394,00) DM. Ohne Umsatzbeteiligung und Mehrwertsteuer betrugen die Erlöse 667920,00 (1681298,00) DM.
Wieviel DM beträgt der Gewinn aus einer Übernachtung?

Kosten der Technisierung

Maschinen und Geräte sparen Zeit, kosten aber Geld. Eine Wirtschaftlichkeitsberechnung gibt Aufschluß darüber, ob sich eine Anschaffung lohnt.

Bei den Kosten unterscheidet man

- **feste Kosten** oder **Kapitalkosten,** die mit der Anschaffung verbunden sind.

  Sie umfassen
  Abschreibung und
  Zinskosten.

- **veränderliche Kosten** oder **Betriebskosten,** die mit dem Betrieb (der Benutzung) verbunden sind.

  Dazu zählen z. B.
  Energiekosten wie Strom und Gas,
  Hilfsmittel wie Waschpulver, Spülmittel,
  Reparaturkosten.

Feste Kosten oder Kapitalkosten

Abschreibung

Jede Maschine muß nach einer bestimmten Zeit ersetzt werden, weil sie „verbraucht" oder veraltet ist. Damit zum Zeitpunkt der Neuanschaffung das Kapital zur Verfügung steht, wird eine Rücklage gebildet. Diese nennt man Abschreibung.

> Abschreibung ⟶ Rücklage für Ersatzbeschaffung oder **A**bsetzung **f**ür **A**bnutzung (AfA)

1

> **Beispiel**
>
> Mikrowellengerät: Anschaffungskosten 5 000,00 DM, Nutzungsdauer 5 Jahre. Berechnen Sie den jährlichen Wertverlust.
>
> 5 000,00 DM : 5 Jahre = 1 000,00 DM

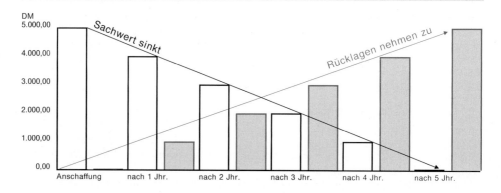

> Sinkender Sachwert wird durch Rücklagen ausgeglichen.

> Anschaffungskosten : Nutzungsdauer = Abschreibung in DM
> 100% : Nutzungsdauer = Abschreibung in %

2 Eine Waschmaschine kostet 2 800,00 DM. Nutzungsdauer 7 Jahre.
Berechnen Sie die jährliche Abschreibung.

3 Ein Trommeltrockner kostet 1 800,00 DM. Nutzungsdauer 10 Jahre.
Wieviel DM beträgt die jährliche Abschreibung?

Weil die Abschreibung auch Auswirkungen auf die Besteuerung hat, werden von den
Finanzbehörden entsprechende Richtwerte vorgegeben. Diese sind großzügig bemessen. Meist können die Gegenstände länger genutzt werden.

AfA-Tabelle (Auszug)	Nutzungsdauer in Jahren		Nutzungsdauer in Jahren
Brat- und Backöfen, el.	5	Waschmaschinen	7
Elektro-Kleingeräte	5	Trockner, Schleuder	10
Geschirrspülmaschinen	10	Mangel	8

Zinskosten

Wird eine Anschaffung über einen Kredit finanziert, ist offensichtlich, daß für das
eingesetzte Kapital Zins bezahlt werden muß.
Erfolgt die Anschaffung mit Eigenkapital, so entstehen zwar keine Ausgaben für
Zinsen, doch verzichtet der Unternehmer auf die Zinsen, die ihm das Kapital bei der
Bank bringen würde.
Man spricht darum von **Zinsverlust.** Weil diese Zinsen keine Ausgaben sind, sondern
als rechnerische Kosten ermittelt werden, nennt man sie auch **kalkulatorische Zinsen.**

Durch die Abschreibung wird das eingesetzte Kapital wieder angespart. Darum ist im
Durchschnitt nur die Hälfte des Kapitals zu verzinsen. Vgl. Abbildung vorige Seite: In
den ersten Jahren ist das zu verzinsende Kapital höher als die Hälfte, später ist es
geringer. Man rechnet darum:

$$\text{Zinskosten} = \frac{\text{Kapital} \cdot \text{Zinsfuß}}{100 \cdot 2}$$

4 **Beispiel** Mikrowellengerät: Anschaffungskosten 5 000,00 DM, Zinsfuß 8%
$$\text{Zinskosten} = \frac{5\,000 \cdot 8}{100 \cdot 2} = 200,00 \text{ DM}$$

5
(6) Für den Kauf einer gewerblichen Waschmaschine werden 3 100,00 (3 500,00) DM
aufgewendet. Zinsfuß 8 Prozent. Berechnen Sie die Zinskosten für ein Jahr.

7
bis Berechnen Sie jeweils die jährlichen Kapitalkosten: Nutzungsdauer siehe AfA-
14 Tabelle, Zinsfuß 8 Prozent.

7	8	9	10	11	12	13	14
Mikrowellengerät		Waschmaschine		Trommeltrockner		Spülmaschine	
5 000,00 DM	2 800,00 DM	4 500,00 DM	6 200,00 DM	1 800,00 DM	2 600,00 DM	4 200,00 DM	6 400,00 DM

> Die festen Kosten oder Kapitalkosten sind unabhängig vom Nutzungsgrad.
> Sie sind aufzubringen, unabhängig davon, wie oft das Gerät eingesetzt wird.

Betriebskosten

Zu den Betriebskosten zählen alle Aufwendungen, die mit dem Betrieb einer Maschine oder eines Gerätes zusammenhängen.

Zu den **Betriebskosten** werden gerechnet
- **Energiekosten,** z. B. für Strom, Öl, Gas,
- **Hilfsmittel,** z. B. Wasser, Waschpulver, Spülmittel,
- **Reparaturkosten;** sie werden nach Erfahrungswerten berechnet. Sind solche nicht bekannt, rechnet man mit 4% der Anschaffungskosten.

15 | **Beispiel**

Das Mikrowellengerät hat einen Anschlußwert von 5 kW. Bei etwa 30 Einsätzen täglich ist es etwa eine Stunde in Betrieb. Eine kWh kostet 0,25 DM. Reparaturkosten 4% des Anschaffungswertes von 5000,00 DM.
Berechnen Sie die Betriebskosten im Jahr und je Einsatz.

Lösung

5 kW · 1 h = 5 kWh · 365 = 1825 kWh
0,25 DM · 1825 = 456,25 DM

4%von 5000,00 DM = 200,00 DM

Betriebskosten im Jahr
Energie   456,25 DM
Reparatur   200,00 DM
              656,25 DM

30 · 365 = 10950 Einsätze/Jahr
656,25 DM : 10950 = 0,06 DM/Einsatz

Lösungshinweis

Vom täglichen Energieverbrauch ausgehend werden die Energiekosten berechnet.

Von den jährlichen Kosten schließt man auf die Kosten je Einsatz.

Antwort: Die Betriebskosten belaufen sich auf 656,25 DM im Jahr und 0,06 DM je Einsatz.

16 Ein Trommeltrockner verbraucht je Beschickung 4 kWh. Er wird viermal täglich gefüllt. Die Wäscherei arbeitet an 220 Tagen im Jahr. Die Reparaturkosten werden mit 4% von 5380,00 (4800,00) DM angesetzt.
Berechnen Sie die jährlichen Betriebskosten und die Betriebskosten je Einsatz.

17 Eine Gläserspülmaschine verbraucht je Einsatz 2,1 (2,4) kWh Strom, je kWh zu
(18) 0,18 DM, und 18 (120) ml Spülmittel, je Liter zu 4,20 (3,90) DM. Sie wird im Jahr durchschnittlich 4000 (5600) mal benutzt. Die Reparaturkosten sind mit 4% von 2800,00 (3500,00) DM Anschaffungskosten zu veranschlagen.
Berechnen Sie die jährlichen Betriebskosten und die Betriebskosten je Einsatz.

19 Für eine gewerbliche Waschmaschine nennt die Betriebsanleitung folgende Durch-
(20) schnittswerte bei 6 (8) kg Trockenwäsche:
Wasser: 210 (240) Liter, ein m³ kostet einschließlich Abwasser 2,10 DM
Strom: 4,5 (5,4) kWh, ein kWh kostet 0,17 DM
Waschmittel: 180 (210) Gramm, je kg 3,80 DM
Berechnen Sie
a) Die Kosten für Energie und Hilfsmittel je Maschinenfüllung.
b) Die Maschine wird im Jahr 900mal beschickt. Anschaffungskosten 3200,00 (3800,00) DM: Reparaturrücklage 4%. Jährliche Betriebskosten?
c) Berechnen Sie die Betriebskosten für eine Beschickung.

Auf Seite 154 haben Sie die Teilbereiche der Kosten der Technisierung kennengelernt. Die Gesamtkosten wurden aufgegliedert in
● feste Kosten oder Kapitalkosten und
● veränderliche Kosten oder Betriebskosten.

Hier fassen wir nun in einer Übersicht zusammen.

21

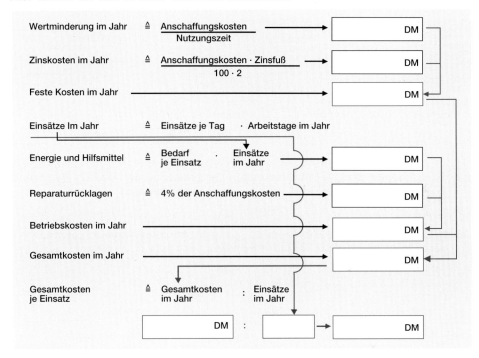

Dieser „Wegweiser" ist die Grundlage für jede Wirtschaftlichkeitsberechnung und ist auch im privaten Bereich anwendbar.

Auch die Kosten für ein Auto werden nach diesem Prinzip berechnet. Die notwendigen Ergänzungen zeigen Ihnen die Aufgaben 1−7 auf Seite 159.

22 Berechnen Sie jetzt zusammenhängend die Kosten für ein Mikrowellengerät. Die Lösungen bei den Beispielen 1, 4 und 15 dienen Ihnen als Kontrolle für Zwischenergebnisse. Anschaffungskosten 5 000,00 DM, Nutzungsdauer 5 Jahre, Zinsfuß für Zinskosten 8 Prozent. Das Gerät wird täglich 30mal eingesetzt und verbraucht dabei insgesamt 1 kWh. Preis für 1 kWh 0,20 DM. Reparaturkosten 4 Prozent vom Anschaffungspreis.
Berechnen Sie die Gesamtkosten im Jahr und je Einsatz.

23 Berechnen Sie die Kosten je Einsatz für einen Trommeltrockner.
Anschaffungskosten 2 200,00 DM, Nutzungsdauer 10 Jahre, Zinsfuß für Zinskosten 8 Prozent. Energieverbrauch 4 kWh je Beschickung, ein kWh zu 0,18 DM. Reparaturrücklagen 4%. Das Gerät wird an 190 Tagen durchschnittlich je viermal beschickt.

Unterschiedliche Nutzung – unterschiedliche Kosten

Die Betriebskosten, also die Kosten für Energie, Hilfsmittel usw., bleiben je Einsatz gleich, denn bei jeder Inbetriebnahme entstehen sie in gleicher Höhe wieder.
Die Kapitalkosten werden jedoch bei häufigem Einsatz einer Maschine geringer, weil der feststehende Betrag auf mehr Einsätze verteilt wird und damit auf den einzelnen Einsatz ein immer geringer werdender Teil trifft.

Kapitalkosten verringern sich mit zunehmender Nutzung

Betriebskosten unabhängig von der Nutzungshäufigkeit

Kosten je Einsatz

Anzahl der Einsätze ⟶

Intensive Nutzung → geringere Gesamtkosten je Einsatz, weil die anteiligen Kapitalkosten immer geringer werden.

Geringe Nutzung → höhere Gesamtkosten je Einsatz, weil die anteiligen Kapitalkosten verhältnismäßig hoch sind.

Überprüfen Sie obigen Merksatz. Für den Bereich der Küche ist eine teilweise erstellte Tabelle der Kosten zum Mikrowellengerät vorgegeben; für den Bereich des Hotels sind die für eine Waschmaschine erforderlichen Daten genannt.

24 Ein Küchenleiter will für ein Mikrowellengerät die Kosten je Einsatz ermitteln. Führen Sie die Berechnung in Ihrem Heft weiter, und ermitteln Sie die Kosten je Einsatz bei den vorgegebenen Einsätzen je Tag. Vergleichen Sie mit der Grafik.

Kosten je Tag	Einsätze je Tag	10	20	30	40	50	60	70
Abschreibung	DM	2,75	2,75	2,75	?	?	?	?
Zinskosten	DM	0,55	0,55	0,55	?	?	?	?
Energiekosten	DM	0,20	0,40	?	?	?	?	?
Reparaturrücklagen	DM	0,55	0,60	0,63	0,65	0,68	0,70	0,72
Gesamtkosten je Tag	DM	4,05	4,30	?	?	?	?	?
Kosten je Einsatz	DM	0,41	0,22	?	?	?	?	?

25 Berechnen Sie für eine Waschmaschine die Kosten bei unterschiedlicher Nutzung.

Anschaffungskosten	3 800,00 DM	Verbrauch je Füllung		Preise	
Nutzungsdauer	7 Jahre	Wasser	320 l	Wasser/Abwasser	2,20 DM/m³
Kapitalverzinsung	8%	Waschmittel	240 g	Waschpulver	3,80 DM/kg
Reparaturrücklage	4%	Strom	6,5 kWh	Strom	0,18 DM/kWh

Füllungen je Arbeitstag	3	4	5	6	6	7
Arbeitstage im Jahr	180	220	220	220	130	130

Kraftfahrzeugkosten

Die Übersicht auf Seite 157 zeigt den Weg, wie Wirtschaftlichkeitsrechnungen durchgeführt werden. Nach dem gleichen Verfahren werden auch die km-Kosten bei einem Auto berechnet. Wir verwenden für die Berechnungen die von Automobilclubs zusammengestellten Werte.

1 bis 7 Was kostet mein Auto? (Etwas vereinfacht)

Typ	1 Klein-wagen	2 Klein-wagen	3 Mittel-klassew.	4 Mittel-klassew.	5 gehob. Klasse	6 Sport-wagen	7 Luxus-PKW
Leistung in kW	26	29	44	53	110	221	165
Hubraum	845	986	1566	1576	2494	2653	4520
Listenpreis ab Werk	14300	17200	31400	35200	44300	112200	138200
+ zusätzliche Ausstattung	750,00	400,00	750,00	750,00	1000,00	2000,00	2000,00
+ Überführung	330,00	330,00	330,00	330,00	330,00	330,00	330,00
Gesamtanschaffung	?	?	?	?	?	?	?
Abschreibung 12%[1]	?	?	?	?	?	?	?
Kapitalverzinsung 8%[2]	?	?	?	?	?	?	?
Kfz-Steuer	133,40	148,20	237,20	237,20	370,80	400,80	682,20
Haftpflichtversicherung	374,00	374,00	591,20	637,40	790,40	948,60	948,60
Garagenmiete	480,00	480,00	480,00	480,00	480,00	480,00	480,00
Waschen + Pflege	300,00	300,00	300,00	300,00	400,00	400,00	400,00
Nebenausgaben	300,00	300,00	300,00	300,00	300,00	300,00	300,00
Summe im Jahr	?	?	?	?	?	?	?
Kraftstoff	7,16	7,70	9,48	10,38	12,30	9,61	16,36
Öl	0,43	0,47	0,57	0,62	0,74	0,58	0,98
Reparaturen	6,81	6,65	7,50	7,74	8,83	9,98	10,26
Reifen	0,91	0,99	1,51	1,51	2,34	2,34	7,19
Summe je 100 km	?	?	?	?	?	?	?

(Spalte links: Feste Kosten in DM; Betriebskosten je 100 km in DM)

[1] vom Listenpreis
[2] Vgl. S. 155

Berechnen Sie jeweils

a) Gesamtanschaffungskosten,
b) feste Kosten im Jahr,
c) feste Kosten am Tag (365 Tage),
d) Betriebskosten für 100 km.

Beispiel (zu Nr. 2)

Der Besitzer eines Kleinwagens mit 29 kW fährt jährlich 10 000 km.
Berechnen Sie die Gesamtkosten für 1 km.

Lösung

① Feste Kosten im Jahr   4 354,20 DM
② Betriebskosten im Jahr
   15,81 DM · 100 =   1 581,00 DM
_____

③ Gesamtkosten im Jahr   5 935,40 DM
   1 km (: 10 000)   0,59 DM

Lösungshinweise

① Die festen Kosten erhält man durch Zusammenzählen der entsprechenden Werte.
② Betriebskosten für 100 km mit gefahrenen km vervielfältigen.
③ Die Gesamtkosten setzen sich zusammen aus festen Kosten und Betriebskosten.

Antwort: Die Gesamtkosten für 1 km betragen 0,59 DM.

---

8 Berechnen Sie die Gesamtkosten je 100 km für den Kleinwagen mit 26 kW (Aufgabe 1).

a) bei jährlich   5 000 km (das sind die „reinen Sonntagsfahrer"),
b) bei jährlich 10 000 km (das fährt man „zum Einkaufen und am Sonntag"),
c) bei jährlich 15 000 km (das fahren Privatpersonen im Durchschnitt),
d) bei jährlich 25 000 km (das fahren die meisten im Jahr der Anschaffung eines Autos — weil es so schön ist zu fahren).

9 Vorschlag: Sie stimmen in der Klasse ab, welchen Typ Sie nun durchrechnen wollen. Rechnen Sie auf jeden Fall die 15 000 km des „Normalverbrauchers" und die 25 000 km „aus Freude am Fahren".

10 Ein Pessimist meint: „Ich kaufe mir überhaupt kein Auto, das ist die reinste Sparkasse, nur erhält man nichts zurück. Wenn ich mir z. B. einen Mittelklassewagen mit 53 kW kaufe und an die festen Kosten denke, da bin ich jeden Tag .... DM los, ohne überhaupt 1 km gefahren zu sein."

a) Ergänzen Sie die Lücke.
b) Was alles hat der Pessimist übersehen? (Seien Sie ehrlich, und nennen Sie alle Argumente.)

11 Warum ist es rechnerisch falsch, jemanden „zum Benzingeld" irgendwohin zu fahren?

12 Ein Taxifahrer ist der Meinung, daß alle Leute mit einem Mittelklassewagen, die nicht mindestens 10 000 km im Jahr fahren, billiger daran sind, wenn sie ein Taxi nehmen.

a) Ist seine Meinung richtig, wenn 1 Doppelkilometer im Taxi 2,80 DM kostet? Nehmen Sie zum Vergleich das Ergebnis von Aufgabe 10.
b) Warum kann das Taxi zu diesem Preis fahren, obwohl der Fahrer auch etwas verdienen muß?

In jedem Betrieb sind bestimmte Kontrollen unumgänglich. Sie vergleichen die geplanten Ziele, das **Soll** mit den tatsächlichen Ergebnissen, mit dem, was **ist.** Beispiele für verschiedene Bereiche sollen die Grundsätze aufzeigen.

Büfettkontrolle − Beispiel einer Mengenkontrolle

Jede Mengenkontrolle ist aufgebaut nach der Grundformel:

Anfangsbestand + Zugang − Verbrauch = Endbestand

Beim Endbestand ist zu unterscheiden zwischen dem
Soll-Bestand, dem Bestand, der rechnerisch vorhanden sein soll, und dem
Ist-Bestand, der ausweist, was tatsächlich vorhanden ist. Der Unterschied zwischen diesen Beständen ist die
Differenz, welche durch + oder − gekennzeichnet ist.

1 (2)

Hotel „Goldener Löwe" Büfett Warengruppe: Alkoholfreie Getränke Datum: 17. 3.

Ware	Bestand	Zugang	Verbrauch	Endbestand Soll	Ist	Differenz
Cola	38 (26)	75	82 (91)		31 (10)	
Orangenlimonade	12 (9)	40	34 (29)		18 (20)	
Zitronenlimonade	19 (21)	60	64 (79)		13 (15)	
Mineralwasser	11 (8)	24	26 (19)		9 (13)	
Mineralwasser, still	8 (10)	12	7 (9)		13 (13)	
Apfelsaft	7 (9)	20	18 (21)		6 (9)	
Orangensaft	21 (23)	−	16 (19)		5 (4)	
Johannisbeersaft	4 (12)	20	12 (14)		11 (17)	
Tomatensaft	8 (11)	20	17 (19)		9 (12)	

Schließen Sie das Kontrollblatt ab.

Fertigen Sie Aufstellungen nach obigem Muster für die folgenden 7 Tage.

Übernehmen Sie in diese Aufstellungen jeweils den Ist-Bestand des Vortages, und tragen Sie dann die Veränderungen ein. Schließen Sie jeden Tag ab.

3 bis 9

	3 18. 3. Bestand Zugang Verbrauch Ist-Best.	4 19. 3. Zugang Verbrauch Ist-Best.	5 20. 3. Zugang Verbrauch Ist-Best.	6 21. 3. Zugang Verbrauch Ist-Best.	7 22. 3. Zugang Verbrauch Ist-Best.	8 24. 3. Zugang Verbrauch Ist-Best.	9 25. 3. Zugang Verbrauch Ist-Best.
Cola	42 48 64 26	24 48 2	48 42 8	48 39 16	72 79 9	48 46 10	24 29 5
Orangenlimonade	18 40 39 18	40 39 19	20 29 9	20 18 11	30 28 15	20 28 7	30 31 6
Zitronenlimonade	13 20 18 15	20 28 7	20 19 7	20 19 8	20 16 11	20 24 6	20 19 7
Mineralwasser	15 20 12 22	10 18 14	20 19 13	10 14 9	20 15 14	− 9 4	10 8 6
Mineralwasser, still	8 15 8 15	15 11 19	− 11 8	10 9 9	10 11 8	10 10 8	20 13 15
Apfelsaft	17 24 32 9	48 37 20	24 39 4	48 31 20	48 42 24	60 51 33	48 54 27
Orangensaft	14 24 29 8	48 46 10	24 31 3	48 39 11	24 29 6	36 32 10	36 39 7
Johannisbeersaft	9 20 19 8	20 17 11	15 14 12	20 22 11	30 24 17	20 23 14	30 28 16
Tomatensaft	7 20 12 15	− 9 5	20 17 8	20 13 14	10 10 14	− 9 5	20 16 8

Tagebuch oder Journal − Beispiel einer Finanzkontrolle

Das Tagebuch oder Journal ermöglicht: ● Nachweis und Kontrolle der Außenstände und Zahlungen von Gästen, ● Kontrolle der Rezeptionskasse.

Hinweise zur Führung
① Alle Einzelleistungen werden zum Tagesbetrag summiert.
② Tagesbetrag und Vortrag (was der Gast bereits zu bezahlen hat) ergeben die Gesamtschuld des Gastes.
③ Zahlungen sind unter Kasse einzutragen.
④ Noch nicht bezahlte Beträge kommen zum Übertrag.

10 Tragen Sie folgende Vorgänge in untenstehendes Muster ein: Zi. 1, Maier, erhält zweimal Frühstück je 8,00 DM und ein Ei zu 1,80 DM, Telefon 4,60 DM. Zi. 5, Lorenz, kauft für 2,40 DM Briefmarken und erhält für 36,00 DM eine Theaterkarte.

11 Der Restaurantkellner bringt Bons: Zi. 2: 28,40 DM, Zi. 7: 14,20 DM.
Zi. 2, Müller, bittet um die Rechnung. Machen Sie die erforderlichen Einträge.

12 Schließen Sie das Journal ab. Beachten Sie die Hinweise.

17. 3. Zi.	Name	Personen	Zimmerpreis	Frühstück Extra	Garage	Restaurant	Sonstiges		Tagesbetrag	Vortrag	Gesamt	Kasse	Übertrag
									①		②	③	④
1	Maier	2	85,00							94,30			
5	Lorenz	1	56,00	4,00	8,00					12,60			
2	Müller	2	96,00	8,90			Telefon	8,10		112,60			
7	Breuer	1	58,00	4,00	8,00						70,00	70,00	
			⑤					⑥			⑦ ⑧		

Hinweise zum Abschluß
⑤ Die Beträge aller Spalten werden zusammengezählt.
⑥ Die Summen aller Spalten entsprechen der Summe der Tagesbeträge.
⑦ Die Summen der Spalten Tagesbetrag und Vortrag müssen mit der Summe aus der Spalte Gesamt übereinstimmen.
⑧ Die Summen der Spalten Kasse und Übertrag müssen mit der Summe Gesamt übereinstimmen.

13 Übertragen Sie die Kopfleiste des Journals auf ein DIN A 4-Blatt im Querformat.

14 Übernehmen Sie aus dem Journal vom 17. 3. die für den 18. 3. erforderlichen Werte für die verbleibenden Gäste (Zimmernummer, Name, Personen usw.).

15 Am 18. 3. fallen an: Frühstück-Extra für Zi. 1 5,80 DM, Zi. 5 4,00 DM, Zi. 7 8,90 DM; Bons aus dem Restaurant: Zi. 7 22,45 DM, Zi. 1 32,60 DM;
Herr und Frau Becker reisen an, Zi. 4, Preis 92,00 DM; Verzehr im Restaurant 46,30 DM; Herr Maier telefoniert, 9,40 DM; Frau Breuer Mantel reinigen, 8,50 DM.

16 Familie Breuer will am 19. 3. ohne Frühstück abfahren und bezahlt am 18. 3. − Schließen Sie das Journal für den 18. 3. ab.

Kosten- und Kalkulationskontrolle

Bei der **Kalkulation** von Speisen wird von den Materialkosten ausgehend der Inklusivpreis ermittelt. Bei der **Kostenkontrolle** werden die tatsächlich erzielten Einnahmen mit dem Wareneinsatz verglichen. Der Denkweg geht also vom Inklusivpreis zum Wareneinsatz.

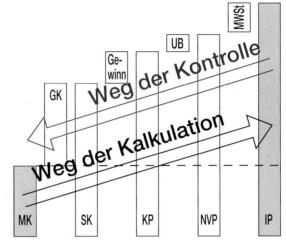

17 **Beispiel**

Ein Gericht steht mit 32,00 DM auf der Karte; die Materialkosten betragen 10,00 DM. Wieviel Prozent beträgt der Wareneinsatz?

Lösung

32,00 DM ≙ 100 %
10,00 DM ≙ x %
= 31,25 %

Antwort: Der Wareneinsatz beträgt 31,25 %.

18 Ausgehend von 8,50 (11,30) DM Materialkosten, wurde ein Gericht mit dem Kalkula-
(19) tionsfaktor 3,2 kalkuliert und steht mit 27,20 (36,20) DM auf der Karte. Eine Rezepturüberprüfung ergibt, daß zwischenzeitlich die Materialkosten bei 9,10 (12,00) DM liegen.
a) Welcher Wareneinsatz in % war ursprünglich geplant?
b) Wie hoch ist der tatsächliche Wareneinsatz in %?
c) Angenommen, das Gericht wird täglich 20mal verkauft und der Betrieb ist 365 Tage im Jahr geöffnet. Wie hoch ist dann der jährliche Verlust, der entsteht, wenn eine Kontrolle unterbleibt?

20
bis Zusammenhänge erkennen, neue Werte vorgeben.
25

		20	21	22	23	24	25
Materialkosten	DM	7,40	4,41	9,10	?	6,80	?
Inklusivpreis	DM	?	15,00	?	29,70	23,20	20,00
Wareneinsatz	%	32	?	34	?	?	30
Kalkulationsfaktor		?	?	?	3,3	?	?

> Je höher die Zuschläge und damit der Kalkulationsfaktor,
> desto niedriger der Wareneinsatz.

26 Wie verändert sich der Kalkulationsfaktor, wenn
a) nur die Materialkosten steigen (z. B. in der Patisserie nur Butter statt anderer Fette verwendet wird),
b) wegen einer Tariferhöhung die Löhne steigen?

Lagerkontrolle

Lagerbestände müssen fortwährend überprüft werden, damit

● Verluste durch verdorbene oder abhanden gekommene Ware gering sind,
● der Bestellzeitpunkt nicht übersehen wird.

Die Überprüfungen können sich erstrecken auf:

● **Durchschnittlicher Lagerbestand** gibt an, wieviel Geld (Kaufpreis der Waren) durchschnittlich im Lager gebunden ist. Ein übergroßes Lager verursacht unnötige Kosten.

Hinweise zum Rechenverfahren

Anfangsbestand + 12 Monatsendbestände: 13 = durchschn. Warenbestand

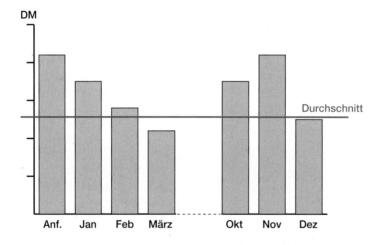

$$\text{Durchschnittlicher Lagerbestand} \,\hat{=}\, \frac{\text{Jahresanfangsbestand} + 12 \text{ Monatsendbestände}}{13}$$

1
(2) Aus der Lagerbuchhaltung ergeben sich für das abgelaufene Geschäftsjahr folgende Werte:

Anfangsbestand	17 500,00 (16 000,00) DM
Summe 12 Monatsendbestände	262 500,00 (348 000,00) DM

Wie hoch ist der durchschnittliche Lagerbestand?

3
(4) Ein Restaurant führt drei (vier) Monate nach Eröffnung erstmals eine Lagerkontrolle durch. Die Werte:

Anfangsbestand	14 300,00 (21 400,00) DM
Summe der Endbestände	45 700,00 (108 200,00) DM

Wie hoch ist der durchschnittliche Lagerbestand?

5 Die Verwaltung hat folgende Bestände festgestellt:

1. 1. 11 200,00 DM	31. 5. 18 320,00 DM	30. 09. 21 340,00 DM
31. 1. 5 400,00 DM	30. 6. 16 480,00 DM	31. 10. 17 120,00 DM
28. 2. 11 400,00 DM	31. 7. 9 270,00 DM	30. 11. 19 780,00 DM
31. 3. 12 450,00 DM	31. 8. 21 640 DM	31. 12. 12 810,00 DM
30. 4. 31 120,00 DM		

Ermitteln Sie den durchschnittlichen Lagerbestand.

● **Durchschnittliche Lagerumschlagshäufigkeit** gibt an, wie oft im Jahr die durchschnittliche Lagermenge verkauft wurde. Je höher die Lagerumschlagshäufigkeit, desto geringer sind die Lagerkosten.

$$\text{Lagerumschlagshäufigkeit} \;\hat{=}\; \frac{\text{Wareneinsatz}}{\text{Durchschnittlicher Lagerbestand}}$$

6 Der Wareneinsatz eines Jahres betrug 194 400,00 (172 340,00) DM, der durchschnitt-
(7) liche Lagerbestand 16 200,00 (12 310,00) DM.

Berechnen Sie die Lagerumschlagshäufigkeit.

8 Die Lagerbuchhaltung gibt für Trockenware folgende Werte: Anfangsbestand 11 250,00
(9) (17 800,00) DM, Summe der 12 Monatsendbestände 185 050,00 (224 650,00) DM, jährlicher Wareneinsatz 256 700,00 (261 100,00) DM.

Berechnen Sie die durchschnittliche Lagerumschlagshäufigkeit.

10 Die Lagerbuchhaltung weist für das vergangene Jahr folgende Werte aus:
(11)

Anfangsbestand	15 200,00 (10 250,00) DM
Summe der 12 Monatsbstände	182 400,00 (173 050,00) DM
Wareneinsatz des Jahres	258 400,00 (197 400,00) DM

Berechnen Sie die Lagerumschlagshäufigkeit.

● **Durchschnittliche Lagerdauer** gibt an, wie lange eine Ware durchschnittlich gelagert wird. Dieser Wert ist besonders bei Frischware wichtig.

$$\text{Durchschnittliche Lagerdauer} \;\hat{=}\; \frac{360}{\text{Lagerumschlagshäufigkeit}}$$

Je kürzer die Lagerdauer, desto besser die Qualitätserhaltung.

12 Die Lagerumschlaggeschwindigkeit eines Lagers ist 12 (17).

(13) Berechnen Sie die durchschnittliche Lagerdauer in Tagen.

14 Der Warenverbrauch des Jahres beläuft sich auf 212 800,00 (165 870,00) DM, der
(15) durchschnittliche Lagerbestand ist mit 15 200,00 (8 730,00) DM ermittelt.

Berechnen Sie die durchschnittliche Lagerdauer in Tagen.

Kontrolle des Einkaufs

Die Lagerhaltung eines gastronomischen Betriebes hat großen Einfluß auf den
wirtschaftlichen Erfolg, machen doch die Materialkosten etwa ein Drittel des
Inklusivpreises aus (vgl. S. 139).

Zu große Lagerbestände binden Geld und erhöhen damit die Lagerkosten.

Zu geringe Bestände gefährden den Betriebsablauf, denn bei verstärkter Nachfrage
ist ein Gericht „aus", oder es muß in der Hektik nachgekauft werden. Das führt zu
Mehrkosten.

Optimale Lager- und Bestellmengen lassen sich ermitteln und überprüfen.
Wir vergegenwärtigen uns ein Lager.

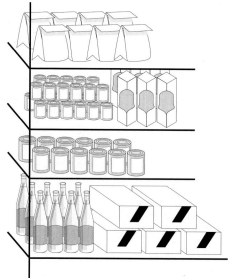

Höchstbestand: Menge, die höchstens gelagert werden kann. Besonders zu beachten bei Kühl- und Tiefkühlware.

Tatsächlicher Lagerbestand: Menge, die
sich tatsächlich im Lager befindet.

Meldebestand: Wenn diese Menge erreicht
ist, muß das gemeldet werden, damit die
neue Ware rechtzeitig eintrifft.

Mindestbestand, auch **eiserner Bestand:**
Die Lagermenge, die als Sicherheit für das
tägliche Geschäft erforderlich ist, z. B.
mindestens x Flaschen von jeder Sorte
Wein, die auf der Karte angeführt ist. Diese
Menge wird von der Geschäftsleitung bestimmt.

Meldebestand = (Tagesbedarf · Lieferzeit) + Mindestbestand

---

16 **Beispiel:**

Von einer Spirituose werden täglich im Durchschnitt zwei Flaschen benötigt, die Lieferzeit beträgt eine Woche, Mindestbestand 8 Flaschen.

Berechnen Sie den Meldebestand.

```
2 Flaschen · 7 = 14 Flaschen  ◄─────── Tagesbedarf · Lieferzeit
              +    8 Flaschen  ◄─────── Mindestbestand
Meldebestand    22 Flaschen
```

17 Die Lagerkarte für trockenen Vermouth nennt als Mindestbestand 12 Flaschen. Der
(18) Betrieb verbraucht durchschnittlich 3 (5) Flaschen am Tag. Die Lieferzeit beträgt 7 Tage.

Berechnen Sie den Meldebestand.

19 Für Portwein ist der Mindestbestand auf 8 (12) Flaschen festgesetzt. Durchschnitt-
(20) licher Tagesbedarf 4 (7) Flaschen, Lieferzeit 14 Tage.

Berechnen Sie den Meldebestand.

21 Bei einer Lieferzeit von 10 Tagen und einem Tagesverbrauch von 14 Flaschen war der Meldebestand auf 300 Flaschen festgesetzt. Der Lieferant stellt auf wöchentliche (7 Tage) Lieferung um.

Wer hat den Durchblick und findet den neuen Meldebestand?

22 Nennen Sie Gründe, warum ein Höchstbestand zu ermitteln ist. Denken Sie an Frischfleisch, Tiefkühlware.

23 Warum arbeiten manche Betriebe ohne Lagerkennzahlen?

Gehobener Schwierigkeitsgrad

1
(2) Aus unserer Lagerbuchhaltung ergeben sich bei Trockenwaren für das abgelaufene Geschäftsjahr folgende Werte:

Anfangsbestand   16 000,00   (14 500,00) DM
Summe der 12 Monatsendbestände   348 000,00 (163 240,00) DM

Wie hoch ist der durchschnittliche Lagerbestand?

3
(4) Ein Betrieb hat bei der Neueröffnung einen Warenbestand von 21 400,00 (17 940,00) DM. Nach einem Vierteljahr wird erstmals eine Lagerkontrolle durchgeführt. Die Summe der monatlichen Endbestände wird mit 106 730,00 (54 710,00) DM ermittelt.

Berechnen Sie den durchschnittlichen Lagerbestand.

5
(6) Folgende Werte liegen vor:

Anfangsbestand   28 000,00   (19 600,00) DM
Wareneinkauf des Jahres   536 000,00 (394 200,00) DM
Schlußbestand   36 000,00   (26 340,00) DM
Summe der 12 Monatsendbestände   448 320,00 (276 700,00) DM

Wie hoch ist die Umschlagshäufigkeit?

7
(8) Bei einem Tagesumsatz von 36 (15) Stück und 10 (12) Tagen Lieferzeit war der Meldebestand auf 450 (265) Stück festgesetzt. Der Lieferant stellt auf eine Lieferzeit von 8 (7) Tagen um. Zugleich wird aus innerbetrieblichen Gründen der Mindestlagerbestand um 10 (15) Stück erhöht.

Berechnen Sie den neuen Meldebestand.

9 Von einem Lager sind für das abgelaufene Geschäftsjahr bekannt:

Anfangsbestand   22 000,00 DM
Summe der 12 Monatsbestände   296 500,00 DM
Endbestand   18 500,00 DM
Durchschnittliche Lagerdauer   30 Tage

Ermitteln Sie

a) Lagerumschlagsgeschwindigkeit (Jahr 360 Tage)
b) Wareneinkauf des Jahres.

10 Von einer Ware wurde für das Vorjahr eine durchschnittliche Lagerdauer von 12 Tagen ermittelt. Für dieses Jahr ist eine Lagerumschlagshäufigkeit von 24 geplant.

Welche Aussage wirkt sich kostengünstiger aus?

Übungssätze zur Gehilfenprüfung

Hinweise

Auf den folgenden Seiten finden Sie für jede Berufsgruppe des Gastgewerbes einen Aufgabensatz in der Form, wie er bei Gehilfenprüfungen verwendet wird. Dabei sollen Sie neben dem Schwierigkeitsgrad auch die Besonderheiten dieser Aufgabensätze kennenlernen.

Numerierung

Aus dem Rechenbuch kennen Sie diese Art:

Bei Karotten rechnet man mit einem Vorbereitungsverlust von 15 Prozent und einem Portionsgewicht von 170 Gramm.
a) Wieviel Portionen erhält man aus einem kg?
b) Wieviel Gramm Rohware sind für eine Portion erforderlich?

Bei der Prüfung wird diese Aufgabe so dargestellt:

1. und 2. Aufgabe
Bei Karotten rechnet man mit einem Vorbereitungsverlust von 15 Prozent und einem Portionsgewicht von 170 Gramm.

1. Aufgabe
Wieviel Portionen erhält man aus einem kg?

2. Aufgabe
Wieviel Gramm Rohware sind für eine Portion erforderlich?

Aus einer Aufgabe mit zwei Fragen werden somit zwei Aufgaben. Oder anders ausgedrückt: Aus einer Vorgabe werden zwei Problemstellungen abgeleitet.
Durchschnittlich sind, die Beispiele zeigen es, 14 Probleme zu lösen. Das sind nicht 14 Aufgaben in der Art wie im Rechenbuch. Und darum ist es auch nicht richtig, wenn man über die Gehilfenprüfung hört: „In 60 Minuten 14 Aufgaben – das ist nicht zu schaffen!" Es ist zu schaffen, ohne Probleme!
Wenn Sie sich testen wollen, dann geben Sie bitte nur 40 Minuten vor; 10 Minuten Abzug für „Prüfungsstreß", da ja drei Aufgabengebiete nacheinander bearbeitet werden müssen, und 10 Minuten Abzug für „Sicherheit". Man liest bei der Prüfung langsamer, man rechnet nochmals nach usw.

Erforderliche Genauigkeit

Wie viele Stellen hinter dem Komma? Aufrunden oder Abrunden? Wie ist es, wenn es mit den Portionen nicht aufgeht?
Alles kein Problem! Die Aufgabenmacher wollen Sie nicht hereinlegen. Und darum dürfen Sie sich auf folgende Regelungen verlassen:

Die Fragen sind so gestellt, daß es keine Mißverständnisse gibt. Es heißt z. B.: „Wieviel ganze Portionen ...?" und nicht: „Wieviel Portionen ...!" Kein Rundungsproblem.

Wenn Berechnungen nicht „aufgehen", wenn z. B. 1,666666 im Rechner angezeigt wird, und die Frage lautet: „Wieviel kg Fleisch sind erforderlich?", dann gelten meist die Ergebnisse 1,666 und 1,667. Doch das gilt nur unter der Bedingung, daß das Ergebnis tatsächlich zu runden ist. „Freiräume für Schlamper" sind nicht vorgesehen.

Was zählt als Ergebnis?

Es zählen nur die Lösungen auf dem Markierungsbogen. Der Vordruck für Nebenrechnungen ist zwar mit abzugeben, doch nur was auf dem Lösungsbogen steht, wird gewertet. Oft wird gefragt: „Und der Ansatz zählt nichts?" Nein, der Ansatz allein zählt nicht, denn der Taschenrechner verrechnet sich nicht. Jedes Ergebnis ist darum zugleich der Ausdruck eines ganz bestimmten Gedankenganges, eben des Ansatzes.

Die Bewertung

Ein Aufgabensatz, der vollständig gelöst ist, zählt mit 100 Punkten. Von ganz seltenen Ausnahmen abgesehen, werden alle Aufgabenschritte gleich gewertet; jede Lösung „bringt gleich viel".

Für die Bewertung gilt darum:

$$\frac{100 \text{ mögliche Punkte} \cdot \text{richtige Lösungen}}{\text{Zahl der Aufgaben}} = \text{erreichte Punkte, z. B.:} \frac{100 \cdot 7}{14} = 50 \text{ Punkte}$$

Wenn die Punktzahl ermittelt ist, kann die Note aus folgender Tabelle abgelesen werden:

Note	1	2	3	4	5	6
Punkte	100 − 92	91 − 81	80 − 67	66 − 50	49 − 30	29 − 0

Abschlußprüfung Koch/Köchin

Prüfungszeit: 60 Minuten

1. Aufgabe
Die Nährwerttabelle nennt für ältere Menschen einen täglichen Bedarf von 800 mg Calcium. Ein Becher Joghurt enthält 250 g; 100 Gramm enthalten 115 mg Calcium. Wieviel Prozent des Tagesbedarfes an Calcium sind mit einem Becher Joghurt gedeckt?

2. Aufgabe
Es wurden 11,500 kg Fleisch gebraten. Daraus konnte man 48 Portionen mit je 170 Gramm schneiden.
Berechnen Sie den Bratverlust in Prozent.

3. Aufgabe
Für ein Essen sollen 75 Portionen Rinderbrust mit je 150 Gramm gegartem Fleisch zur Verfügung stehen. Man rechnet mit einem Kochverlust von 35 Prozent.
Wieviel kg Fleisch müssen gekocht werden?

4. Aufgabe

Lieferer A bietet 3 kg gefrostete Hähnchenkeulen für insgesamt 20,40 DM an. Lieferer B fordert für 2,5 kg 17,80 DM.
Wieviel Prozent ist das Angebot B teurer als das Angebot A?

5. Aufgabe

Eine Dose Brechbohnen wird für 7,30 DM bezogen. Die Nettoeinwaage beträgt 3 650 Gramm.
Berechnen Sie den Preis für ein kg Bohnen.

6. Aufgabe

Für ein kg Fleisch mit Knochen werden 14,20 DM bezahlt. Man berechnet mit einem Auslöseverlust von 18 Prozent. Die Knochen bleiben unbewertet.
Wieviel DM sind für ein kg Fleisch ohne Knochen zu veranschlagen?

7. Aufgabe

Eine Hotelküche soll neue Wandfliesen erhalten. Der Raum ist 10,20 m lang, 7,60 m breit und 3,60 m hoch. Für Tür- und Fensterflächen sind insgesamt 15,22 m^2 abzurechnen.
Wieviel m^2 beträgt die zu fliesende Fläche?

8. Aufgabe

Eine Gastrechnung für eine Feier beläuft sich auf insgesamt 1 083,00 DM. Die Mehrwertsteuer ist mit 15 Prozent berücksichtigt.
Wieviel DM beträgt die in der Rechnung enthaltene Mehrwertsteuer?

9. Aufgabe

Ein Darlehen über 60 000,00 DM wird zunächst mit 11 Prozent verzinst. Nach 9 Monaten erhöht die Bank den Zinssatz um 0,5 Prozent.
Berechnen Sie die Zinszahlung für das abgelaufene Jahr.

10. Aufgabe

Ein Koch hat einen Bruttolohn von 1 800,00 DM.
Vom Lohn werden abgezogen: 237,50 DM Lohnsteuer
                                              19,00 DM Kirchensteuer
                                              17,2% für Sozialversicherungen
Wieviel Prozent betragen die gesamten Abzüge?

11. Aufgabe

Ein Betrieb rechnet mit einem Gesamtaufschlag von 225 Prozent. Ein Festmenü wird für 85,00 DM angeboten.
Berechnen Sie den Materialeinsatz in DM.

12. Aufgabe

Eine Tagessuppe steht mit 4,20 DM auf der Karte. Der Betrieb rechnet mit 22% Gewinn, bietet 12% Umsatzbeteiligung und hat 15% Mehrwertsteuer zu berücksichtigen.
Berechnen Sie die Selbstkosten für die Suppe.

13. Aufgabe

Ein Jungkoch verdient in der Schweiz 1 360,00 sfrs monatlich. Er tauscht diesen Betrag in der Bundesrepublik in DM. Der Tageskurs ist 118,20.
Wieviel DM erhält er?

14. Aufgabe

Ein Hotelier zieht von einer Rechnung 3 Prozent Skonto ab; das sind 22,98 DM.
Auf wieviel DM lautet die Überweisung?

Abschlußprüfung Restaurantfachmann/-frau

1. Aufgabe

Ein Hühnerei enthält nach der Nährwerttabelle 0,25 g Kohlenhydrate, 6 g Eiweiß und 5 g Fett. Ein Gramm Kohlenhydrate und ein Gramm Eiweiß liefern je 17 kJ, ein Gramm Fett 39 kJ.
Wieviel kJ nimmt man mit zwei Eiern zu sich?

2. und 3. Aufgabe

Ein Kalbsrücken mit 4,600 kg wird gebraten. Der Einkaufspreis betrug 19,80 DM/kg; man rechnet mit einem Parier- und Bratverlust von 52 Prozent.

2. Aufgabe

Wieviel ganze Portionen Braten mit je 180 g erhält man?

3. Aufgabe

Wieviel DM betragen die Materialkosten je Portion?

4. Aufgabe

Eine Firma liefert Porzellan im Gesamtwert von 12 735,50 DM. Sie erhalten 6,5 Prozent Rabatt und 3 Prozent Skonto.
Wieviel DM sind zu überweisen, wenn beide Vergünstigungen in Anspruch genommen werden?

5. Aufgabe

Der Fußboden eines Gastraumes soll neu mit Auslegware belegt werden. Der Raum ist 14,1 m lang und 8,7 m breit. Für fest mit dem Fußboden verbundene Einrichtungen, wie z. B. Theke, fallen folgende Flächen an: 0,95 × 3,80 m, zweimal 0,65 × 0,45 m.
Wieviel Quadratmeter Teppichfliesen werden benötigt?

6. Aufgabe

Ein Restaurant hat drei Garträume, für die insgesamt Kosten in Höhe von 10 144,20 DM angefallen sind. Die Kosten sollen entsprechend der Anzahl der Sitzplätze verteilt werden. Raum A hat 82 Sitzplätze, Raum B 64, und Raum C ist mit 28 Sitzplätzen ausgestattet.
Berechnen Sie den Kostenanteil für Raum B.

7. und 8. Aufgabe

Für Stangenspargel mit Schinken benötigt man je Portion 300 g Spargel, tellerfertig. Der Schälverlust ist mit 25% anzusetzen.

7. Aufgabe

Wieviel kg Spargel sind für 27 Portionen einzukaufen?

8. Aufgabe

Berechnen Sie die Kosten für eine Portion Stangenspargel, wenn der Einkaufspreis bei 8,50 DM/kg liegt.

9. und 10. Aufgabe

Ein Hotel hat 68 Betten. Im ersten Vierteljahr wurden an Übernachtungen registriert: Januar (31 Tage) 1785 Übernachtungen, Februar (28 Tage) 1677 Übernachtungen und März (31 Tage) 1883 Übernachtungen.

9. Aufgabe

Um wie viele Übernachtungen liegt das tatsächliche Ergebnis unter der möglichen Zahl von Übernachtungen?

10. Aufgabe
Wie hoch war der Tagesdurchschnitt der tatsächlichen Übernachtungen in diesem Zeitraum?

11. Aufgabe
Ein Betrieb kauft Wein zu 4,20 DM je Flasche. Man kalkuliert mit folgenden Aufschlägen: Gemeinkosten 225%, Gewinn 22%, Umsatzbeteiligung 15% und Mehrwertsteuer 15%.
Berechnen Sie den Inklusivpreis.

12. Aufgabe
Eine Flasche Wein steht mit 42,50 DM auf der Karte. Die Mehrwertsteuer ist mit 15% berechnet.
Ermitteln Sie die enthaltene Mehrwertsteuer in DM.

13. Aufgabe
Es wird ein Sonderessen für 32 Personen bestellt. Als Gedeckpreis sind 48,00 DM vereinbart. Der Betrieb arbeitet mit 245% Gesamtaufschlag.
Ermitteln Sie, mit wieviel DM Materialkosten die Küche rechnen kann.

14. Aufgabe
Ein Schweizer Gast hat für das Mittagessen 42,80 DM zu bezahlen. Er gibt einen 50-Franken-Schein und bittet, den Rest in DM herauszugeben.
Wieviel DM bekommt der Gast zurück, wenn der Tageskurs für sfr 120,30 beträgt?

Abschlußprüfung Hotelfachmann/-frau

1. Aufgabe
Forellenfilet enthält 14% Eiweiß und 3% Fett. Ein g Eiweiß liefert 17 kJ, ein g Fett 39 kJ.
Berechnen Sie den Energiegehalt einer Portion mit 140 g.

2. Aufgabe
Ein Hotel mit 84 Betten erreichte im letzten Jahr (365 Tage) 19 929 Übernachtungen.
Berechnen Sie die Frequenz.

3. und 4. Aufgabe
Der Frühstücksraum eines Hotels erhält einen neuen Bodenbelag. Der Raum ist 12,8 m lang und 7,4 m breit.
3. Aufgabe
Wieviel m² sind auszulegen?
4. Aufgabe
Wieviel DM betragen die Kosten, wenn ein m² Auslegware einschließlich Verlegen 52,40 DM kostet?

5. und 6. Aufgabe
Ein Betrieb kauft 12 kg Spargel. Beim Vorbereiten entsteht ein Verlust von 25%. Eine tischfertige Portion soll 250 g wiegen.
5. Aufgabe
Wieviel Portionen ergibt die Lieferung?
6. Aufgabe
Wieviel DM beträgt der Materialwert für eine Portion, wenn der Einkaufspreis für 1 kg Spargel 14,60 DM betrug?

7. Aufgabe

Eine amerikanische Familie übernachtete in einem deutschen Hotel und erhielt folgende Rechnung:

2 Doppelzimmer je 86,00 DM
4 Frühstück je 8,50 DM
4 Tomatensaft je 2,40 DM

Sie begleicht die Rechnung mit 150,00 Dollar.
Wieviel DM sind zurückzugeben, wenn der Kurs bei 1,84 steht?

8. Aufgabe

Ein Hotelrestaurant verteilt den Tronc nach Punkten. Daran sind beteiligt:

1 Oberkellner 12 Punkte
4 Chefs de rang je 8 Punkte
8 Commis de rang je 6 Punkte

Wieviel DM erhält ein Commis de rang, wenn 31 767,60 DM im Tronc sind?

9. bis 11. Aufgabe

Die Materialkosten für ein Menü betragen 11,60 DM.

9. Aufgabe

Wieviel DM betragen die Selbstkosten bei 135% Gemeinkosten?

10. Aufgabe

Wieviel DM beträgt der kalkulierte Preis, wenn der Wirt mit 20% Gewinn rechnet?

11. Aufgabe

Wieviel DM beträgt der Nettoverkaufspreis bei 15% Umsatzbeteiligung?

12. und 13. Aufgabe

Für ein Festessen werden dem Gast 2 367,40 DM in Rechnung gestellt. In diesem Betrag sind 15% Mehrwertsteuer enthalten.

12. Aufgabe

Wieviel DM beträgt die Mehrwertsteuer?

13. Aufgabe

Wieviel DM entsprechen der Umsatzbeteiligung von 15%?

14. Aufgabe

Für eine Wäschelieferung erhält ein Betrieb eine Rechnung über 2 076,80 DM. Die Firma gewährte 12% Rabatt.
Berechnen Sie die ursprüngliche Summe.